高等职业教育“十三五”规划教材

管理会计（第二版）

主　编　向美英　唐　文　周　敏
副主编　刘丽明　董军录

中国轻工业出版社

图书在版编目（CIP）数据

管理会计/向美英，唐文，周敏主编. —2. —北京：中国轻工业出版社，2017.7

高等职业教育“十三五”规划教材

ISBN 978 -7 -5184 -1483 -3

Ⅰ. ①管… Ⅱ. ①向… ②唐… ③周… Ⅲ. ①管理会计—高等职业教育—教材 Ⅳ. ①F234.3

中国版本图书馆 CIP 数据核字（2017）第 155375 号

责任编辑：张文佳　责任终审：劳国强　封面设计：锋尚设计
版式设计：王超男　责任监印：张　可

出版发行：中国轻工业出版社（北京东长安街 6 号，邮编：100740）
印　　刷：河北鑫兆源印刷有限公司
经　　销：各地新华书店
版　　次：2017 年 7 月第 2 版第 1 次印刷
开　　本：787 × 1092　1/16　印张：12.75
字　　数：300 千字
书　　号：ISBN 978 -7 -5184 -1483 -3　定价：32.00 元
邮购电话：010 -65241695　传真：65128352
发行电话：010 -85119835　85119793　传真：85113293
网　　址：http://www.chlip.com.cn
Email：club@chlip.com.cn
如发现图书残缺请直接与我社邮购联系调换
170572J2X201ZBW

第二版前言

PREFACE

《管理会计》自2014年4月出版以来已经第三次印刷，受到全国诸多高校师生的认可和厚爱，成为会计学及经济管理类其他高职专业的教学用书。

本书的特色在于紧跟会计实务，充分考虑《企业会计准则》《企业会计准则——应用指南》《会计工作基础规范》的变化及会计学专业和经济管理类其他高职专业学生的特点，将理论与实务融为一体，在理论上博采众长，引进最新理念，最新成果，力争为培养高级应用型技术管理会计人才提供通用的、新颖的会计前沿知识体系。

为方便教学，提高学生学习自主性，本书在每章开头提出了本章的学习目标，便于学生明确每一章的学习任务和要求；同时在每章结尾对本章的主要观点和主要内容做了要点总结，便于学生梳理每一章的重要知识点、掌握核心理论、方法和基本技能。

本次修订是在保持原教材写作风格和体例的前提下进行的。修订的主要内容包括：会计基本理论中与基本准则的不协调之处，会计核算方法中与具体准则、应用指南的不一致之处，原教材中的错漏之处。

本次修订由武汉职业技术学院商学院向美英副教授负责。具体分工如下：第三、四章由向美英编写；第八章由周敏编写；第一、五、十章由唐文编写；第六、七、九章由刘丽明编写；第二章由董军录编写。

本次修订得到了许多行业专家学者的大力支持，在此我们深表感谢；同时本次修订参考了大量的教材和著作，在此向所有参考书目的作者和编者表示感谢。感谢中国轻工业出版社的大力支持和帮助。由于水平有限，书中不足之处在所难免，敬请广大读者与会计专家批评指正。

本书是中国高等职业技术教育研究会《职教集团下中高职会计专业课程体系衔接研究》项目（课题编号：GZYLX2015088）的阶段性研究成果之一，也是湖北省教育科学规划研究项目《现代学徒制下高职会计专业校企共建实训基地研究》（课题编号：2016GB203）阶段性成果之一。

编者

2017年6月8日

第一版前言

PREFACE

管理会计学是现代企业会计的一个重要分支，它将会计与管理结合起来，应用现代管理学的成果，通过对企业经营活动的预测、决策、预算、控制、考核、评价来实现企业内部的全面管理，为加强企业管理、提高经济效益服务。

随着社会经济的迅速发展、科学技术的日新月异，企业之间的竞争愈演愈烈；世界经济趋于一体化，使国际性竞争日趋激烈；我国经济体制、企业经营方式的不断改革和国际贸易的不断发展，都对企业管理提出了新的要求，因此，管理会计作为企业现代化进程中不可缺少的一环，其作用已经日显突出。

根据工作过程导向课程体系的要求，我们编写了本教材。在编写中，本教材在体例上力求体现以下特点：

（1）内容深入浅出，主要是针对高职高专院校的学生学习使用。

（2）在风格上力求体现通俗性、生动性、技术性和实用性。

（3）全书每章节后面配套有习题，使其更适用于高职学校的学生。

本书由向美英、唐文担任主编，负责拟订编写大纲、统一编写格式、设计体例，并负责统稿、修改与定稿；由刘丽明、董军录担任副主编。其中，第三、四、八章由向美英编写；第一、五、十章由唐文编写；第六、七、九章由刘丽明编写；第二章由董军录编写。

本书的编写得到了许多行业专家学者的大力支持，在此我们深表感谢；同时本书参考了大量的教材和著作，在此向所有参考文献的作者和编者表示感谢。

由于时间和学识有限，书中难免存在不妥及疏漏之处，敬请专家与读者批评指正。

编者

2014 年 4 月

目 录
CONTENTS

第一章 管理会计概述

学习目标

1. 了解管理会计的形成与发展
2. 掌握管理会计的基本内容
3. 掌握管理会计与财务会计的区别与联系
4. 掌握管理会计的职能

第一节 管理会计的形成与发展

管理会计是从传统会计中逐渐派生出来的新的会计学科分支。它的产生既是生产力发展的内在要求，也是会计自身发展的必然产物。当公司生产经营制度取代家庭生产经营制度，并占据统治地位之后，企业的经济管理工作便进入到一个新的时代。同时，正如马克斯·韦伯所指出的：以合理的资本会计制度作为公司的管理标准，是资本主义企业存在最起码的先决条件。也正是在此阶段，会计在企业里的管理功能作用日益突出起来，尤其是在进入 20 世纪之后，人们已经认识到会计是企业经济管理工作的一个重要组成部分。管理会计的发展大致经历了以下三个阶段。

一、成本会计阶段

成本会计是工业化的产物。成本会计的形成与发展历时半个世纪，即从 20 世纪初到 20 世纪 50 年代。20 世纪 20 年代，资本主义在世界范围内已经有了相当的发展。此时的企业管理工作中，以经验和直觉为核心的传统会计仍然占据着统治地位，许多工厂经营粗放，管理混乱，开工不足，浪费严重。因此，如何用先进的科学管理代替落后的传统管理，使企业的管理工作得到较大的改善，以适应资本主义经济迅速发展的需要，就成为一个非常迫切的现实问题。在这种情况下，集中体现科学管理理论和方法的“泰勒制”应运而生，其标志是 1911 年西方管理理论古典学派的代表人物泰勒的名著《科学管理原理》的发表。

泰勒的科学管理思想得到企业界的高度重视，推动了管理理论和实践的重大变革。随着“泰勒制”的推行，企业管理得到空前加强，生产效率显著提高，生产经营活动全面实现制度化和标准化，原有会计体系也发生了相应的变化。依据泰勒的“科学管理”学说建立了“标准成本会计”，将事前计算与事后分析相结合，以促进企业在生产经营中提高效率、减少浪费，为企业加强内部的成本管理服务。

1919 年，美国全国成本会计师协会成立，协会会员由会计师与工程师两方面组成，从此，会计师与工程师开始合作研究标准成本问题，其研究成果被推广应用。1920 年，英国成本会计师协会与美国工程师协会合作研究成本问题，在研讨过程中，他们在实行标准成本、加强成本管理方面意见一致，而在是否把标准成本计算纳入复式簿记体系方面却发生了分歧。工程师们的指导思想在于坚持科学管理制，从提高生产效率出发，试图建立一种管理型标准成本计算与控制方法，而会计师们则从提高经济效果出发，主张把标准成本计算纳入复式簿记系统。尽管这种分歧也在美国全国成本会计师协会中的会计师与工程师之间存在，然而，在学会中有一些工程师十分赞同会计师们的主张，如哈里森便认为，只有事前将标准成本计算纳入会计系统，才能形成真正的标准成本会计，当时著名会计学家哈特菲尔德教授曾十分赞赏这一观点。其后，经过十多年的研究与实践，工程师与会计师的观点终于取得一致，从此标准成本计算与复式簿记方法密切结合，成为会计系统中的有机组成部分，在成本控制方面发挥了越来越突出的作用。这一重要历史事实是 20 世纪前期管理会计得以形成的关键。

同期，会计学术界也开始涉及管理会计有关问题的研究。从 1918 年开始，哈里森致力于标准成本的研究，先后发表了《有助于生产的成本会计》《新工业时代的成本会计》和《成本会计的科学基础》等著作。1921 年美国《预算与会计法案》的颁布是对预算控制思想产生影响的起点，1922 年著名学者麦金西的《预算控制》一书问世，书中所持重要依据之一便是《预算与会计法案》。麦金西较为系统地阐述了实行科学的预算控制方面的问题，其见解具有开创性。在 1922 年美国全国成本会计师协会第三次会议上，还以《预算的编制和使用》为专题展开研究，这次会议的研究成果不仅把有关“预算控制”方面的内容引向深入，而且掀起了 1923 年至 1929 年全美会计师与工程师协同研究预算控制问题的高潮，7 年时间所产生的研究成果对于管理会计的形成起到了十分重要的作用。正是由于“预算控制”的理论研究与实践齐头并进，才为管理会计的形成奠定了基础。

当时的管理会计着重于加工成本，提供每道加工工序及每个劳动者的每小时成本和每磅产品成本，以及加工工序效率的标准。同时，利用管理会计信息，激励员工实现生产力目标。

二、现代管理会计形成阶段

从 20 世纪 50 年代起，世界进入所谓战后期，从此资本主义经济陆续出现了许多新的变化。主要表现在：一方面现代科学技术突飞猛进并大规模应用于生产，使社会生产力获得十分迅速的发展；另一方面，资本主义企业进一步集中且大量涌现，企业的规模越来越大，生产经营日趋复杂，企业外部的市场情况瞬息万变，竞争更加激烈。

这些新的环境和条件对企业管理提出了新的要求，迫切要求实施“管理的重心在经营，经营的重心在决策”的指导方针，把正确地进行经营决策放在首位。

在这一历史阶段，现代管理科学（包括运筹学、预测、决策科学等）的形成与发展，在理论和技术方法上对决策性管理会计产生了深刻的影响，从而促进了科学观决策模式的形成和广泛应用。科学观决策模式的主要特点是强调决策目标遵循“最优化准则”，要求从“客观理性”出发，寻求在一定条件下目标函数的“最优解”。方法的核心是建立复杂的数学模型，并通过严密的数量分析，求解数学模型，从中引出基本的结论。与此相适应，作为决策支持系统中的参谋人员——管理会计师，自然要把工作重点放在：根据所研究问题的具体特点，对有关资料进行加工、改制，找出存在于有关变量之间的相互依存、相互制约的关系，建立相应的数学模型；借助于模型对研究的对象进行严密的定量描述，以掌握有关变量之间的相关性；进而把数学模型和最优化方法（技术）结合起来，确定有关变量在一定条件下的最优数量关系，为决策者最终得到决策目标的“最优解”提供信息支持。

20 世纪 50 年代初，学者 B. E. 戈茨便明确指出：管理会计“提供基础信息，以便让经营人员拟订关于企业各项活动的计划，并进行控制”，其见解在当时具有先导性作用。更为重要的是，在美国会计学会 1955 年及 1958 年的年度报告书中对管理会计的目标进一步做出了明确表述，如在 1958 年的报告中指出，管理会计工作在于协助经营管理人员拟订达到合理经营的计划，并依此做出明智的决策。

20 世纪 50 年代初责任会计概念的明确提出及内容定位是向现代管理会计演进的一个重要标志。1950 年，H. B. 艾尔曼在《与责任会计相关联的基本企业计划》一文中明确指出：责任会计是“把管理会计的控制系统同管理组织或部门管理人员的责任结合在一起”。学者 J. A. 希金斯除了基本上赞同这一观点外，并在他 1952 年出版的《责任会计》一书中表述了新的见解，他认为责任会计是根据成本管理目标而设置的会计系统。同时，以上两位学者都主张集中计算成本，把被考核单位以往以生产为中心或以成本为中心的方面转移到以责任为中心的方面，并强调相应设立企业内部报告制度。这是两位学者在推动管理会计发展方面的主要贡献。此后，在行为科学的进一步影响之下，对责任会计的认识不断得到提高，其中有关“责任会计是着重研究与责任中心工作相关的成本、收益和资产”的结论在整个会计界基本上达成共识，由此责任会计成为现代管理会计的重要组成部分。

20 世纪 70 年代至今，在大科学、高新技术以及大经济发展的推动之下，在电脑辅助设计、制造等系统投入企业应用之后所形成的新制造环境下，有关管理会计方面的创新研究一直处于持续进行之中，新的成果不断出现。同时，在高科技支持之下的 JIT 生产系统的应用及与 JIT 应用相关联的全面质量管理制的推行，也直接冲击着成本控制领域，促使管理会计中有关成本控制理论、制度与方法的创新。从 70 年代初著名学者 G. J. 斯托伯斯教授在《作业成本计算和投入产出会计》一书中提出作业会计、作业成本等概念与作业成本处理方法，到 1988 年 R. 库珀等教授正式提出“作业量基准成本计算”（ABC）方法，或随后提出的“作业成本制度”，此后，在此基础上经过不少学者与工作者的研究、实验，又初步建立了“作业量基准成本体系”（ABCS）、“作业成本管理”（ABM）或“作业量基准成本管理”（ABMS）等概念、理论及其基本方法，并最终以此改变了现代管理会计的基本体系。同时，在此期间，质量成本会计、人力资源管理会计、资本成本管理会计、增值会计以及环境管理会计等新领域的产生，也推动了现代管理会计的发展。

70 年代至今，另外一个值得注意的方面是适应新经济与新技术发展环境变化要求所产生的企业战略管理思想、理论及其基本方法，这方面对现代管理会计发展所产生的影响极其深远。1965 年，管理学者安索夫在以往企业战略实施应用的基础上进一步展开研究，出版了《公司战略》一书，同年，学者斯科特发表了题为《美国企业中的长期计划》的研究报告，这些成果对于其后战略管理会计正式创立有着启示性作用。进入 70 年代后，由于外部经济环境变化对企业的冲击日趋强烈，为此一些大型企业开始确定多种备选生产经营方案作为对策。这些方案都是从企业生产经营的大局或全局方面立定的，一方面它立足于预测；另一方面为弥补预测的不足之处，又立足于强化企业内部的总体管理。在确定企业内部总体管理方案的过程中，自然而然要考虑到战略计划以外的许多方面，并且这些方面也都是从企业生产经营总体上考虑的，而“战略管理”的概念便是在这种指导思想下建立起来的。1976 年安索夫等人所著《从战略计划到战略管理》一书问世，此后企业的战略管理问题日益受到人们的关注。进入 80 年代后，围绕企业战略管理的确定，所谓“市场战略”“制造战略”“收购战略”“销售战略”以及全球化战略等纷纷提了出来，这些对于“战略管理会计”思想产生的影响更为直接。

三、管理会计创新阶段

20 世纪 90 年代后，管理会计的创新不只在技术方法上，更体现在思想观念上。1993 年，美国管理大师彼得·德鲁克（Peter Drucker）出版《后资本主义社会》（*Post-Capitalist Society*）一书认为“知识社会”本质上是“后资本主义社会”，使“知识经济”成为“后资本主义经济”的根本原因是“知识”的“准公共产品”（quasi-public goods）特性。后资本主义社会同典型的资本主义社会不同，是由于经济增长的原动力，不是来自传统的“资本家”的投资，而是来自知识的创新与运用。

管理会计是融管理与会计于一体的一个专门领域，是管理信息系统中的一个子系统，是决策支持系统的重要组成部分，因而其特性自然是依管理的特性为转移，并随着管理特性的发展而发展。20 世纪 90 年代以后，对管理特性的重新定位所导致的管理会计思想观念上的创新，体现了一个重要的发展趋向，即从科学观向人文观发展的趋向。

随着人文主义思潮的现代兴起，物本管理向人本管理转变，在管理中要求把充分发挥人的主动性、积极性、创造性放在第一位，在决策中相应地要求实行人文观的决策模式。人文观的决策模式不同于上述科学观的决策模式，主要表现在决策目标以“满意性准则”取代原来奉行的“最优化准则”，也就是认定决策者是从“主观理性”

出发，在决策中寻求自己“满意的解”，而不是从“客观理性”出发寻求尽可能达到“最优解”。正如管理大师西蒙教授所说：“我提出的寻求满意的人这一模型同那种寻求最优的人的古典概念相比，在经济行为的经验研究中获得了多得多的支持。”在现实经济生活中，遵循“满意性准则”进行决策，适当地应用数学模型进行定量分析是完全必要的，问题是不能把它推向极端。以数学模型的定量分析为基础，决策者要善于运用自己的学识、经验和直观判断能力对数学模型输出的结果，进行全面的分析、评价，以实现决策者的智慧和推断同定量模型的解相结合，借以获得更全面、更深刻的认识。在社会经济系统中，人的因素总是居主导地位的。决策的层次越高、涉及的面越广、情况越复杂，战略性、非规范性、不确定性越强，决策人员和决策支持人员的远见卓识和非凡的洞察力及由此而形成的高屋建瓴式的综合判断，就越带根本性。与“人文观决策模式”的要求相适应，决策支持系统中的新型管理咨询专家帮助决策系统中的决策人员实现决策目标的满意化，首先要认识到：“满意性准则”是一种自由度较大的准则，它不严格要求“精确定量”，而首先要求“思辨定性”。因而要求决策支持系统中的新型管理咨询专家围绕决策目标，参照数学模型所作的定量分析，拟订多种可供选择的方案，并通过相关人员生动活泼地自由发表意见，对多个可供选择的方案进行分析、论证，权衡利害、比较得失；再以此为基础，进行综合分析，帮助决策系统中的决策者择善而从，作出满意的选择，最终得到决策目标的“满意解”。

Robert S. Kaplan 与 David P. Norton 合著的《综合记分卡》1996 年出版以后，在理论界、实务界产生了巨大的影响，世人给予了高度的评价。它所体现的“五个结合”：战略与战术、当前与未来、内部条件与外部环境、经营目标与业绩评价、财务衡量与非财务衡量相结合，无论从理论认识还是从实际应用上看，都实现了新的突破，它完全超越了传统意义上会计的局限，而成为新的历史条件下创建新的综合性管理系统的一个重要里程碑。

第二节　管理会计的基本内容

管理会计是指在当代市场经济条件下，以强化企业内部经营管理、实现最佳经济效益为最终目的，以现代企业经营活动及其价值表现为对象，通过对财务等信息的深加工和再利用，实现对经济过程的预测、决策、规划、控制、责任考核评价等职能的一个会计分支。

一、管理会计的内涵

现代管理会计是从传统的会计系统中分离出来，与财务会计并列，着重为企业改善经营管理，提高经济资产服务的信息系统，是企业管理信息系统中“决策支持系统”的重要组成部分。现代管理会计可进一步划分为“决策会计”“执行会计”两大领域。

（一）决策会计

预测决策会计是运用会计学的基本理论与方法系统地、科学地描述企业各项决策方案的形成，对企业未来的经营活动及结果做出超前评价的一种“事前规划型”会计规范。它通过会计特有的方法，对企业未来的效益和损失进行计量、报告和控制。它是会计学科里一个值得研究和推广的重要领域。

决策会计是指为企业预测前景和规划未来服务的会计，又称“决策与计划会计”。决策会计以经营决策经济效果的分析评价为其核算内容，并通过计划（预算）将经营决策所选定的有关方案数量化和加工、汇总。它通过财务会计信息和其他有关信息，对利润、成本、销售及资金等专门问题进行科学的预测分析和决策分析。然后在此基础上，把通过决策程序所确定的目标用数量形式加以汇总、协调，编制成企业的全面预算；再按照责任制的要求加以分解，形成各个责任中心的责任预算，用来规划和把握未来的经济活动。

（二）执行会计

以“决策与计划会计”为基础，着重于对企业经营活动的进程和效果进行评价和控制。它一方面，将企业年度预算所定的各项指标结合主要对象的特点进行分解、落实和具体化，分别建立专业性的计量、控制系统（如按照成本形成和积累的特点，建立标准成本系统）；另一方面，按照企业内部各个责任中心进行分解、落实和具体化，形成各个“责任中心”的责任预算，并以此为基础，建立企业内部的责任会计体系。

二、管理会计与财务会计的区别与联系

现代管理会计是以现代管理科学为理论基础，以实现企业最大经济效益为目的，以一系列特定技术和专门方法为手段，利用财务会计提供的资料及其他信息围绕成本、利润、资金三个中心，帮助管理者对企业的生产经营活动进行规划、组织、控制和评价的信息系统。

（一）财务会计与管理会计的区别

管理会计是从财务会计中分离出来，与组织体系、管理科学理论有内在、必然联系的学科体系。从本质上讲，管理会计也仍然是一个经济信息系统，它是会计科学向边缘会计与综合会计发展的产物，是在财务会计基础上有机地融入其他各相关学科的内容而发展起来的一门综合性学科，会计数学化是管理会计的重要特征。例如，在管理会计中，以货币为主的计量手段向采用多种综合计量手段发展。原有的单一货币计量使得会计信息的片面、单调、对环境变化反应迟钝，不能满足企业全面管理的要求，而管理会计中，材料的数量与金额、职工的数量与人工成本都被并列标示，使得会计信息更全面而直观。

管理会计与财务会计的区别不仅表现在上面所说的方法多样化等方面，另一个重要的不同点是：管理会计力求为企业长短期未来决策提供依据，因此格外重视货币时间价值的利用，这就意味着将利息作为资金使用的机会成本看待，从而促使资金能够

更有效地利用。此外，从会计主体上说，财务会计往往以整个企业作为对外报告的会计主体，而管理会计则倾向于以企业内部各责任单位作为会计主体来衡量各部门经营业绩，并最终评价整个企业的经营活动。因此，在管理会计中，会计主体的含义是灵活可变的。结合上述，财务会计与管理会计主要有以下几方面区别。

1. 工作的侧重点不同

财务会计的侧重点在于根据日常的业务记录，登记账簿，定期编制有关的财务报表，向企业外界具有经济利害关系的团体、个人报告企业的财务状况与经营成果，其具体目标主要为企业外界服务，财务会计又可称为“外部会计”。

而管理会计的侧重点在于针对企业经营管理遇到的特定问题进行分析研究，以便向企业内部各级管理人员提供预测决策和控制考核所需要的信息资料，其具体目标主要为企业内部管理服务，管理会计又可称为“内部会计”。

2. 工作主体的层次不同

财务会计的工作主体往往只有一个层次，即主要以整个企业为工作主体，从而能够适应财务会计所特别强调的完整反映监督整个经济过程的要求，并且不能遗漏会计主体的任何会计要素。

管理会计的工作主体可分为多层次，它既可以是整个企业的主体，又可以将企业内部的局部区域或个别部门甚至某一管理环节作为工作的主体。

3. 作用时效不同

财务会计的作用时效主要在于反映过去，无论从强调客观性原则，还是坚持历史成本原则，都可以证明其反映的只能是过去实际已经发生的经济业务。因此，财务会计实质上属于算“呆账”的“报账型会计”。

管理会计的作用时效不仅限于分析过去，而且还在于能动地利用财务会计的资料进行预测和规划未来，同时控制现在，从而横跨过去、现在、未来三个时态。管理会计面向未来的作用时效摆在第一位，而分析过去是为了控制现在和更好地指导未来。因此，管理会计实质上属于算“活账”的“经营型会计”。

4. 遵循的原则、标准不同

财务会计工作必须严格遵守《企业会计准则》和行业统一会计制度，以保证所提供的财务信息报表在时间上的一致性和空间上的可比性。

管理会计不受《企业会计准则》和行业统一会计制度的完全限制和严格约束，在工作中可灵活应用预测学、控制论、信息理论、决策原理等现代管理理论作为指导。

5. 信息的特征、载体不同

财务会计能定期地向与企业有利害关系的集团或个人提供较为全面的、系统的、连续的和综合的财务信息。财务会计的信息载体是有统一格式的凭证系统、账簿系统和报表系统，统一规定财务报告的种类。

管理会计所提供的信息往往是为满足内部管理的特定要求而有选择的、部分的和不定期的管理信息。管理会计的信息载体大多为没有统一格式的各种内部报告，而且对报告的种类也没有统一规定。

6. 方法体系不同

财务会计的方法比较稳定，按照特定的会计准则和制度核算经济事项，数字运算相对简单。

管理会计可选择灵活多样的方法对不同的问题进行分析处理，即使对相同的问题也可根据需要和可能而采用不同的方法进行处理，在信息过程中大量运用现代数学方法。

7. 工作程序不同

财务会计必须执行固定的会计循环程序。无论从制作凭证到登记账簿，直至编报财务报告，都必须按规定的程序处理，不得随意变更其工作内容或颠倒工作顺序。同类企业的财务会计工作程序往往是大同小异的。

管理会计工作的程序性较差，没有固定的工作程序可以遵循，有较大的回旋余地，企业可根据自己的实际情况设计管理会计工作的流程。这样会导致不同企业间管理会计工作的较大差异。

8. 体系的完善程度不同

财务会计就其体系的完善程度而言，已经达到相对成熟和稳定的地步，形成了通用的会计规范和统一的会计模式，具有统一性和规范性。

管理会计体系尚不够完整，正处于继续发展和不断完善的过程，缺乏统一性和规范性。

9. 观念和取向不同

财务会计将其着重点放在如何真实准确地反映企业生产经营过程中人、财、物要素在供、产、销各个阶段上的分布及使用、消耗情况上，十分重视定期报告企业的财务状况和经营成果的质量。

现代的管理会计不仅着重实施管理行为的粗放型结果，而且更为关注管理的过程，即事前、事中、事后控制，目的是总结过去、控制现在、规划未来。

10. 对会计人员素质的要求不同

鉴于管理会计的方法灵活多样，又没有固定的工作程序可以遵循，其体系缺乏统一性和规范性，所以在很大程度上管理会计的水平取决于会计人员素质的高低。同时，由于管理会计工作需要考虑的因素比较多，涉及的内容也比较复杂，也要求从事这项工作的人员必须具备较宽的知识面和果断的应变能力，具有较强的分析问题、解决问题的能力。财务会计工作则需要基础知识比较扎实、操作能力强、工作细致的专门人才来承担。

（二）管理会计与财务会计的联系

1. 管理会计与财务会计是现代会计两大基本内容

管理会计与财务会计源于同一母体，共同构成了现代企业会计系统的有机整体。两者相互依存、相互制约、相互补充。

2. 管理会计与财务会计最终目标相同

管理会计与财务会计所处的工作环境相同，共同为实现企业的管理目标和经营目标服务。

3. 管理会计与财务会计相互分享部分信息

管理会计所需的许多资料来源于财务会计系统，其主要工作内容是对财务会计信息进行深加工和再利用，因而受到财务会计工作质量的约束。同时管理会计信息有时也使用一些与财务会计并不相同的方法来记录、分析和预测企业的经营状况。

第三节　管理会计的职能

所谓管理会计，也称为“内部报告会计”，其主要工作对象是企业现在和未来的资金，管理会计的工作目的是为了提升企业的经济效益。在企业管理中，凡是对成本、资金、利润有影响的一切因素，都是管理会计所研究的范畴。

一、管理会计的职能

管理会计在现代企业管理中的职能作用可归纳为以下四大职能。

（一）预测职能

企业只有对当前和长远目标做出客观的预测，才能为企业决策者提供第一手信息。管理会计要对企业经济规模、投入产出、现金流量、市场调研等经济指标做出较为实际的预测，供企业决策者参考。

（二）控制职能

根据企业经营目标，分别落实到各部门。采用比价采购、倒推目标成本等方法，具体下达经济责任指标。建立一整套系统的指标体系，使企业内部各个利润中心职责明晰，并对完成情况，事前、事中、事后适时进行分析、反馈，及时优化各个环节的工作，确保目标的完成。

（三）参与决策职能

决策是企业经营管理的中心，也是各部门的主要工作职责，怎样为企业决策者提供准确的决策信息，是各职能管理部门的中心工作之一。管理会计师作为企业的财务战略军师，要从经济专业上利用成本形态分析、量本利分析等动态、静态指标方法，对长短期投资、生产、定价等做好经济决策的前期预测。

（四）评价与考核职能

现代企业管理十分注重充分调动人的积极性，从而贯彻落实企业经济目标。这就需要建立责任会计制度，按照各自的经济责任，做到人人肩上有指标，责权利相结合，控制各级企业组织行为，不断完善工作，根据指标完成情况，以经济奖惩为手段，发挥人的主观能动性。

二、管理会计的基本方法

（一）成本性态分析法

成本性态分析是将成本表述为产量的函数，分析它们之间的依存关系，然后按照成本对产量的依存性，最终把全部成本区分为固定成本与变动成本两大类。它联系成本与产量的增减动态进行差量分析，是构成基础性管理会计的一项重要内容。

（二）变动成本法

变动成本法是在成本性态分析的基础上，对产品成本按其与产量变动间的线性关系划分为变动成本与固定成本，并进行粗略估计。其中，变动成本包括直接材料、直接人工、变动性制造费用和变动性销售及管理费用；固定成本包括固定性制造费用和固定性销售及管理费用。

（三）盈亏平衡分析法

盈亏平衡分析法是根据有关产品的产销数量、销售价格、变动成本和固定成本等因素同利润之间的相互关系，通过分析计量而确定企业目标利润的一种方法。它着重研究销售数量、价格、成本和利润之间的数量关系。它所提供的原理、方法在管理会计中有着广泛的用途，同时它又是企业进行决策、计划和控制的重要工具。

（四）边际分析法

边际分析法是微观经济分析最常用的方法。管理经济学最突出的特点之一，就是引入微观经济学中的边际分析法，作为管理决策的重要工具。边际分析法就是运用导数和微分方法研究经济运行中微增量的变化，用以分析各经济变量之间的相互关系及变化过程的一种方法。

边际即“额外的”“追加”的意思，指处在边缘上的“已经追加上的最后一个单位”，或“可能追加的下一个单位”，属于导数和微分的概念，就是指在函数关系中，自变量发生微量变动时，在边际上因变量的变化，边际值表现为两个微增量的比。

边际分析是对新出现的情况进行分析，即属于现状分析。这显然不同于总量分析和平均分析，总量分析和平均分析实际上是过去分析，是过去所有的量或过去所有的量的比。在现实社会中，由于各种因素经常变化，用过去的量或过去的平均值概括现状和推断今后的情况是不可靠的，而用边际分析则更有利于考察现状中新出现的某一情况所产生的的作用、所带来的后果。

（五）成本效益分析法

成本效益分析是通过比较项目的全部成本和效益来评估项目价值的一种方法。通过对某个项目目标，提出若干实现该目标的方案，运用一定的技术方法，计算出每种方案的成本和收益，通过比较方法，并依据一定的原则，选择出最优的决策方案。

要点总结

通过本章学习，要求了解有关管理会计的基本理论，论述管理会计的产生和发展以及管理会计与财务会计的关系等基本理论知识，为以后各章的学习奠定基础。

管理会计作为独立的会计学科，由管理会计定义、职能和技术方法等基本理论构成完整的理论体系，用以解释、评价和指导管理会计实务。管理会计的职能包括预测职能、控制职能、参与决策职能、评价与考核职能等。管理会计不仅能够提供历史信息，还能运用这些信息对未来的经营活动进行计划、控制、评价和考核。

复习思考题

一、单项选择题

1. 现代会计中的两个并列的领域是（　）。

A. 管理会计与决策会计　　B. 财务会计与成本会计

C. 管理会计与财务会计　　D. 财务会计与决策会计

2. 现代管理会计的核心是（　）。

A. 决策控制　　B. 预算控制

C. 业绩计量　　D. 成本考核

3. 管理会计服务的对象侧重于（　）。

A. 投资人　　B. 债权人

C. 企业管理者　　D. 政府

4. 现代管理会计可进一步划分为（　）与执行会计。

A. 财务会计　　B. 成本会计

C. 财务管理　　D. 决策会计

二、多项选择题

1. 管理会计在企业中的作用包括（　）。

A. 进行预测分析　　B. 提供管理信息

C. 参与决策　　D. 实施业绩考评

E. 计算产品成本

2. 管理会计的具体内容有（　）。

A. 决策会计　　B. 财务会计

C. 执行会计　　D. 成本会计

3. 管理会计的基本方法有（　）。

A. 成本性态分析法　　B. 成本效益分析法

C. 边际分析法　　D. 盈亏平衡分析法

E. 变动成本法

三、简答题

1. 管理会计是怎样形成和发展的?

2. 简述管理会计的职能。

3. 简述管理会计与财务会计的区别和联系。

第二章 成本性态分析

学习目标

1. 掌握变动成本、固定成本、混合成本的概念及特征
2. 熟悉成本性态及应用
3. 熟悉混合成本的分解

第一节　成本性态和分类

成本是指为达到特定目的而消耗或放弃的资源，它是衡量企业经营管理水平高低和经济效益好坏的一个重要指标。不同研究领域对成本概念的理解不尽相同。管理会计的产生，使成本概念多样化。管理会计为行使其预测、决策职能，将“沉没成本”“相关成本”“机会成本”等概念广泛应用于不同类型的经营管理决策中，极大地丰富了成本的内涵。管理会计人员应针对特定的管理要求，选择恰当的分类标准对成本进行分类。因此，管理会计中成本定义为：企业在生产经营过程中对象化的，以货币表现的为达到一定目的而应当或可能发生的各种经济资源的价值牺牲或代价。它除了传统的成本概念外，还包含了许多新的成本概念，如变动成本、固定成本、目标成本、标准成本、边际成本、机会成本、责任成本等，从而组成了多元化的成本概念体系。此定义特别重视形成成本的原因（目的性）和成本发生的必要性，因此对成本发生的时态没有做严格的规定。在管理会计的范畴中，成本的时态可以是过去时、现在完成时或将来时。这与财务会计十分强调的历史成本概念有较大的差异。

所谓成本性态，又称为成本习性，是指成本总额与特定业务量之间在数量方面的依存关系。这里的业务量（以下用 x 表示）是指企业在一定的生产经营期内投入或完成的经营工作量的统称。业务量可以是产量、销量，也可以是直接人工小时、工作小时等。业务量的不同计量单位在一定条件下可以互相换算，具体使用什么计量单位应视管理要求和现实可能而定。在最简单的条件下，业务量通常是指生产量或销售量。这里的成本总额包括为取得营业收入而发生的全部生产成本和非生产成本。研究成本对业务量的依存性，进行成本性态分析，可以从数量上掌握成本与业务量之间规律性的联系，为企业优化管理决策资源，对于有效实施成本控制、挖掘成本降低潜力和争

取最佳经济效益，都有很大的帮助。

管理会计中将全部成本按其性态分为变动成本、固定成本两大类。我们必须掌握每类成本的定义、特点、构成内容和进一步分类的结果。

一、变动成本的定义、内容、特点

变动成本是指在一定条件下，成本总额随业务量成正比例变化的那部分成本，又称可变成本。企业生产中单耗稳定的直接材料、工资率稳定的直接人工和制造费用中随产量成正比例变动的物料用品费、燃料费和动力费等；销售费用中按销售量支付的销售佣金、装运费和包装费等；管理费用和财务费用中那些与销售量成正比例的费用项目，均属于变动成本。

（一）变动成本的基本特征

1. 变动成本总额（用 bx 表示）的正比例变动性

这一特点已在其定义中得以反映。将其反映在平面直角坐标图上，变动成本是一条以单位变动成本为斜率的一条直线。单位变动成本越大，即斜率越大，图上体现的直线坡度越陡。若设 y = 变动成本总额，则变动成本模型为：$y = bx$，如图 2－1 所示。

2. 单位变动成本（用常数 b 表示）的不变性

由于变动成本总额的正比例变动性，决定了其单位变动成本不受业务量增减变动的影响而保持不变。将此特点反映在平面直角坐标图上，单位变动成本是一条平行于横轴的直线，若设 y = 单位变动成本，则单位变动成本的性态模型为：$y = b$，如图 2－2 所示。

【例 2－1】已知：某企业每生产一件甲产品需要消耗一个 B 配件。B 配件的外购单价为 10.50 元，2016 年上半年各月甲产品产量与 B 配件外购总成本及单位甲产品消耗 B 配件成本的有关资料见表 2－1。

表 2－1　甲产品产量与 B 配件外购成本资料

月份	产量/件	B 配件外购总成本/元	单位甲产品消耗的 B 配件成本/（元/件）
1	400	4 200	10.5
2	500	5 250	10.5
3	600	6 300	10.5
4	628	6 594	10.5
5	800	8 400	10.5
6	750	7 875	10.5

根据上述资料，可将 2016 年上半年各月该企业生产甲产品的产量与为生产甲产品发生的 B 配件外购总成本及单位甲产品消耗 B 配件成本的关系分别用图 2－1、图 2－2 来表示。

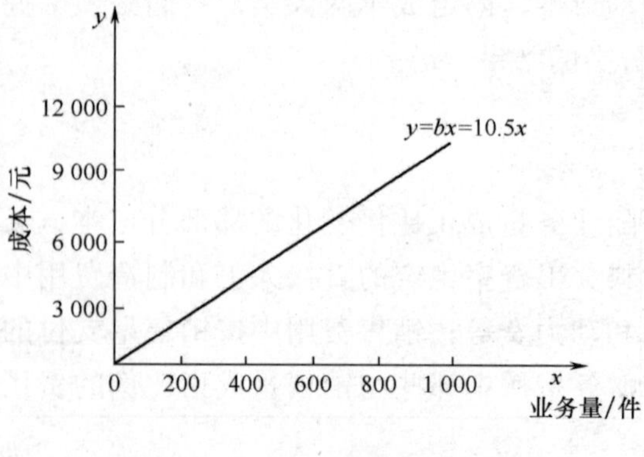

图2-1　变动成本总额性态模型

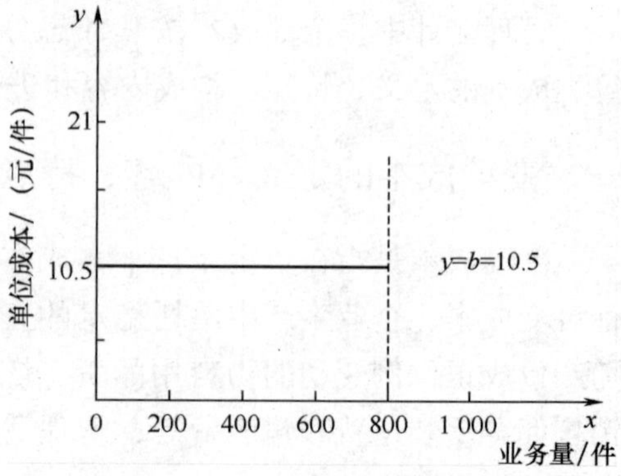

图2-2　单位变动成本性态模型

由此可见，该企业每月发生的B配件外购总成本（10.5x）与完成的甲产品产量呈现正比例变动趋势，但单位甲产品消耗的B配件成本（10.5）却与产量的多少没有任何关系。

（二）变动成本的相关范围

虽然变动成本总额与业务量总数之间存在正比例的依存关系，但这种关系并不是无条件的，而是在一定的范围内存在正比例关系，这个范围在管理会计中叫做“相关范围”。在这相关范围之外，这种关系就可能不存在或表现为非线性关系。例如当产销量较低时，其生产经营很难达到规模效应，这时单位产品所负担的直接材料与直接人工就较多；随着企业产销量的增加，达到某种程度后资源利用效率会提高，单位产品所负担的直接材料与直接人工等变动成本有所降低并保持稳定不变；当企业产销量继续增加，并超过生产能力后，单位产品所负担的直接材料与直接人工等变动成本又会有所增加，如图2-3所示。所以研究变动成本时应该考虑一定的时间范围和业务量范围，当相关范围发生改变时，原有的单位变动成本将会被新的单位变动成本取代。

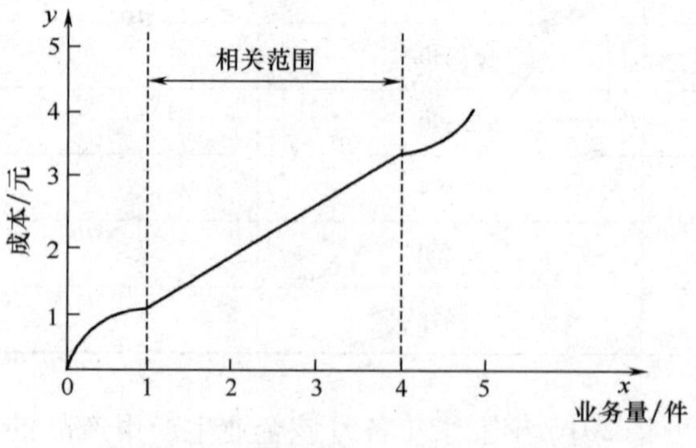

图2-3　变动成本相关范围

二、固定成本的定义、内容、特点及分类

固定成本，是指在一定时期和一定业务量范围内，成本总额不受业务量的变动影响而保持固定不变的成本。例如，企业以直线法计提的固定资产折旧、财产保险费、管理人员的工资、广告费、职工培训费等。这类成本总额不受业务量变动影响而保持不变，但从单位业务量来观察，单位固定成本会随着业务量的增加或减少而成反方向增减变动。

（一）固定成本的特征

1. 固定成本总额的不变性

将其反映在平面直角坐标图上，固定成本总额是一条平行于横轴的直线，若设函数 y = 固定成本总额，其总成本模型为：$y=a$，如图 2-4 所示。

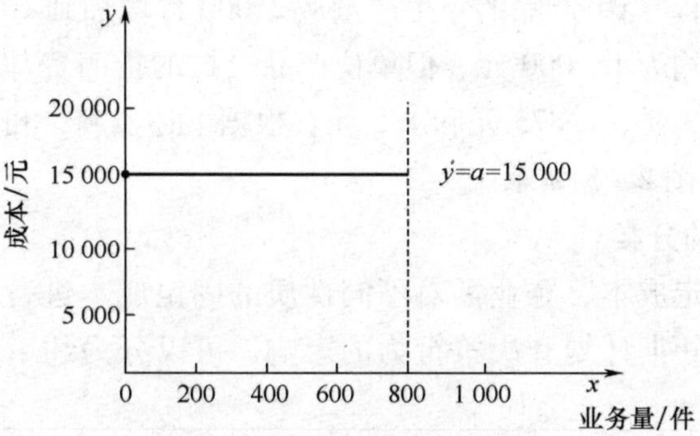

图 2-4　固定成本总额性态模型

2. 单位固定成本的反方向变动性

将其反映在平面直角坐标图上，单位固定成本线是一条反比例曲线，若设函数 y = 固定成本总额，其单位成本模型为：$y=a/x$，如图 2-5 所示。

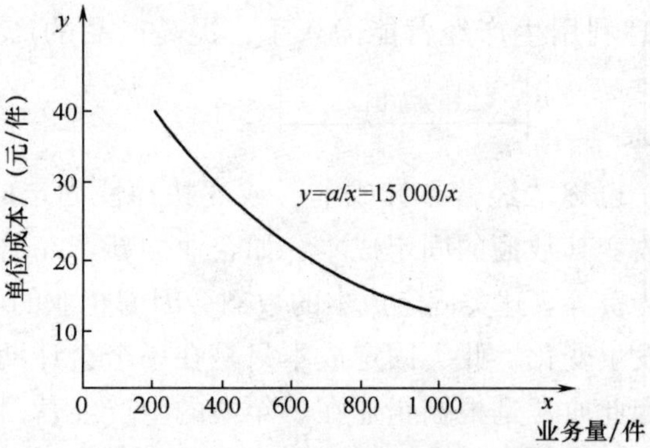

图 2-5　单位固定成本性态模型

通过固定成本的特点可以看出，降低固定成本的途径是提高产量，提高生产效率。

【例2－2】某企业生产用的一台专用设备年最大生产能力为10 000件甲产品，按直线法计提折旧，每年折旧费为15 000元。生产量与折旧费之间的关系如表2－2所示。

表2－2　　生产量与折旧费的关系

年生产量/件	年折旧费/元	单位产品的年折旧费/（元/件）
2 000	15 000	7.500
5 000	15 000	3.000
8 000	15 000	1.875
10 000	15 000	1.500

从表2－2中看出，当甲产品的年生产量从2 000件增加到10 000件时，每年的折旧费总额始终不变，均为15 000元，但单位产品分摊的折旧费却随着生产量的增加而逐步从7.5元下降到3元、1.875元和1.5元。根据上述资料，可将其固定成本的成本性态模型用图2－4、图2－5表示。

（二）固定成本的分类

为了有效控制固定成本，企业需对不同性质的固定成本进行分类。通常固定成本按其是否受管理当局短期计划和决策行为的影响，可以分为约束性固定成本和酌量性固定成本两类。

1. 约束性固定成本

约束性固定成本，也称“经营能力成本”，是指管理当局无法通过短期决策改变其支出数额的固定成本，它和企业经营能力的形成及其正常维护直接相关，如厂房和机器设备的折旧费、保险费、财产税、管理人员工资等。这类成本是企业保持正常生产经营能力的必要条件，具有很强的约束性；企业的经营能力一经形成，在短时间内不会轻易改变，并在较长时间内对企业的生产经营活动产生影响。因此，要降低约束性固定成本，只能从合理利用生产经营能力入手，提高产品的产量，相对降低其单位成本。

2. 酌量性固定成本

酌量性固定成本，也称“经营方针成本”或“抉择性固定成本”，是指通过管理当局的决策行动能够改变其数额的固定成本，如企业的新产品研发费用、职工的培训费、技术开发费、广告费等。这类固定成本的数额会因为企业的实际需要、经营方针、财务状况等的改变而发生变化。此类固定成本只是在一个会计期间保持不变，对一个会计期间产生作用，因此通常是根据企业在一年内的生产经营目标，用年度预算的形式来确定和反映的，这类固定成本的数额在预算执行的某个会计期间保持固定不变，与当期业务量无关，因此要降低酌量性固定成本，就要在预算时精打细算，在执行中厉行节约，在保证不影响生产经营的前提下尽量减少其支出总额。通常讲降低固定成本总额就是指降低酌量性固定成本。

(三) 固定成本的相关范围

与变动成本一样，固定成本总额的“固定性”也不是绝对的，而是有“相关范围”的，这里的相关范围包括两层含义：一是特定的时间范围；二是特定的业务量范围。所谓特定的时间，是指固定成本总额在一定期间内具有固定性。在某一特定的时间范围内，企业生产经营规模不发生大的变化，厂房、机器设备的折旧费和管理人员的工资等固定成本总额是固定的。随着时间的推移，一个正常成长的企业，规模会不断地扩大，这就要求增加厂房、机器设备和管理人员，从而导致固定成本的变化。所谓特定的业务量范围，是指在一定的业务量范围内，固定成本总额具有固定性，如果超出一定的业务量范围，固定成本需相应提高。例如，某企业设计的生产能力为500万~1 000万台，为此，建造了厂房，购置了设备，配备了管理人员，为保证产品销售，每年有固定的广告费支出，在设计的生产能力范围内，厂房、机器设备的折旧费、管理人员的工资及广告费是固定的，但随着生产能力的提高，企业的厂房、设备和管理人员均不能满足生产能力增长的要求，为了达到新的生产能力，必须扩大厂房、更新设备、增加管理人员，相应的厂房、机器设备的折旧费、管理人员的工资均要提高。为了保证产品销量的增长，也要相应增加广告费。

当固定成本原有的相关范围被打破，固定成本总额发生变化，但与此同时，新的相关范围又形成了，自然又有了新的固定成本，如厂房、机器设备的折旧费、管理人员的工资提高后，在新的相关范围内，其总额仍是固定的。这种关系，如图2－6所示。

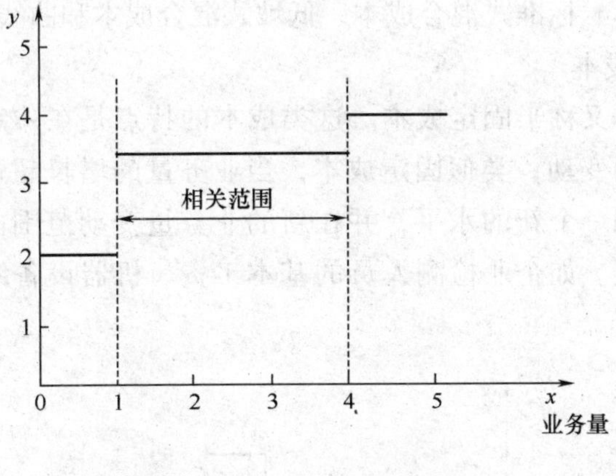

图2－6　固定成本的相关范围

由于管理会计根据成本习性将企业的全部成本分为变动成本和固定成本两大类，因此，企业的总成本方程为：

总成本＝固定成本总额＋变动成本总额

　　　＝固定成本总额＋（单位变动成本×业务量）

$y = a + bx$

总成本模型如图 2－7 所示。

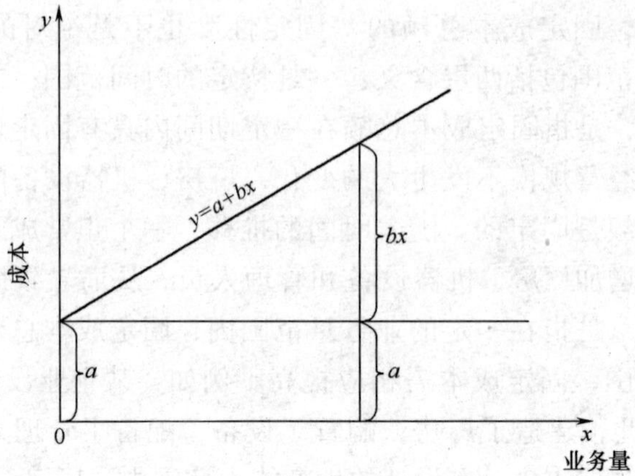

图 2－7　总成本的习性模型

三、混合成本的定义、种类及分解

（一）混合成本的定义及种类

混合成本是指介于固定成本和变动成本之间，其总额随业务量变动但又不成正比例变动的那部分成本。企业的电话费、机器设备的维护保养费等都属于混合成本。全部成本按其性态分类，其结果必然导致出现游离于固定成本和变动成本之间的混合成本。

由于混合成本与业务量之间的关系比较复杂，按照混合成本变动趋势的不同，可分为阶梯式混合成本、标准式混合成本、低坡式混合成本和曲线式混合成本四种类型。

1. 阶梯式混合成本

阶梯式混合成本又称半固定成本。这类成本的特点是在一定业务量范围内其成本不随业务量的变动而变动，类似固定成本，当业务量的增长超过一定限度，其发生额就会突然跳跃上升到一个新的水平，并在新的业务量变动范围内固定不变，直到出现另一个新的跳跃为止。如企业检测人员的基本工资、机器设备维修费用等就属于这类成本，如图 2－8 所示。

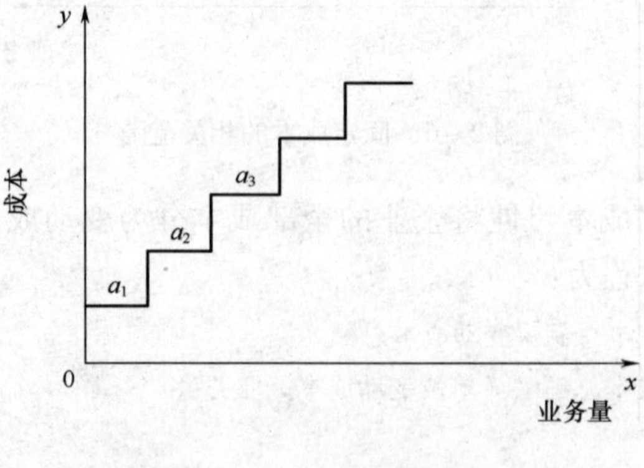

图 2－8　阶梯式混合成本

2. 标准式混合成本

这类成本通常初始有一个基数，与业务量的变动无关，相当于固定成本，在此基数上，随业务量的增加，成本也会成正比例增加，这部分相当于变动成本。如电话费、水电费等，一般总由供应单位规定一个每月的收费基数，不管企业使用量大小，都必须支付这个基数，在此基础上，再根据用量的大小和单价计算其余的部分。这种混合成本中变动成本的成分较多，故称为半变动成本，如图 2－9 所示。

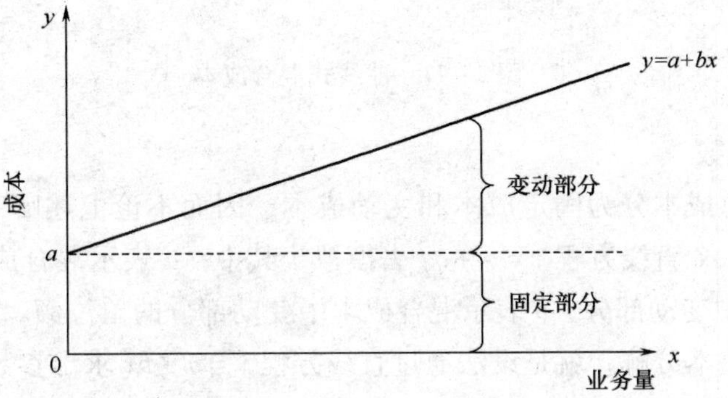

图 2－9　标准式混合成本

3. 低坡式混合成本

低坡式混合成本又称延期变动成本，在一定的业务量范围内其总额保持固定不变，一旦突破这个业务量限度，成本总额则随业务量的增长按比例增长，如职工的基本工资，在正常上班的情况下是不变的，当工作时间超出正常水准，则要根据加班时间的长短按标准支付加班工资，如图 2－10 所示。

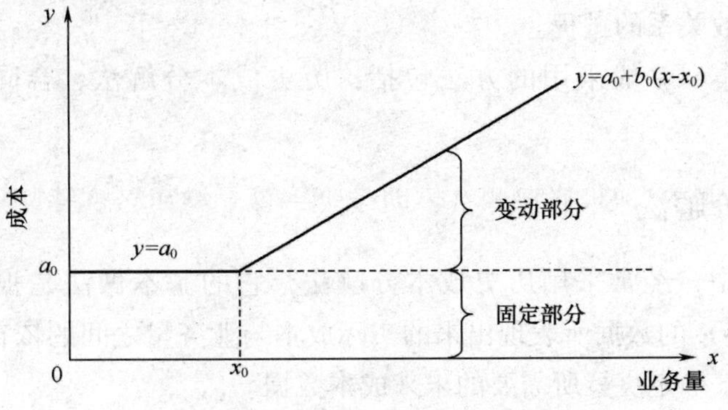

图 2－10　低坡式混合成本

4. 曲线式混合成本

这类成本通常有一个初始量，在一定条件下保持不变，相当于固定成本。在这个初始量的基础上，成本随业务量变动但并不存在线性关系，在坐标图上表现为一条抛物线。按照曲线斜率的不同变动趋势，这类成本又可分为递减型混合成本和递增型混合成本，如图2－11所示。

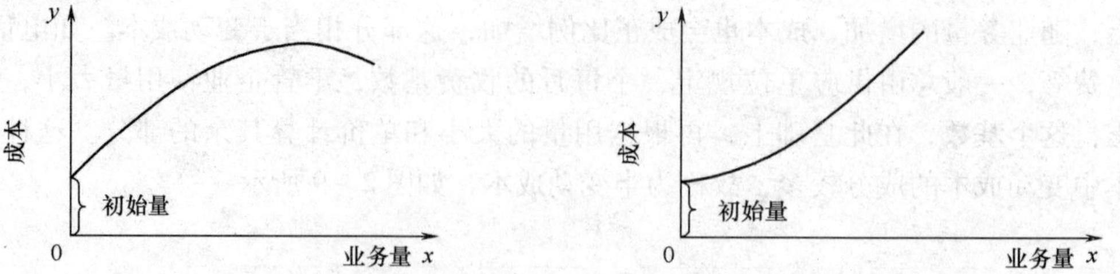

图2－11　曲线式混合成本

（二）成本函数

管理会计将总成本分为固定成本和变动成本，因而不论上述哪一类混合成本都可直接或间接地用一个直线方程 $y=a+bx$ 去模拟，其中：a 表示混合成本中的固定部分，bx 表示混合成本中变动部分，b 表示混合成本中变动部分的单位额。在成本性态分析过程中，进行混合成本分解，就是设法通过直线方程 $y=a+bx$ 求出参数 a，b 的过程。

第二节　成本性态分析

实际工作中，很多成本都以“混合成本”的形式存在。无论哪种混合成本均包含了变动和固定两方面因素，为了便于管理分析，进行成本预测和成本控制，需采用专门的方法将其分解为固定成本和变动成本，这就是所说的“混合成本分解”。

所谓成本性态分析，就是在成本性态分类的基础上，将混合成本分解为变动成本和固定成本两部分后，分别纳入到变动成本和固定成本两类成本中去，以此建立成本总额与业务量函数关系的过程。

分解混合成本，一般采用的方法包括：历史成本分解法、合同认定法、工程研究法。

一、历史成本分解法

在实际工作中，经常采用历史成本分解法，它的基本做法是根据以往若干期间（若干月或若干年）的数据所表现出来的实际成本与业务量之间的依存关系来描述成本的性态，并以此来确定决策所需要的未来成本数据。

历史成本分解法具体又包括高低点法、散布图法和回归直线法。

（一）高低点法

高低点法是历史成本分解法中最简单的一种方法，其主要特点是，利用相关范围内的最高点和最低点业务量的相应成本关系，来确定成本函数中固定成本和变动成本的方法。

此法的基本原理是：各期的总成本或混合成本都可以用成本性态模型来表示。从相关资料中找出高低点业务量及相应的总成本或混合成本，运用解析几何中两点法公式，即可求出直线方程中的 a、b 两个常数，并建立相应的成本模型。

此法的具体分析步骤是：

（1）选择高低两点坐标。即在已知的一定时期内的有关历史资料中，找出最高点业务量（假设为 x_1，及对应的成本（假设为 y_1）从而确定高点坐标（x_1，y_1）；同理，确定低点坐标（x_2，y_2）。

（2）计算 b 值。即根据高低点坐标值计算单位变动成本或混合成本中变动部分的单位额。b 的计算公式为：

$$b=\frac{\text{最高点业务量的成本}-\text{最低点业务量的成本}}{\text{最高点业务量}-\text{最低点业务量}}=\frac{y_1-y_2}{x_1-x_2}$$

（3）计算 a 值。即利用下列公式计算固定成本或混合成本中的固定部分。

$a=$ 最高点成本 $-b\times$ 最高点业务量 $=y_1-bx_1$

或 $=$ 最低点成本 $-b\times$ 最低点业务量 $=y_2-bx_2$

（4）将 a，b 值代入下式，建立成本性态模型。

$y=a+bx$

【例 2-3】高低点法应用举例。

已知：某企业 2016 年 1～6 月份某项混合成本与有关业务量的历史资料如表 2-3 所示。

表 2-3　　混合成本与业务量资料

月份	业务量/件	成本/元
1	50	350
2	55	410
3	60	410
4	75	500
5	75	510
6	85	532

要求：利用高低点法分解该项混合成本，并建立相应的成本模型。

解：依题意：

选择的高低点坐标分别为：

高点（85，532），低点（50，350）

$$b=\frac{532-350}{85-50}=5.2\text{（元/件）}$$

$a=532-5.2\times85=90$（元）

或 $=350-5.2\times50=90$（元）

计算表明，该项混合成本的固定部分为 90 元，变动部分为 $5.2x$。

则成本函数为 $y=90+5.2x$

需要说明的是，高低点坐标的选择必须以一定时期内业务量的高低来确定，而不是按成本的高低。

使用高低点法分解混合成本，计算简便。但因为只选择了诸多历史资料中的两组作为计算依据，使得计算结果具有偶然性而不具有代表性，所以这种方法只适用于各期成本变动趋势比较稳定的情况。

（二）散布图法

散布图法，也称布点图法，是指将若干期业务量和成本的历史数据，在坐标图上作点，通过目测画一条尽可能接近所有坐标点的直线，据以确定固定成本 a 和单位变动成本 b 的一种方法。

散布图法的步骤是：

（1）描点。在平面直角坐标系中，绘制成本的散布点，以横轴代表业务量，纵轴代表成本，于是历史成本的数据就形成若干点散布于坐标图中，由此绘制的图即为散布图。

（2）画线。通过目测或使用仪器画出一条能够反映成本变动趋势的直线。注意应尽量使画出的这条直线两边的散步点数量相同，从而使各点到直线的距离之和达到最小。

（3）读数。所画出的直线与纵轴的截距即为固定成本 a，在直线上任选一点，假设该点为 P，其坐标为（x_p，y_p）。求 b 值。即将 a，x_p 和 y_p 的值代入下式。

$$b=\frac{y_p-a}{x_p}$$

（4）将 a，b 值代入下式，建立成本模型。

$$y=a+bx$$

【例 2-4】散布图法应用举例。

已知：按表 2-3 所提供的资料。

要求：采用散布图法进行成本性态分析。

解：将 6 个月的产量和成本的坐标点分别画在坐标图上，形成散布图，并目测画出一条反映成本平均变动趋势的直线 $y=a+bx$，如图 2-12 所示。

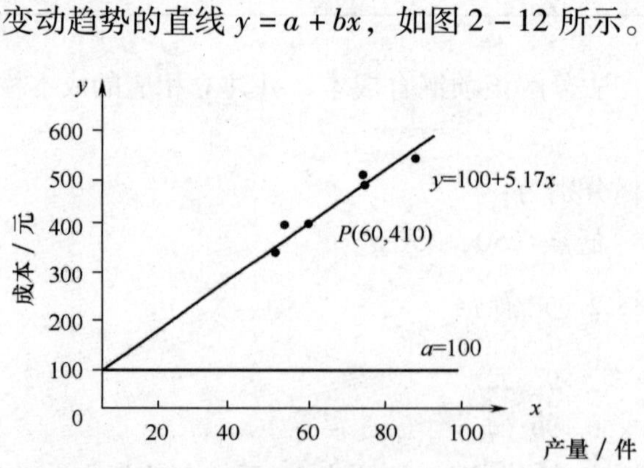

图 2-12 散布图

在图上读出该直线的截距 $a=100$，在直线上任意取点 P，测出它的坐标为（60，410）。则 b 值为：

$$b=\frac{410-100}{60}=5.17\text{（元/件）}$$

将 $a=100$，$b=5.17$ 代入直线方程式 $y=a+bx$

得到该项混合成本的性态模型：$y=100+5.17x$

按散布图法确定的性态模型表明，该混合成本的固定部分为 100 元，变动部分为 $5.17x$。

散布图法的优点在于全面考虑了已知的全部历史资料，其图像可反映成本的变动趋势，比较形象直观，易于理解，因此比用高低点法更为精确。但由于画出的反映成本平均变动趋势的直线，仍带有一种随意性，不同的人会有不同的画法，出现人为误差，从而影响分析的客观性。

（三）回归直线法

回归直线法亦称最小二乘法或最小平方法，它是根据过去若干时期的业务量和成本的历史资料，运用最小平方法原理计算固定成本 a 和单位变动成本 b 的一种成本性态分析方法。

回归直线法的基本步骤是：

（1）根据历史资料列表，求 $n, \sum x, \sum y, \sum xy, \sum x^2$ 和 $\sum y^2$ 的值。

（2）计算相关系数 r，并据此判断 y 与 x 之间是否存在必要的线性关系。

$$r=\frac{n\sum xy-\sum x\sum y}{\sqrt{[n\sum x^2-(\sum x)^2][n\sum y^2-(\sum y)^2]}}$$

相关系数 r 的取值范围在 0 与 ±1 之间。当 $r=-1$ 时，说明 x 与 y 之间完全负相关；

当 $r=0$ 时，说明 x 与 y 之间不存在任何联系，即 $y\neq a+bx$；当 $r=+1$ 时，说明 x 与 y 之间完全正相关，即 $y=a+bx$；当 $r\rightarrow+1$ 时，说明 x 与 y 基本正相关，可近似地写成 $y=a+bx$ 形式。r 反映 x 与 y 的相关程度。数值越大，相关程度越大；反之则越小。

由于成本与业务量之间不可能负相关，故在成本分解中，r 的取值范围在 0～1。管理会计中，一般 r 大于 0.8 时，就表明成本总额与业务量之间有密切联系，可以采用回归直线法进行成本性态分析。

（3）计算 b，a 值。

$$b=\frac{n\sum xy-\sum x\sum y}{n\sum x^2-(\sum x)^2}$$

$$a=\frac{\sum y-b\sum x}{n}=\frac{\sum x^2\sum y-\sum x\sum xy}{n\sum x^2-(\sum x)^2}$$

（4）建立成本性态模型：$y=a+bx$。

【例 2－5】回归直线法的应用举例。

已知：某企业 2016 年 1～6 月份混合成本与业务量的有关资料如表 2－4 所示。

表 2－4 资料

月份	业务量/千件	混合成本/万元
1	6	150
2	5	130
3	7	180
4	8	200
5	10	240
6	9	245

要求：利用回归直线法进行成本性态分析。

解：列表 2－5 计算 n，$\sum x$，$\sum y$，$\sum xy$，$\sum x^2$ 和 $\sum y^2$，计算结果如表 2－5 所示。

表 2－5 数据计算表

月份	产量 x	总成本 y	xy	x^2	y^2
1	6	150	900	36	22 500
2	5	130	650	25	16 900
3	7	180	1 260	49	32 400
4	8	200	1 600	64	40 000
5	10	240	2 400	100	57 600
6	9	245	2 205	81	60 025
$n=6$	$\sum x = 45$	$\sum y = 1\ 145$	$\sum xy = 9\ 015$	$\sum x^2 = 355$	$\sum y^2 = 229\ 425$

$$r=\frac{6\times 9\ 015-45\times 1\ 145}{\sqrt{(6\times 355-45^2)\times(6\times 229\ 425-1\ 145^2)}}\approx 0.977\ 9$$

因为：$r\to +1$，表明 x 与 y 基本相关

所以：$a=\dfrac{355\times 1\ 145-45\times 9\ 015}{6\times 355-45^2}=7.6$

$$b=\frac{6\times 9\ 015-45\times 1\ 145}{6\times 355-45^2}=24.43$$

该企业的成本性态模型为：$y=7.6+24.43x$

回归直线法利用了微分极值原理，计算出最能代表业务量（x）和成本（y）的回归直线，即使误差的平方和为最小的成本趋势直线。因此计算结果比前面两种方法更为准确，但计算量较大，公式较复杂。该方法适用于采用计算机管理的企业。

综合以上三种方法，回归直线法使混合成本的分解建立在科学分析和精确计算的基础上，结果更为准确，但计算却相对复杂得多。它们都属于历史成本分解法，只适用于存在可比历史数据的情况，倘若这一条件不满足，则需采用其他方法进行混合成本的分解。

二、合同认定法

合同认定法是根据企业与供应单位签订的各种合同、契约中的收费标准以及企业内部既定的各种管理和核算制度中所明确规定的计费方法，来确定成本中的固定成本和单位变动成本数额的成本分解方法。

这种方法特别适用于有明确计算方法的各种初始量变动成本，如电费、水费、煤气费、电话费等各项公用事业费。其账单上的基数即为固定成本，而按耗用量多少计价部分则属于变动成本。该方法也是在没有历史成本数据的条件下采用的。

三、工程研究法

工程研究法是半变动成本分解的一种方法。其基本原理是由工程技术人员通过测定正常生产流程中“投入与产出”的规律性，以便逐项研究决定成本高低的每个因素，并在此基础上估算出固定成本和单位变动成本，所以，又称技术测定法。

工程研究法的主要优点在于确定理想的投入产出关系，使企业能够建立具有较高科学性和先进性的标准成本和预算控制。同时，它既是在缺乏历史成本数据条件下可用的、最有效的方法，也是用于检验历史成本分析结论的最佳方法。不足是进行技术测定分析，通常要耗用较多的人力、物力。

假设某企业铸造车间的燃料用于铸造工段的熔炉，分别在点炉和熔化铁水这两项程序中使用。按照最佳的操作方法，每次点炉要用木柴 0.05 吨，焦炭 1.0 吨，熔化 1 吨铁水要使用焦炭 0.1 吨；每个工作日点炉一次，全月工作日 25 天。木柴每吨价格为 200 元，焦炭每吨价格 450 元。

解题步骤：

（1）选择需要研究的成本项目——燃料成本。

（2）对整个过程进行技术测定，确定最佳操作方法，并将其作为标准方法使用。

（3）测定标准方法的每项投入成本，并按成本性态划分固定成本和变动成本。

在本例中，点炉燃料（木柴、焦炭）属固定成本，熔化铁水所用燃料与产量相联系，属变动成本。

设每日燃料总成本为 y，产量为 x 吨铸件，每日固定成本为 a，单位变动成本为 b，则：

每月固定成本 =（0.05 × 200 + 1.0 × 450）× 25

= 11 500（元）

每吨铸件变动成本 = 0.10 × 450 = 45（元）

因此，$y = 11\ 500 + 45x$

由于其所依赖的投入—产出关系只存在于生产过程中的直接消耗部分，因而对于不能直接把成本归属于特定的投入—产出的，或者不能单独进行观察的联合过程，如各种间接成本，不能使用这种方法。

第三节　成本性态分析的意义及存在的问题

一、成本性态分析的意义

成本性态分析为管理会计中各种方法的实际应用奠定了基础，因而进行成本性态分析，在企业管理中具有十分广泛和重要的意义。

（一）成本性态分析是采用变动成本计算法的前提条件

变动成本计算法计算首要前提条件必须将企业一定时期发生的所有成本划分为固定成本和变动成本两大类。在此基础上再将与产量变动成正比例变动的生产成本作为产品成本，并据以确定已销产品的单位成本以及作为期末存货的基础；而将与产量变动无关的所有固定成本作为期间成本处理，全额从当期的销售收入中扣除，由此可见，进行成本性态分析、正确区分变动成本与固定成本，是进行变动成本计算的基础。

（二）成本性态分析，为进行成本、业务量、利润之间相互依存关系的分析，提供了方便

成本、业务量、利润依存关系的分析，简称“盈亏平衡”分析，是管理会计的基础分析方法的核心内容之一，被广泛地认可和使用。盈亏平衡分析的目的就是揭示利润、成本和业务量的内在依存关系，在分析中需要使用反映成本性态的成本函数（即反映成本性态的方程式），对过去的数据进行分析、研究，从而相对准确地将成本分解为固定成本和变动成本两大类，并揭示出成本与业务量之间的数量变动关系，这为盈亏平衡分析中利润公式的构建提供了基础。

（三）成本性态分析是正确制定经营决策的基础

要做出正确的短期经营决策必须区分相关成本和非相关成本。在“相关范围”内，固定成本不随产量的变动而变动，在短期经营决策中大多属于非相关成本；而变动成本在大多数情况下属于相关成本。所以，正确进行短期经营决策的关键是将成本按其性态划分为固定成本与变动成本。

（四）成本性态分析是正确评价企业各部门工作业绩的基础

变动成本与固定成本具有不同的成本性态。在一般情况下，变动成本的高低，可反映出生产部门和供应部门的工作业绩。完成得好坏应由他们负责。例如直接材料、直接人工和变动性制造费用方面，如有所节约或超支，就可视为其业绩好坏的反映，这样就便于分清各部门的经济责任。而固定成本的高低一般不是基层生产单位所能控制的，通常应由管理部门负责，可以通过制定费用预算加以控制。因此采用科学的成本分析方法和正确的成本控制方法，也有利于正确评价各部门的工作业绩。

二、成本性态分析存在的问题

（一）“相关范围”的限定有局限性

如前所述，固定成本和变动成本的成本性态，只是在一定的时间范围和业务量范围内存在，这一限定本身，就使成本性态分析不可避免地带有了一定的假定性。

（二）不能完全满足决策者的要求

成本分析是为企业管理者的决策服务的，所以其分析结果一定要满足企业管理者的要求。而管理者往往希望知道的是其每一种决策会对总成本造成的影响，成本性态分析只提供了企业业务量的变动对总成本的影响，而这种业务量是否为企业管理者所能控制，或是其决策是否会导致其他影响总成本的因素的变动等均无法予以反映。

（三）“成本与产量之间完全线性联系”的假定不尽切合实际

成本性态分析的假设前提是成本的变动率是线性的，但在许多情况下，成本与产量之间的联系是非线性的。

（四）半变动成本的分解方法含有估计的成分

分解半变动成本，一般有历史成本分析方法、工程研究法、合同认定法等。但不管是哪一种分解方法都带有一定程度的假定性，都是借助某一种相关要素来估计成本。所以，其分解的结果均不可能十分准确。

总之，成本性态分析在企业管理中的应用是相当普遍的，应用得好是相当有效的，但也应该注意一些问题，使成本性态的分析在企业生产成本管理中发挥更大的应有的作用。

要点总结

管理会计中的成本概念非常丰富，按照不同的分类标准可以得到不同的成本概念。成本按成本性态分类是管理会计中最重要的分类方法，按此标准可将成本分为固定成本、变动成本和混合成本。固定成本、变动成本和混合成本在一定的相关范围内存在，必须在一定时期、一定业务量范围内对其特性加以分析。混合成本可进一步分解为变动成本和固定成本，这一过程被称为混合成本的分解或成本性态分析。

复习思考题

一、单项选择题

1. 将全部成本分为固定成本、变动成本和混合成本所采用的分类标志是（　）。

A. 成本核算目标　　B. 成本的可辨认性

C. 成本的用途　　D. 成本性态

2. 下列费用中属于约束性固定成本的是（　）

A. 固定资产折旧费　　B. 广告费

C. 职工教育培训费　　D. 业务招待费

3. 在历史资料分析法的具体应用方法中，计算结果相对最为精确的方法是（　）。

A. 高低点法　　B. 散布图法

C. 回归直线法　　D. 直线分析法

4. 下列各种混合成本可以用模型 $y = a + bx$ 表示的是（　）。

A. 半固定成本　　B. 延伸变动成本

C. 半变动成本　　D. 阶梯式变动成本

5. 当相关系数 $r = 1$ 时，表明成本与业务量之间的关系是（　）。

A. 基本正相关　　B. 完全正相关

C. 完全无关　　D. 基本无关

6. 采用散布图法分解混合成本时，通过目测在各成本之间画出一条反映成本变动趋势的直线，这条直线与纵轴的交点就是固定成本，斜率则是变动成本。理论上这条直线距各成本点之间的（　）最小。

A. 距离之和　　B. 离差之和

C. 离差平方和　　D. 标准差

7. 在不改变企业生产经营能力的前提下，采取降低固定成本的措施通常是指降低（　）。

A. 约束性固定成本　　B. 酌量性固定成本

C. 半固定成本　　D. 单位固定成本

二、思考题

1. 什么是变动成本？变动成本的特点是什么？

2. 什么是固定成本？固定成本的特点是什么？

3. 什么是成本性态？为什么成本要按性态分类？怎样分类？

4. 什么是混合成本？为什么要对混合成本进行分解？如何分解？

三、计算分析题

假设某企业2016年上半年电费支出与产量的资料如表2－6所示。

表2－6　　某企业2016年上半年电费支出

指标	月份						
	1月	2月	3月	4月	5月	6月	7月
用电费/元	5 000	4 250	5 625	5 625	5 375	6 875	6 150
产量/件	1 200	900	1 350	1 500	1 200	1 650	1 500

要求：

1. 根据上述资料，采用高低点法分解该混合成本，并写出成本模型。

2. 根据上述资料，采用回归直线法分解该混合成本，并写出成本模型。

3. 根据回归直线法的分解结果预测2016年8月的电费支出，假定2016年8月计划产量为1 700件。

第三章 变动成本法

学习目标

1. 掌握变动成本法的含义、特点
2. 熟悉变动成本法的优缺点
3. 熟悉变动成本法与完全成本法的流转程序
4. 掌握变动成本法与完全成本法的区别
5. 理解变动成本法与完全成本法分期营业利润差额的含义及变动规律

第一节 变动成本法概述

1936 年美国会计学者哈里斯首先提出了变动成本计算方案，最初并没有引起社会的广泛关注，在实际工作中也很少被采用。第二次世界大战以后，企业环境发生了变化，市场竞争日益激烈，企业管理当局强烈要求会计部门能够提供预测、决策、预算等方面的信息，从此变动成本法在美、日、西欧诸国广泛应用，作为内部管理决策的重要工具，成为管理会计的一项重要内容。

所谓变动成本法，是以成本性态分析为依据，在计算产品成本和存货成本时，只包括在生产过程中所消耗的直接材料、直接人工和变动制造费用，而把固定制造费用全部一次列入利润表内的“期间成本”项目内，从本期收益中扣除。由于变动成本法的成本计算不包括“固定制造费用”在内，故亦称“直接成本法”或“边际成本法”。此方法主要用于企业内部报表，为进行决策提供信息，是管理会计专用的一种成本计算方法。

变动成本法产生以后，为有所区别，人们将财务会计中传统的成本计算方法称为“完全成本法”。

在完全成本法计算法下，将企业发生的全部成本分为两大类：一类是生产成本，包括直接材料、直接人工和制造费用；一类是非生产成本，包括管理费用、财务费用和销售费用。所谓完全成本法，是指在计算产品成本和存货时，把一定时期发生的直接材料、直接人工和全部制造费用（包括变动制造费用和固定制造费用）都包括在内的方法。正因为完全成本法将所有“变动”和“固定”的制造费用全部“吸收”到了产品成本中去，故亦称为“归纳（或吸收）成本法”。

变动成本法改变了完全成本法中将固定制造费用在本期销货与存货之间进行分配的传统做法，而由当期负担。其理论依据是：固定制造费用主要是为企业提供的生产经营条件而发生的，这些生产经营条件一旦形成，不管其利用程度如何，有关费用照常，不会因产量的增减而改变。它们实质与特定的会计期间相联系，和企业生产经营活动持续的长短成正比，并随时间的推移而消逝。所以其效益不应递延到下一个会计期间，而应在发生的当期，全部列入利润表，作为该期收益的一个扣减项目。

第二节　变动成本法与完全成本法的比较

由于变动成本法与完全成本法对固定制造费用的处理方法不同，导致了两种方法的一系列差异。

一、应用的前提条件不同

变动成本法应用的前提是成本性态分析。首先要求把全部成本划分为变动成本和固定成本两部分，尤其要把具有混合性质的制造费用按生产量分解为变动制造费用和固定制造费用两部分，对具有混合成本性质的销售及管理等费用，则按销量分解为变动费用和固定费用两部分。

完全成本法首先要求把全部成本按其经济用途分为生产成本和非生产成本两类。将生产成本领域中为产品生产发生的成本归入生产成本，将发生在日常行政管理、销售和资金筹集中的成本归入非生产成本。

二、产品成本和期间成本的构成内容不同

在变动成本法下，产品成本实际上就是变动性生产成本，具体内容包括直接材料、直接人工和变动性制造费用；期间成本则包括固定性制造费用和全部非生产成本。而在完全成本法下，其产品成本实际上就是生产成本，具体内容包括直接材料、直接人工和变动性制造费用和固定性制造费用；期间成本则是全部非生产成本。变动成本法与完全成本法在产品成本、期间成本构成内容上的差别，关键在于对固定制造费用的认识和处理方法不同。

依据它们的含义，变动成本法与完全成本法产品成本的构成内容见表3－1。

表3－1　　两种成本计算方法在成本划分及产品成本包含内容上的差别

区别标志	变动成本法	全部成本法
成本划分标准	按成本习性划分	按成本经济职能划分

续表

区别标志	变动成本法	全部成本法
成本划分类别	变动成本： 变动生产成本（直接材料、直接人工、变动制造费用） 变动销售费用 变动管理费用 固定制造费用 固定成本（固定销售费用、固定管理费用）——期间成本	生产领域成本（直接材料、直接人工、全部制造费用） 推销领域成本——全部销售费用 管理领域成本——全部管理费用
产品成本包含内容	变动生产成本（直接材料、直接人工、变动制造费用）	全部生产成本（直接材料、直接人工、全部制造费用）

【例3－1】某企业只生产和销售一种产品，该产品在期初存货数量为零，假定本年投产全部完工，有关产品生产资料见表3－2。

表3－2　　生产资料

项目	数量	项目	金额（元）
期初存货数量	0件	直接材料	200 000
本年投产完工量	5 000件	直接人工	100 000
本年销售量	4 000件	变动制造费用	50 000
单价	150元/件	固定制造费用	100 000
		变动销售费用	4 000
		固定销售费用	16 000
		变动管理费用	3 000
		固定管理费用	27 000

要求：分别使用变动成本法和完全成本法计算企业的产品成本和期间成本。

依据上述资料，用两种方法计算的产品成本和期间成本见表3－3。

表 3－3　　产品成本和期间成本计算表

项目		变动成本法		完全成本法	
		总成本	单位成本	总成本	单位成本
产品成本	直接材料	200 000	40	200 000	40
	直接人工	100 000	20	100 000	20
	制造费用			150 000	30
	变动制造费用	50 000	10		
	合计	350 000	70	450 000	90
期间成本	固定制造费用	100 000			
	销售费用	20 000		20 000	
	管理费用	30 000		30 000	
	合计	150 000		50 000	

上述计算结果说明，完全成本法下产品单位成本 90 元比变动成本法下产品单位成本 70 元多出 20 元，正是由单位产品负担的固定制造费用 20 元所致。

三、存货成本与销货成本的计算不同

在本期销货数量和存货数量均不为零的情况下，本期所发生的产品成本最终会表现为销货成本和存货成本。销货成本和存货成本的计价应以产品成本的构成内容为依据。在变动成本法下，应按变动性生产成本即直接材料、直接人工和变动性制造费用进行计价，而在完全成本法下，存货及销货成本的确定应按全部生产成本即直接材料、直接人工和变动性制造费用以及固定性制造费用进行计价。也就是说，对某一特定存货进行计价，按变动成本法确定的存货单位成本小于按完全成本法下确定的存货单位成本，其差额就是完全成本法下单位产品应负担的固定性制造费用。

在【例 3－1】中：

变动成本法下的期末存货成本＝1 000×70＝70 000（元）

完全成本法下的期末存货成本＝1 000×90＝90 000（元）

变动成本法下的本期销货成本＝4 000×70＝280 000（元）

完全成本法下的本期销货成本＝4 000×90＝360 000（元）

上述计算结果说明，在产品销量不相等的情况下，两种方法计算所得出的期末存货成本不相等，两者的差额正是期末存货所负担的固定制造费用 20 000（20×1 000）元。

四、分期损益的计算不同

（一）计算损益的程序不同

完全成本法下利润计算公式为：

营业收入－营业成本＝营业毛利

营业毛利 - 期间成本 = 营业利润

其中：营业成本 = 本期销售成本（完全生产成本）

= 期初存货完全生产成本 + 本期发生完全生产成本 - 期末存货完全生产成本

期间成本 = 非生产成本 = 管理费用 + 财务费用 + 销售费用

变动成本法下利润计算公式为：

营业收入 - 变动成本 - 固定成本 = 营业利润

其中：变动成本 = 本期销货成本（变动生产成本）+ 变动非生产成本

= 单位变动生产成本 × 销量 + 单位变动非生产成本 × 销量

固定成本 = 固定生产成本 + 固定非生产成本

= 固定性制造费用 + 固定性管理费用 + 固定性财务费用 + 固定性销售费用

需要说明的是以上的营业成本或变动成本中包括税金及附加，税金及附加为广义的成本。

由于分期利润计算的程序不同，又会导致利润表的编制格式不同，仍以【例3-1】的图表资料为依据，分别按两种方法编制利润表。

利润表（利润计算过程）见表3-4。

表3-4　　利　润　表

按变动成本法计算		按完全成本法计算	
一、营业收入（4 000×150）	600 000	一、营业收入（4 000×150）	600 000
减：变动成本		减：营业成本	
变动生产成本（4 000×70）	280 000	期初存货成本	0
变动销售费用	4 000	+本期生产成本	450 000
变动管理费用	3 000	-期末存货成本（1 000×90）	90 000
变动成本合计	287 000	营业成本合计	360 000
减：固定成本		二、毛利	240 000
固定制造费用	100 000	减：期间成本	
固定销售费用	16 000	销售费用	20 000
固定管理费用	27 000	管理费用	30 000
固定成本合计	143 000	期间成本合计	50 000
二、营业利润	170 000	三、营业利润	190 000

上述计算结果表明，在期初存货为零且本期生产量大于销量1 000件的情况下，完全成本法下计算的利润大于变动成本法下计算的利润，且差额正是期末存货所负担的固定制造费用20 000元。

（二）损益计算结果不同

当某一特定期间的产品产销不均衡时，采用变动成本法与完全成本法所确定的期间损益可能是不相同的。就某一特定期间而言，两种成本计算方法下的销售收入是完全相同的，不会导致营业利润出现差额；变动性生产成本在不同的成本法下均构成产品成本的内容，没有什么区别，因而也不可能使营业利润出现差额；销售费用、管理费用和财务费用只是在计入利润表的位置与补偿途径方面有形式上的区别，实际上都是作为期间费用加以扣除，所以也不会使两种成本计算方法下的利润出现差额。不同的是由于两种成本计算方法对固定性制造费用的处理方式不同，导致两种方法当期扣除的固定性制造费用的数额可能不同。在变动成本计算法下，当期发生的固定性制造费用作为期间成本，全额计入当期利润表，直接由当期已销产品负担。而在完全成本法下，固定性制造费用作为产品成本的构成内容，当期由已销产品负担的固定性制造费用的数额，不仅受到当期发生的固定性制造费用水平的影响，而且还受到期末存货与期初存货负担的固定性制造费用水平的影响。这就是说，在有存货存在的情况下，两种成本计算方法当期扣除的固定性制造费用的数额可能是不同的。两种成本计算方法当期扣除的固定性制造费用的差额，也就是两种成本计算方法下当期利润的差额。或者说，两种成本计算方法下当期利润的差额，实际上就是完全成本法下期末存货与期初存货所负担的固定性制造费用的差额。现举例说明两种成本计算方法对损益的影响。

【例 3－2】某企业经营甲产品，2014—2016 年连续三年的产销量及成本、费用资料如表 3－5 所示（假定存货按先进先出法计价）。

表 3－5

项目		2014 年	2015 年	2016 年
期初存货/件		0	300	100
本期生产量/件		1 500	1 200	1 000
本期销售量/件		1 200	1 400	1 000
期末存货量/件		300	100	100
销售单价/（元/件）		50	50	50
生产成本	单位变动成本/（元/件）	20	20	20
	固定制造费用/元	18 000	18 000	18 000
单位变动性销售及管理费用/（元/件）		4	4	4
固定性销售及管理费用		5 000	5 000	5 000

要求：依据以上资料，分别采用变动成本法和完全成本法计算各期损益，并编制利润表。

解：根据给定的资料，分别编制利润表见表 3－6 和表 3－7。

表3－6　　2014—2016年变动成本法下利润表

项目	2014年	2015年	2016年
一、营业收入	60 000	70 000	50 000
减：变动成本	28 800	33 600	24 000
二、边际贡献	31 200	36 400	26 000
减：固定制造费用	18 000	18 000	18 000
固定销售及管理费用	5 000	5 000	5 000
三、营业利润	8 200	13 400	3 000

表3－7　　2014—2016年完全成本法下利润表

项目	2014年	2015年	2016年
一、营业收入	60 000	70 000	50 000
减：营业成本			
期初存货成本	0	9 600	3 500
＋本期生产成本	48 000	42 000	38 000
－期末存货成本	9 600	3 500	3 800
营业成本合计	38 400	48 100	37 700
二、毛利	21 600	21 900	12 300
减：销售及管理费用	4 800	5 600	4 000
固定销售及管理费用	5 000	5 000	5 000
三、营业利润	11 800	11 300	3 300

表3－6和表3－7的计算结果表明，甲产品2014—2016年按两种方法计算的利润不相等。其利润差异产生的原因分析如下：

2014年没有期初存货，期末存货为300件。在完全成本法下，这300件存货负担的固定性制造费用3 600（300×18 000/1 500）元应转入2015年，2014年应由已销产品负担的固定制造费用为14 400（18 000－3 600）元，或（1 200×18 000/1 500）元；而在变动成本计算法下，当期发生的固定制造费用18 000元全部作为期间成本，由当期已销产品负担。所以，2014年完全成本法比变动成本法少分摊固定制造费用3 600（18 000－14 400）元，因而其净利润多3 600元。

2015年期初存货量300件，期末存货量为100件。在完全成本计算法下，期初存货带来的2014年的固定制造费用3 600（300×18 000/1 500）元，因存货按先进先出法结转，所以应在2015年扣除；期末存货分摊的固定制造费用1 500（100×18 000/1 200）应转入2016年，2015年应由已销产品负担的固定制造费用为20 100（3 600＋18 000－1 500）元，或（300×18 000/1 500＋1 100×18 000/1 200）元；而在变动成本计算法下，当期发生的固定制造费用18 000元全部作为期间成本，由当期已销产品负担。所以，2015年完全成本法比变动成本法多分摊固定制造费用2 100（20 100－18 000）元，因而其净利润自然少2 100元。

2016 年期初存货量 100 件，期末存货量也为 100 件。在完全成本计算法下，期初存货量 100 件带来的 2015 年的固定制造费用 1 500（100 × 18 000/1 200）元，因存货按先进先出法结转，所以应在 2016 年扣除；期末存货量 100 件分摊的固定制造费用 1 800（100 × 18 000/1 000）应转入 2017 年，2016 年应由已销产品负担的固定制造费用为 17 700（1 500 + 18 000 − 1 800）元，或（100 × 18 000/1 200 + 900 × 18 000/1 000）元；而在变动成本计算法下，当期发生的固定制造费用 18 000 元全部作为期间成本，由当期已销产品负担。所以，2016 年完全成本法比变动成本法少分摊固定制造费用 300（17 700 − 18 000）元，因而其净利润自然少 300 元。

下面我们针对不同情况对完全成本法与变动成本法计算的利润加以说明：

（1）期初无产品存货，且本期生产的产品在本期全部销售完毕。显然这种情况下，本期发生的所有生产成本和期间成本均在销售收入中予以扣除，两种成本计算法计算的营业利润是相等的，不存在差异。

（2）期初无产品存货，本期生产的产品未销售完，一部分留到下期。这种情况下，变动成本法仍然将本期发生的固定性制造费用全部作为期间成本从收入中减除，而完全成本法是将其计入了产品生产成本，随着产品出售而从收入中获得补偿。因本期生产的产品并未全部销售完毕，有一部分固定性制造费用计入期末产品成本而转移到下期，未在本期收入中扣减，这样就导致完全成本法下从收入中扣减的固定性制造费用只是一部分，最终计算出的营业利润一定大于变动成本法下计算的营业利润。

（3）期初有产品存货，本期全部产品均销售完毕，期末无存货。在这种情况下，变动成本法下计算的期初存货成本中仅包括变动性生产成本，而完全成本法下计算的期初存货成本中不仅有变动性生产成本，还包括上期发生的固定性制造费用，即期初存货将上期发生的固定性制造费用吸收并在本期释放出来，随着产品的销售将从本期销售收入中扣减。这样就导致完全成本法下从收入中扣减的固定性制造费用大于变动成本法下扣减的数额，最终计算的营业利润小于变动成本法计算的数额。

除以上三种情况外，大多数情况是既有期初存货，又有期末存货，两种成本法下计算的营业利润会出现差额，其差额存在如下变动规律：

（1）若完全成本法下期末存货吸收的固定性制造费用等于期初存货释放的固定性制造费用，则两种方法计算的营业利润必相等，不存在差额。

（2）若完全成本法下期末存货吸收的固定性制造费用大于期初存货释放的固定性制造费用，则按完全成本法下计算的营业利润一定大于按变动成本法计算的营业利润。

（3）若完全成本法下期末存货吸收的固定性制造费用小于期初存货释放的固定性制造费用，则按完全成本法下计算的营业利润一定小于按变动成本法计算的营业利润。

（4）两种成本计算法计算的营业利润可以用以下公式计算确定：

$$\text{完全成本法计算的营业利润} = \text{变动成本法计算的营业利润} + \text{完全成本法下期末存货吸收的固定性制造费用} - \text{完全成本法下期初存货释放的固定性制造费用}$$

第三节 变动成本法的评价

一、变动成本法的优点

变动成本法的诞生，突破了传统的狭隘的成本观点，为加强企业内部经营管理、提高经济效益开创了新思路。这种成本计算方法的优点，可归纳以下几个方面。

根据变动成本法的概念，变动成本法和完全成本法相比较，具有以下特点。

1. 从理论上讲，变动成本法最符合“收入与费用配比”这一原则

收入是管理者所取得的成就，成本、费用是为取得收入所发生的必要耗费。“收入与费用配比”原则就是在确认收入的同时也将与之相对应的成本、费用进行确认，把两者进行比较得出本期利润，用以衡量管理者的工作绩效。变动成本法将生产成本中的变动制造费用计入产品成本，将已销售部分转化为销售成本与本期收入直接配比，将未销售部分转化为存货成本，与未来收入配比。生产成本中的固定制造费用，视为保持企业经营能力而发生的成本，并将它归入本期期间成本，一次全部与本期收入配比。变动成本法对变动生产和固定制造费用的处理，完全符合配比的原则。

2. 简化成本核算，便于加强日常管理

采用变动成本法，把固定制造费用列作期间成本，从边际贡献总额中扣除，可以省去许多间接费用的分摊手续。而且由于摊配造成的制造费用分配不合理的问题也得以解决，使会计人员从繁重的计算工作中解脱出来，集中精力向日常管理的广度与深度进军。

3. 能够提供有用的管理信息，为预测前景、参与决策和规划未来服务

采用变动成本法求得的单位变动成本、边际贡献等对管理当局的决策、规划十分有用。它们能够揭示出业务量与成本变动的内在规律，找出生产、销售、成本和利润之间的依存关系，提供各种产品的盈利能力、经营风险等重要信息，所有这些，能够帮助管理当局深入地进行本量利分析和边际贡献分析，有利于正确进行短期经营决策。

4. 促使企业管理当局重视销售环节，防止盲目生产

采用变动成本法，产量的高低与存货增减对利润没有影响，在销售单价、单位变动成本和销售组合不变的情况下，企业营业利润将随销售量同方向变动。这样可以促使管理当局重视销售环节，加强促销活动，并把主要精力集中在研究市场动态，了解消费者需求，搞好销售预测和以销定产等方面，否则，采用完全成本法时，因为当期利润受期初、期末存货估价变动的影响，容易出现销售比以往月份增加了，而利润却减少；或者销售减少，利润反而增加的反常现象。其结果必然是盲目生产、仓库积压。

5. 使产品定价更为方便

变动成本能从账面上直接提供，能及时以变动成本为计价基础，固定成本在最后一次加计，因而往往使定价决策更为明智。

二、变动成本法的缺点

1. 不符合传统的成本观念及对外报告的要求

按照传统的成本观念，产品成本是指为生产产品而发生的全部生产成本，既包括变动生产成本，也包括固定制造费用。长期以来，这种观念在世界范围内得到广泛认同，并被作为对外报告的标准，但是，变动成本计算法所确定的产品成本只包括变动性生产成本，其所提供的成本资料不符合通用会计报表编制的要求。

2. 不适应长期经济决策的需要

尽管变动成本计算法提供的信息能在短期经营决策中发挥重要的作用，但不能解决诸如增加或减少生产能力、扩大或缩小经营规模等长期决策问题。同时从长期来看，由于技术进步、通货膨胀及企业经营规模等变化的影响，单位变动成本和固定成本总额很难固定不变，一旦突破相关范围，成本性态发生变化，变动成本计算方法提供的信息就失去相关性。

但必须指出，现行会计制度和税法都是以完全成本法为基础，变动成本法不能直接对外编制报表。我国有些企业在采用变动成本计算时，将固定成本分成两项，单独列示出应由期末存货负担的固定成本以及计入本期收益冲转的固定成本，从而保持了变动成本的优点，又将本期利润的口径调整为完全成本法，使之能同时满足对内对外编制财务报表的要求，不失为是一种较好的办法。

要点总结

本章主要介绍了完全成本法与变动成本法两种不同的成本计算方法，并对两者的区别作了系统的分析，同时对变动成本法的优劣进行了客观的评价，揭示了变动成本法的意义所在，为以后的盈亏平衡分析及管理预测、决策提供了理论和方法基础。

复习思考题

一、选择题

1. 在管理会计中，将全部成本区分为产品成本和期间成本的分类标志是（　）。

A. 成本的目标　　B. 成本发生的时态

C. 成本的相关性　　D. 成本的存续性

2. 变动成本法下的期间成本包括（　）。

A. 管理费用　　B. 销售费用

C. 制造费用　　D. 固定生产成本

E. 非生产成本

3. 如果某期按变动成本法计算的营业利润为5 000元，该期产量为2 000件，销售量为1 000件，期初存货为零，固定性制造费用总额为2 000元，则按完全成本法计算的营业利润为（ ）。

A. 0元　　B. 1 000元

C. 5 000元　　D. 6 000元

4. 如果完全成本法的期末存货成本比期初存货成本多10 000元，而变动成本法的期末存货成本比期初存货成本多4 000元，则可断定两种成本法的营业利润之差为（ ）。

A. 14 000　　B. 10 000

C. 6 000　　D. 4 000

5. 如果某企业连续三年按变动成本法计算的营业利润分别为10 000元，12 000元和11 000元。则下列表述中唯一正确的是（ ）。

A. 第三年的销量最小　　B. 第二年的销量最大

C. 第一年的产量比第二年少　　D. 第二年的产量比第三年多

6. 已知2015年某企业按变动成本法计算的营业利润为13 500元，假定2016年的销量与2015年相同，产品单价及成本水平都不变，但产量有所提高，则该年按变动成本法计算的营业利润（ ）。

A. 必然大于13 500元　　B. 必然等于13 500元

C. 必然小于13 500元　　D. 可能等于13 500元

7. 从数额上看，广义营业利润差额应当等于按完全成本法计算的（ ）。

A. 期末存货成本与期初存货成本中的固定生产成本之差

B. 期末与期初存货量之差

C. 利润超过按变动成本法计算的利润部分

D. 生产成本与销货成本之差

8. 在完全成本法下，期间费用包括（ ）。

A. 制造费用　　B. 变动性制造费用

C. 固定性制造费用　　D. 推销成本

E. 管理费用

二、思考题

1. 什么是变动成本法？变动成本法的特点是什么？

2. 完全成本法与变动成本法各自有何特点？

3. 变动成本法与完全成本法之间的差异主要表现在哪些方面？

4. 请说明完全成本法与变动成本法计算的营业利润产生差异的原因。

三、计算分析题

1. 已知某企业本期有关成本资料如下：单位直接材料成本为10元，单位直接人工成本为5元，单位变动性制造费用为6元，固定性制造费用总额为5 000元，单位变动性销售费用为3元，固定性销售费用为1 600元，期初存货量为零，本期产量为1 000

件，销售量为600件，单位售价为40元。

要求：分别按两种成本法的有关公式计算下列指标：

（1）单位产品成本；（2）期间成本；（3）销售成本；（4）营业利润。

2. 已知某企业连续两年的产销量、成本和销售量如下，2015年年初存货无期初余额。

项目	2015年	2016年
生产量/件	9 000	10 000
销售量/件	9 000	6 000
单位产品变动成本/元	13	13
固定性制造费用/元	50 000	50 000
销售和管理成本/元	10 000	10 000
单价/元	40	40

要求：该企业按变动成本计算的营业利润第一年为183 000元，第二年为102 000元，存货按先进先出法计算，用差额法计算完全成本法各年的营业利润。

3. 某企业生产甲产品，产品单价为10元/件，单位产品变动生产成本为4元，固定性制造费用总额为24 000元，销售及管理费用为6 000元，全部是固定性，存货按先进先出法计价，最近三年的产销量资料如下表所示：

单位：件

项目＼年份	2014年	2015年	2016年
期初存货量	0	0	2 000
本期生产量	6 000	8 000	4 000
本期销售量	6 000	6 000	6 000
期末存货量	0	2 000	0

要求：分别按两种方法计算（1）单位产品成本；（2）期末存货成本；（3）期初存货成本；（4）各年的营业利润。

第四章 盈亏平衡分析

学习目标

1. 掌握盈亏平衡分析的概念、假定和盈亏平衡分析的基本原理

2. 熟悉盈亏平衡点分析的几种方法以及有关因素变动对盈亏平衡点影响的分析和安全边际与盈亏平衡点作业率

3. 掌握盈亏临界点、保利点及保净利点有关公式及其应用

第一节 盈亏平衡分析概述

一、盈亏平衡分析的含义

盈亏平衡分析是“成本—业务量—利润关系分析”的简称，又称本量利分析，它是现代管理会计学的重要组成部分，其理论正日臻完善，其分析技术已在企业实践中得到日益广泛的应用。所谓盈亏平衡分析，是指在成本性态分析的基础上，通过对成本、业务量和利润三者关系的分析，建立数字化的会计模型和图示，进而揭示变动成本、固定成本、销售量、销售单价和利润之间的内在规律性联系，为预测、决策、规划和控制提供有价值的会计信息的一种定量分析方法。由于利润是销售收入扣除成本的结果，销售收入是由销售数量和单位售价两个因素决定的，成本由固定成本和变动成本组成，所以盈亏平衡分析最终落在固定成本、变动成本、销售量、单价和利润五个因素上。本章将具体讨论这五个因素的相互关系。应该注意的是：盈亏平衡分析中的“利润”，在管理会计中是指未扣除利息和所得税以前的营业净利，财务管理称之为“息税前利润”。至于按销售额的一定百分率计缴的税金及附加通常则视作变动成本处理。

二、盈亏平衡分析的假设

盈亏平衡分析原理所建立和使用的有关数学模型和图形，是以一系列基本假设为前提条件的。如果忽略了这些假设条件，就会削弱盈亏平衡分析的规律性与指导性，造成预测与决策的失误。正因为如此，管理会计的盈亏平衡分析方法在实际运用中具

有一定的局限性。如果在分析中不注意这些基本假设，往往会导致做出错误的结论。所以，在运用盈亏平衡分析时，分析者应该对这些基本假设有充分认识。盈亏平衡分析基本假设主要包括以下内容。

（一）成本性态分类假设

这一假设是指成本性态是完全可以预测的，全部成本可以按照成本与业务量之间的关系将成本划分为固定成本和变动成本，即成本函数 $y = a + bx$ 的线性关系存在。由于固定成本和变动成本均存在各自的相关范围，导致总成本函数公式也必须在一定条件下才能成立。

（二）线性相关假设

这一假设是指在一定期间和一定业务量范围之内，盈亏平衡关系中存在若干线性关系，包括以下几个方面。

1. 产品的销售收入和销售量之间存在完全的线性关系

其理论依据是企业的管理者在有效的适用范围内，即在较为均衡的市场竞争状态下，不会随机地提高或降低产品的销售价格。故而，产品的单位售价不变，企业的销售总收入同产品的销售量成正比例变动。因此，反映销售收入的收入函数为线性函数，可以用 $y = px$ 表示（其中 y 指销售收入，p 指单位价格，x 指相关范围内的业务量）。但在市场经济条件下，物价受多种因素的影响而上下波动，就会使原来计划的销售收入与实际的销售收入形成较大的差距，盈亏平衡分析的预测行为将失去意义。

2. 变动成本与业务量之间存在完全的线性关系

在盈亏平衡分析中，变动成本总额和业务量成正比例的变动关系，即单位产品变动成本保持不变。但这一假设也只存在相关范围内才能成立，超过了相关范围，单位变动成本就会发生变化，成本与业务量的关系须重新构建。

3. 固定成本保持不变假设

在盈亏平衡分析中，固定成本在相关范围内保持不变。在一定生产能力、一定时期，这一假设成立；若超出相关范围，企业新增设备或增大规模，就会使固定成本增加。

（三）产销平衡假设

产销平衡是指每期生产出来的产品总可以在当期全部销售出去，即产量和销量相等，因为产量的变动会影响到本期成本的变动，销量的变动又会影响到当期收入的变动，只有假设产销平衡，才不须考虑期末存货成本对本期利润的影响，可以简化决策分析过程。

（四）产品品种结构稳定假设

品种结构是指各产品的产销额占全部产品产销总额的比重。在企业安排多品种产品生产的条件下，不仅假定产销平衡，而且在销售总量（额）发生变化时，其产品品种结构比重不变。但在实际经济生活中，一个企业很难保证按一个固定的品种结构模式均匀地销售各种产品。一旦产品品种结构变化，而各种产品的盈利水平又不一致时，计划利润与实际利润将会有较大出入。

在实际工作中，以上基本假设不可能保持不变。因此，不能盲目套搬盈亏平衡分析的现成结论，必须从动态的角度去研究企业经营条件、市场与价格、生产要素、品种结构与技术条件等诸因素的实际变动情况，调整修正分析结论，克服盈亏平衡分析的局限性。只有这样，才能充分发挥盈亏平衡分析在企业预测、决策、规划和控制等活动中的作用。

三、盈亏平衡分析的基本模式

盈亏平衡分析的基本模式是用公式来表示成本、业务量、利润之间的依存关系，其中涉及的因素包括：单价、单位变动成本、销售量、固定成本总额和营业利润。它们之间的关系可以用公式表示：

营业利润 = 销售收入 - 营业成本
= 销售收入 - （固定成本 + 变动成本）
= 单价 × 销售量 - 单位变动成本 × 销售量 - 固定成本
= （单价 - 单位变动成本） × 销售量 - 固定成本

如果用符号替代上述公式中的各个因素，公式也可以表示为：

$$P = (p-b)x - a = px - (a+bx)$$

上式通常被称为盈亏平衡分析的基本关系式。基本公式中含有相互联系的五个因素，即固定成本（a）、单位变动成本（b）、单位售价（p）、销售量（x）、利润（P），已知其中四个因素，可求出另外一个变量值。各因素之间的关系如图 4-1 所示。

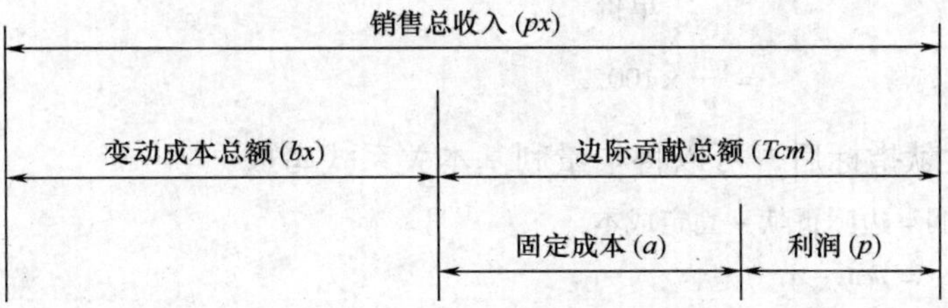

图 4-1　销售收入、变动成本、固定成本、边际贡献、利润之间关系图

【例 4-1】设某企业生产甲产品，其单位售价为 10 元，全年固定成本为 20 000 元，若本年销售甲产品 10 000 件，单位变动成本为 6 元，问本年预计实现利润多少元？

解：将有关数据代入盈亏平衡分析的基本公式，得

$$\begin{aligned}\text{利润 } P &= (p-b)x - a = px - (a+bx)\\ &= (10-6) \times 10\ 000 - 20\ 000\\ &= 10 \times 10\ 000 - (20\ 000 + 6 \times 10\ 000)\\ &= 20\ 000\ (\text{元})\end{aligned}$$

四、盈亏平衡分析的基本概念

（一）边际贡献

边际贡献，也称贡献边际、贡献毛益、边际利润，是指产品的销售收入与相应的变动成本之间的差额。边际贡献除了可以用总量指标（Tcm）表示外，还有单位边际贡献（cm）和边际贡献率（cmR）两种表现形式。其中，单位边际贡献是指产品的销售单价与单位变动成本的差额，反映产品的盈利能力。边际贡献率是指边际贡献占销售收入的百分比。

根据边际贡献的概念，三种边际贡献表现形式的公式如下：

$$\text{边际贡献总额}(Tcm)=\text{销售收入}-\text{变动成本}=px-bx$$
$$=\text{单位边际贡献}\times\text{销售量}=cm\times x$$
$$=\text{销售收入}\times\text{边际贡献率}=px\times cmR$$

$$\text{单位边际贡献}(cm)=\text{单价}-\text{单位变动成本}=p-b$$
$$=\frac{\text{边际贡献}}{\text{销售量}}$$
$$=\frac{Tcm}{x}$$
$$=\text{销售单价}\times\text{边际贡献率}$$
$$=p\times cmR$$

$$\text{边际贡献率}(cmR)=\frac{\text{边际贡献}}{\text{销售收入}}\times 100\%$$
$$=\frac{Tcm}{px}$$
$$=\frac{\text{单位边际贡献}}{\text{单价}}\times 100\%$$
$$=\frac{cm}{p}\times 100\%$$

引入边际贡献指标后，可以将本量利基本关系式写成：

$$\text{营业利润}=\text{边际贡献}-\text{固定成本}$$
$$=Tcm-a$$
$$=\text{单位边际贡献}\times\text{销售量}-\text{固定成本}$$
$$=cm\times x-a$$

（二）变动成本率

与边际贡献率密切相关的指标是变动成本率。所谓变动成本率（用 bR 表示）是指变动成本占销售收入的百分比，公式是：

$$\text{变动成本率}=\frac{\text{变动成本}}{\text{销售收入}}\times 100\%=\frac{bx}{px}\times 100\%$$
$$=\frac{\text{单位变动成本}}{\text{单价}}\times 100\%=\frac{b}{p}\times 100\%$$

将边际贡献率与变动成本率联系起来，有以下关系成立：

$$\text{贡献边际率}+\text{变动成本率}=\frac{p-b}{p}+\frac{b}{p}=1$$

由上式可得到以下关系式：

边际贡献率（cmR）$=1-$变动成本率$=1-bR$

变动成本率（bR）$=1-$边际贡献率$=1-cmR$

可见，边际贡献率和变动成本率属于互补性质，变动成本率越高，边际贡献率越低、盈利能力越小；反之，变动成本率越低，边际贡献率越高，盈利能力越强。对于这一互补关系灵活应用，可以合理地处理成本、单价与业务量之间的关系，以达到提高企业获利能力的目的。

【例4－2】已知：某企业2016年只生产甲产品，单价为10元，单位变动成本为6元，全年固定成本为30 000元，当年生产量为12 000件。

要求：

（1）计算边际贡献指标；

（2）计算变动成本率；

（3）计算营业利润。

解：

（1）单位边际贡献$=10-6=4$（元/件）

边际贡献总额$=4\times 12\ 000=48\ 000$（元）

边际贡献率$=\frac{4}{10}\times 100\%=40\%$

（2）变动成本率$=1-40\%=60\%$

（3）营业利润$=48\ 000-30\ 000=18\ 000$（元）

（三）边际贡献、固定成本及利润之间的关系

根据上述的公式推导，可将边际贡献、固定成本和营业利润之间的关系表示为下列几种方式：

营业利润＝边际贡献－固定成本

边际贡献＝营业利润＋固定成本

固定成本＝边际贡献－营业利润

由此可知，企业各种产品所提供的边际贡献首先用于补偿企业的固定成本，提供的边际贡献越大，超出固定成本的差额越大，为企业提供的利润越多；反之，如果边际贡献小于固定成本，则企业就会发生亏损。

【例4－3】已知：某企业2016年只生产甲产品，单价为200元，单位变动成本为140元，全年固定成本为40 000元，当年预计生产量为800件。

要求：

（1）计算边际贡献总额、单位边际贡献和边际贡献率；

（2）计算预计的营业利润；

（3）计算变动成本；

（4）验证边际贡献率与变动成本率之间的关系。

解：

（1）边际贡献总额 =（200 - 140）×800 = 48 000（元）

单位边际贡献 = 200 - 140 = 60（元/件）

边际贡献率 = $\frac{60}{200}\times 100\% = 30\%$

（2）营业利润 = 边际贡献 - 固定成本 = 48 000 - 40 000 = 8 000（元）

（3）变动成本率 = $\frac{140}{200}\times 100\% = 70\%$

（4）边际贡献率 + 变动成本率 = 30% + 70% = 1

第二节　盈亏临界分析

一、盈亏临界点的含义

盈亏临界点是指企业在一定时期内收支相等、不盈不亏、利润为零时所实现的销售量或销售额（记作*BEP*）。由于此时企业恰好处于收支相等、不盈不亏、盈亏平衡的状态，所以又可称之为保本点、两平点或损益平衡点。

当企业处于盈亏临界点时，利润为零；当企业的业务量超过该点时，利润大于零；当企业的业务量小于该点时，利润小于零。所谓盈亏临界分析是研究当企业恰好处于保本状态时本量利关系的一种定量分析方法。它是盈亏平衡分析的核心内容之一，也是确定企业经营安全程度和进行保利分析的基础，又称保本分析、损益两平分析、两平分析等。盈亏临界分析的内容包括确立盈亏临界点，评价企业经营安全程度和保本状态的判定。

盈亏临界点的表现形式有两种：一是实物量指标，即盈亏临界点销售量（简称保本量）；二是货币量指标，即盈亏临界点销售额（简称保本额）。它们都是标志企业达到保本状态的销售业务量指标。在以平面直角坐标系为基础的单一品种盈亏平衡图上，盈亏临界点是由保本量和保本额的坐标值决定的。在单一品种条件下，确定盈亏临界点就是计算保本量和保本额数值或确定其位置的过程。

二、盈亏临界点的计算

（一）单一品种产品盈亏临界点的计算

在单一品种条件下确定盈亏临界点，主要有三种方法，即基本公式法、图解法和边际贡献法。

1. 基本公式法

基本公式法是指在盈亏平衡分析基本公式的基础上，根据盈亏临界点的定义，先求出盈亏临界点销售量，再推算盈亏临界点销售额的一种方法。

盈亏平衡分析的基本公式：

利润（P）＝（单位售价－单位变动成本）×销售量－固定成本总额

$P=(p-b)x-a$

设盈亏临界点销售量为 x_0，盈亏临界点销售额为 y_0，且设利润 $P=0$，

则：$$\text{盈亏临界点销售量}(x_0)=\frac{\text{固定成本总额}}{\text{单位售价}-\text{单位变动成本}}=\frac{a}{p-b}$$

$$\text{盈亏临界点销售额}(y_0)=\text{盈亏临界点销售量}\times\text{单位售价}=\frac{a}{p-b}\times p$$

【例4－4】某企业生产甲产品，单位售价为80 元，单位变动成本为48 元，全年固定成本总额为32 000元。要求采用盈亏平衡分析法计算甲产品的盈亏临界点销售量和盈亏临界点销售额。

解：

$$\text{盈亏临界点销售量}(x_0)=\frac{\text{固定成本总额}}{\text{单位售价}-\text{单位变动成本}}$$

$$=\frac{a}{p-b}=\frac{32\ 000}{80-48}=1\ 000\ (\text{件})$$

$$\text{盈亏临界点销售额}(y_0)=p\times x_0=1\ 000\times 80=80\ 000\ (\text{元})$$

2. 图解法

图解法是指通过在平面直角坐标系中绘制盈亏平衡图来确定盈亏临界点位置的一种方法。该方法的原理是当总收入等于总成本时，企业恰好保本。

所谓盈亏平衡图，是反映企业一定时期内不同经营活动的近似利润或亏损的图形，通过绘制盈亏平衡图，可以集中而直观地说明企业在一定期间内成本、产销量和利润之间的相互关系，为企业管理者规划、控制未来的生产经营活动提供可信而形象化的信息。

典型的盈亏平衡图是绘制在平面直角坐标系上的。该坐标图的横轴 OX 表示销售量，纵轴 OY 表示销售收入和成本。在此图上画出销售收入线和总成本线，若两条直线相交，其交点就是盈亏平衡点。据此可以读出盈亏平衡销售量和盈亏平衡销售额的数值。具体作图步骤如下：

（1）以单价 p 为斜率，过原点 O 在坐标图上画一条直线 $y=px$，即销售收入线。

（2）以固定成本 a 为纵截距，以单位变动成本 b 为斜率，画出总成本线 $y=a+bx$。

（3）当单价 p 大于单位成本 b 时，销售收入线与总成本线必有交点，两直线的交点（x_0，y_0）即为盈亏平衡点，其交点横坐标 x_0 为盈亏平衡销售量的值，纵坐标 y_0 为盈亏平衡销售额的值。盈亏平衡图如图4－2所示。

图4－2说明，当企业的销售量达到盈亏平衡点时，销售收入与其成本相等。当销售水平低于盈亏临界点时，由于销售收入小于总成本，企业将发生亏损；反之，当销售水平超过盈亏临界点时，企业可获利。

从上述图形可以看出，它们从不同的侧面集中而形象地反映了有关因素之间的相互关系，揭示了销售量、成本和利润之间的规律性联系：

（1）盈亏平衡点不变，销售量或销售额越大，能实现的利润越多，或亏损越少；

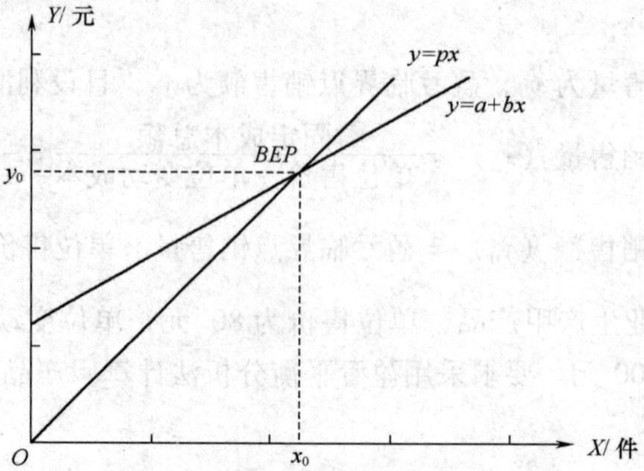

图 4－2　盈亏平衡图

销售量或销售额越小，能实现的利润越少，或亏损越多。

（2）销售量或销售额不变，盈亏平衡点越低，能实现的利润越多，或亏损越少；盈亏平衡点越高，能实现的利润越少，或亏损越多。

（3）在销售总成本既定的条件下，盈亏平衡点的高低受产品单位售价变动的影响。单位产品售价越高，表现为销售总收入线的斜率越大，盈亏平衡点越低；反之，盈亏平衡点越高。

（4）在销售总收入既定的条件下，盈亏平衡点的高低取决于固定成本总额和单位变动成本的大小。固定成本总额越高，或单位变动成本越大，盈亏平衡点就越高；反之盈亏平衡点就越低。

明确上述基本关系，能够促使企业根据主、客观条件，采取稳妥有效的措施实行扭亏增盈，提高经营活动的经济效益。

3. 边际贡献法

边际贡献法是指利用边际贡献与业务量、利润之间的关系直接计算盈亏临界点销售量和盈亏临界点销售额的一种方法。它是在盈亏平衡分析法的基础上发展起来的。根据盈亏平衡分析的基本公式，边际贡献总额、固定成本总额和利润三者之间的关系，可用下式表示：

$$\begin{aligned}\text{利润}（P）&=\text{边际贡献总额}-\text{固定成本额}=Tcm-a\\&=\text{单位边际贡献}\times\text{销售量}-\text{固定成本总额}\\&=cm\times x_0-a\end{aligned}$$

设盈亏临界点销售量为 x_0，盈亏临界点销售额为 y_0，且设 $P=0$，则

$$\text{盈亏临界点销售量}（x_0）=\frac{\text{固定成本总额}}{\text{单位边际贡献}}=\frac{a}{cm}$$

$$\text{盈亏临界点销售额}（y_0）=\frac{\text{固定成本总额}}{\text{边际贡献率}}=\frac{a}{cmR}$$

$$=\frac{\text{固定成本总额}}{1-\text{变动成本率}}=\frac{a}{1-bR}$$

【例4-5】以【例4-4】为例，要求采用边际贡献分析法计算甲产品的盈亏临界点销售量和盈亏临界点销售额。

解：

$$盈亏临界点销售量（x_0）=\frac{a}{cm}=\frac{32\ 000}{32}=1\ 000（件）$$

$$盈亏临界点销售额（y_0）=\frac{固定成本总额}{边际贡献率}=\frac{a}{cmR}=\frac{a}{cm}=\frac{32\ 000}{40\%}=10\ 000（元）$$

（二）多品种的盈亏临界点的确定

以上讨论的是单一品种的盈亏临界点分析，但是现实生活中，绝大多数企业都不可能只生产销售一种产品。企业在生产销售多种产品的情况下，其盈亏平衡分析就不能用实物量表示，而只能采用货币量表示，计算其盈亏临界点销售额。

对于多品种生产企业的盈亏平衡点分析可以采用主要品种法、分算法和综合边际贡献率法等。主要品种法是依据各产品中最主要产品作为拳头产品，用它的盈亏平衡点作为企业的盈亏临界点进行的分析。作为企业的拳头产品应该是销售比重大、边际贡献率大的产品。它实际上是一种单一产品的盈亏临界点计算法，用这种方法确定的企业盈亏临界点会有一定的误差，但只要事前掌握误差的方向和大致幅度，它也不失为一种简便方法。而分算法则是将企业的固定成本总额，在各种产品之间以一定的标准进行分配，然后各产品按单一产品计算盈亏临界点。由于固定成本所选择的分配标准不同，分配给各产品的固定成本数额也会不同，因而计算出的盈亏临界点也会不同。在此主要介绍多品种生产盈亏临界点计算的加权平均法。

综合边际贡献率法计算盈亏临界点是一种比较科学的方法，也是应用比较广泛的一种方法。其基本思路为先计算企业综合边际贡献率，然后将单一产品盈亏临界点的公式扩展，计算企业综合的盈亏临界销售额，再按各产品的销售比重，对综合盈亏临界销售额进行分配，得出每一种产品的盈亏临界销售额和盈亏临界销售量。具体计算步骤为：

（1）计算各产品销售比重 $=\frac{各产品销售额}{企业销售总额}\times 100\%$

（2）计算综合边际贡献率 $=\sum$（某产品边际贡献率 × 某产品的销售比重）

（3）计算综合盈亏临界点销售额 $=\frac{固定成本}{综合边际贡献率}$

（4）计算各产品盈亏临界点销售额 = 综合盈亏临界点销售额 × 某产品销售比重

【例4-6】某企业在计划期内产销甲、乙两种产品，固定成本总额为156 000元。其他资料如表4-1所示。

表4-1　　某企业销售甲、乙两种产品的有关数据资料

项目	甲产品	乙产品	合计
预计销售量/件	20 000	10 000	
单位产品售价/元	40	20	

续表

项目	甲产品	乙产品	合计
单位变动成本/元	30	14	
单位边际贡献/元	10	6	
边际贡献率/%	25	30	
边际贡献总额/元	200 000	60 000	260 000
销售收入总额/元	800 000	200 000	1 000 000
产品销售比重/%	80	20	100
加权边际贡献率/%	20	6	26

根据表4－1中的数据，预测综合损益分界点：

盈亏临界点销售额＝156 000/26%＝600 000（元）

将综合盈亏临界点销售额分解为甲、乙产品的盈亏临界点销售额，

则：甲产品的盈亏临界点销售额＝600 000×80%＝480 000（元）

乙产品的盈亏临界点销售额＝600 000×20%＝120 000（元）

三、盈亏临界点计算中的相关指标

在计算盈亏临界点的过程中，除前述单位产品边际贡献、边际贡献率和盈亏临界点等基本指标外，还涉及若干相关的、有助于企业内部管理的重要指标。由于盈亏临界点销售额刚好弥补取得该收入的变动成本及企业的全部固定成本，因而，企业盈利主要来自于超过盈亏临界点销售额或销售量所提供的边际贡献。企业实际或预计销售量或销售额超过盈亏临界点越多，实现的利润就会越大，发生亏损的可能性就越小，企业的经营也越安全。反映企业经营安全程度的指标主要是安全边际指标。

（一）安全边际

安全边际是指根据某种产品实际或预计的销售业务量（包括销售量和销售额两种形式，分别记作 x_1 和 y_1）与盈亏临界点业务量（包括盈亏临界点销售量和盈亏临界点销售额两种形式）的差量确定的定量指标，它是衡量有关产品的经营活动处在何种安全程度或面临多大经营风险的重要指标之一。其中安全边际量（记作 *MS* 量），安全边际额（记作 *MS* 额）计算公式分别为：

安全边际量（*MS* 量）＝实际或预计销售量－保本量

$= x_1 - x_0$

安全边际额（*MS* 额）＝实际或预计销售额－保本额

$= y_1 - y_0$

某种产品的安全边际越大，说明提供利润的销售量越多，该产品实现的利润越大，企业经营的安全程度就越高，面临的风险就越小。

（二）安全边际率

安全边际率是指某种产品的安全边际同其实际或预计销售量或销售额之间的比率。它是从另一侧面衡量有关产品经营活动处在何种安全程度或面临多大风险的重要标志之一，记作 MSR。

$$安全边际率（MSR）=\frac{安全边际量}{实际或预计销售量}\times 100\%$$

$$=\frac{MS量}{x_1}\times 100\%$$

$$安全边际率（MSR）=\frac{安全边际额}{实际或预计销售额}\times 100\%$$

$$=\frac{MS额}{y_1}\times 100\%$$

安全边际指标都是正指标，数值越大，企业经营安全程度越高，所以安全边际和安全边际率可用来评价企业经营的安全程度。评价企业经营安全程度的一般标准如表4－2所示。

表4－2　　企业经营安全性评价标准

安全边际率	10%以下	10%～20%	20%～30%	30%～40%	40%以上
安全程度	危险	值得注意	较安全	安全	很安全

（三）盈亏临界点作业率

企业经营的安全程度，不仅可以用安全边际量、安全边际率等正指标来评价，也可以用反指标——盈亏临界点作业率来反映。

盈亏临界点作业率，又称“保本率”“危险率”，是指盈亏临界点业务量占实际或预计销售业务量的百分比（记作 dR）。其计算公式为：

$$盈亏临界点作业率（dR）=\frac{盈亏临界点销售量}{实际或预计销售量}\times 100\%$$

$$=\frac{x_0}{x_1}\times 100\%$$

$$盈亏临界点作业率（dR）=\frac{盈亏临界点额}{实际或预计销售额}\times 100\%$$

$$=\frac{y_0}{y_1}\times 100\%$$

安全边际率与盈亏临界点作业率的关系是：

安全边际率＋盈亏临界点作业率＝1

盈亏临界点作业率表明企业保本的业务量在正常业务量中所占的比重。多数企业正常销售量都是根据其应当具有的生产经营能力来规划的，所以正常销售量可以代表企业的生产经营能力。于是，盈亏临界点作业率就表示了企业保本时生产能力的利用程度，该指标越低，说明企业的盈利能力越强。

【例4－7】已知某企业2016年只生产甲产品，单价为每件100元/件，单位变动成本为60元/件，全年固定成本为300 000元，当年生产量为12 000件。

要求：（1）计算该企业盈亏临界点作业率；

（2）计算该企业安全边际指标；

（3）评价该企业经营安全程度。

解：（1）$盈亏临界点销售量=\frac{固定成本总额}{单位边际贡献}=\frac{300\ 000}{100-60}=7\ 500$（件）

$盈亏临界点销售额=100\times 7\ 500=750\ 000$（元）

$盈亏临界点作业率=\frac{7\ 500}{12\ 000}\times 100\%=62.5\%$

（2）$安全边际量=12\ 000-7\ 500=4\ 500$（件）

$安全边际额=100\times(12\ 000-75\ 00)=450\ 000$（元）

$安全边际率=\frac{4\ 500}{12\ 000}\times 100\%=37.5\%$

（3）因为安全边际率为37.5%，所以可以判定该企业的经营状况为安全。

第三节 保利分析

一、保利分析的意义

所谓保利分析，就是指将目标利润引进盈亏平衡分析的基本公式，在单价和成本水平既定的情况下，在确保企业目标利润实现的正常条件下，充分揭示成本、业务量、利润三者之间关系的盈亏平衡分析。

将目标利润引进盈亏平衡分析模式，在以目标管理为基本特征的现代企业管理中具有重要意义。通过保利分析，可以首先确定为实现目标利润而应达到的目标销售量和目标销售额，从而以销定产，确定目标生产量、目标生产成本以及目标资金需要量等，为企业实施目标控制奠定基础，从而明确企业短期经营方向。

二、单一品种保利点的确定

指企业为确保目标利润（记作TP）的实现而应当达到的目标销售量（记作x_1）或目标销售额（记作y_1）。与盈亏临界点的确定方法一样，保利点也可以分别按单一品种和多品种计算确定。

保利点有两种表现形式：保利点销售量（简称保利量）和保利点销售额（简称保利额），前者以实物量表示，后者以价值量表示，它们都是标志企业达到实现目标利润的销售业务量（统称保利业务量）指标。

（一）不考虑所得税的保利点确定

由于盈亏平衡分析中的“利润”一般为营业利润或利润总额，所以不考虑所得税的保利点分析是最基本的盈亏平衡分析。把目标利润引进盈亏平衡分析的基本公式：

$$目标利润（TP）=目标销售量\times（单位售价-单位变动成本）-固定成本总额$$
$$=x_1（p-b）-a$$

则确保实现目标利润业务量的计算公式如下：

$$保利销售量（x_1）=\frac{固定成本总额+目标利润}{单位售价-单位变动成本}=\frac{a+TP}{p-b}$$
$$=\frac{固定成本总额+目标利润}{单位边际贡献}=\frac{a+TP}{cm}$$

$$保利销售额（y_1）=单位售价\times 保利销售量（x_1）$$

【例4-8】某企业生产甲产品，单位售价为20元，单位变动成本为12元，全年固定成本为8 000元，若该企业2016年的目标利润额为 6 000 元，价格和成本水平不变，要求计算该年为实现目标利润应达到的销售业务量。

解：保利销售量（x_1）

$$保利销售量（x_1）=\frac{固定成本总额+目标利润}{单位售价-单位变动成本}=\frac{a+TP}{p-b}$$
$$=\frac{8\ 000+6\ 000}{20-12}=1\ 750（件）$$

$$保利销售额（y_1）=单位售价\times 保利销售量（x_1）=20\times 1\ 750=35\ 000（元）$$

说明该企业要实现6 000元的目标利润，保利销售量应为1 750件，保利销售额应为35 000元。

（二）考虑所得税的保利点确定

考虑所得税（记作 tR）的目标利润，就是目标税后净利润（记作 TTP）。对于企业的所有者而言，只有企业在一定时期所实现的税后利润才归属所有者，它是所有者取得投资报酬、实现资本保值增值的重要保证，也是企业提取盈余公积、分配股利、形成企业内部积累的重要依据。因此企业的目标税后利润以及确保目标税后利润实现的保利分析，更受投资者关注，也更受企业管理者的重视。由于目标税后利润=税前利润×（1-所得税税率），则确保实现目标税后净利润业务量的计算公式如下：

$$保利销售量（x_1）=\frac{固定成本总额+\dfrac{目标税后利润}{1-所得税税率}}{单位售价-单位变动成本}=\frac{a+\dfrac{TTP}{1-tR}}{p-b}$$
$$=\frac{固定成本总额+\dfrac{目标税后利润}{1-所得税税率}}{单位边际贡献}=\frac{a+\dfrac{TTP}{1-tR}}{cm}$$

$$保利销售额（y_1）=\frac{固定成本总额+\dfrac{目标税后利润}{1-所得税税率}}{单位边际贡献率}=\frac{a+\dfrac{TTP}{1-tR}}{cmR}$$

【例4-9】某企业生产甲产品，单位售价为20元，单位变动成本为12元，全年固定成本为8 000元，若该企业2016年的目标税后利润额为4 500元，所得税税率为25%，价格和成本水平不变，要求计算该年为实现目标税后利润应达到的销售业务量。

$$保利销售量（x_1）=\frac{固定成本总额+\frac{目标税后利润}{1-所得税税率}}{单位售价-单位变动成本}=\frac{a+\frac{TTP}{1-tR}}{p-b}$$

$$=\frac{8\ 000+\frac{4\ 500}{1-25\%}}{20-12}=1\ 750（件）$$

$$保利销售额（y_1）=\frac{固定成本总额+\frac{目标税后利润}{1-所得税税率}}{单位边际贡献率}=\frac{a+\frac{TTP}{1-tR}}{cmR}$$

$$=\frac{8\ 000+\frac{4\ 500}{1-25\%}}{40\%}=35\ 000（元）$$

说明该企业要实现4 500元的目标税后利润，保利销售量应为1 750件，保利销售额应为35 000元。可见，只要目标税后利润＝税前利润×（1－所得税税率），则无论税前税后，保利点业务量是一致的。

三、多品种保利点的确定

多品种的保利分析与多品种保本分析一样，不能用实物量表现，只能用货币量表现，因为不同品种产品的销售量直接相加无意义。因此，多品种保利点的计算确定方法一般也有综合边际贡献率法，并且保利点计算确定的原理也与盈亏临界点一致，故在此不再逐一讨论，仅以综合边际贡献率法为例，说明确保实现目标税后利润的综合保利销售额计算公式：

$$综合保利销售额=\frac{固定成本总额+\frac{目标税后利润}{1-所得税税率}}{加权平均边际贡献率}$$

【例4－10】某企业生产销售甲、乙、丙三种产品，假定产销平衡，固定成本总额为120 000元，其他资料如表4－3所示。若该企业计划期的目标税后利润为90 000元，所得税税率为25%，要求计算企业为实现目标税后利润应达到的综合保利销售额。

表4－3　　产销和成本资料

项目	甲产品	乙产品	丙产品
产销量/件	1 000	2 000	2 000
单位售价/元	20	20	10
单位变动成本/元	10	13	7

解：

综合边际贡献率如表4－4所示。

表4－4　　综合边际贡献率计算表

项目	甲产品	乙产品	丙产品	合计
预计销售量/件	1 000	2 000	2 000	
单位产品售价/元	20	20	10	

续表

项目	甲产品	乙产品	丙产品	合计
单位变动成本/元	10	13	7	
单位边际贡献/元	10	7	3	
边际贡献率/%	50	35	30	
边际贡献总额/元	10 000	14 000	6 000	20 000
销售收入总额/元	20 000	40 000	20 000	80 000
产品销售比重/%	25	50	25	100
加权边际贡献率/%	12.5	17.5	7.5	37.5

$$综合保利销售额=\frac{固定成本总额+\dfrac{目标税后利润}{1-所得税税率}}{加权平均边际贡献率}$$

$$=\frac{120\ 000+\dfrac{90\ 000}{1-25\%}}{37.5\%}=640\ 000（元）$$

说明该企业至少在达到640 000元的销售额以后，才能确保企业目标税后利润的实现。

第四节　利润敏感性分析

一、利润敏感性分析的意义

利润敏感性分析，就是影响利润的因素敏感性分析，是研究当前制约利润的有关因素发生变化时对利润影响的一种定量分析方法，它对于利润预测和控制具有十分重要的指导意义。

影响利润的因素经常会变动。即使它们的变动幅度完全一样，对利润产生的影响也可能不同。有些因素只要略有变化就会使利润产生很大的变动，而有些因素虽然变动幅度很大，却可能只对利润产生微小影响。我们称那些对利润影响较大的因素为敏感性因素，反之则为不敏感因素。从另一个角度说，利润对前者的敏感性高，对后者的敏感性低。显然，影响因素的敏感程度不同，人们对它们的重视程度也就有所区别。对敏感性高的因素，应当给予更多的关注；对敏感性低的因素则不必作为控制的重点。

敏感性分析的主要优点在于促使分析人员将注意力集中在那些非常敏感的因素上，而对影响不大的那些因素则可以忽略。利用敏感性分析而采用的确定性数学模型简便易行，花费代价小。下面介绍运用敏感性分析原理确定某些因素的变动对盈亏临界点的影响。

二、利润敏感性分析的假定

利润敏感性分析，考虑以下假定条件。

1. 有限因素的假定

为了简化分析，假定利润只受到以下因素的影响，即单价、单位变动成本、销售量和固定成本总额。

2. 单独变动的假定

为了正确反映各因素对利润的影响，假定上述因素中任一因素的变动不会引起其他三项因素的变动。

3. 利润增长的假定

为了使分析的结论具有可比性，假定每项因素的变动都能够导致利润的增加。这就要求属于正相关指标的单价与销量的变动率为增长率，属于负相关指标的两项成本的变动率为降低率。

4. 同一变动幅度假定

为了科学地考察利润受各因素变动的影响程度的大小，必须排除各因素变动率不一致的现象，假定任一因素均按同一幅度（如1%）变动。结合第三个假定，利润敏感性分析中有关因素的变动率分别为：单价提高1%，销售量增长1%，单位变动成本降低1%，固定成本总额减少1%。

三、利润敏感性分析的方法

下面举例说明利润敏感性分析的方法。

【例4-11】假设某企业只生产一种甲产品，甲产品单位产品售价为100元，单位变动成本为60元，原固定成本总额为300 000元，2016年产品销售量为10 000件，实现利润100 000元。要求据此对各因素进行敏感性分析。

解：已知利润基数为100 000元，分别分析当各因素以1%的幅度变动时，对利润产生的影响。

（一）固定成本总额变动对利润的影响

如果其他因素不变，现固定成本降低1%时：

$$\text{固定成本减少额}=300\ 000\times1\%=3\ 000\text{（元）}$$

即利润增加了3 000元。

$$\text{利润增长率}=\frac{\text{利润增长额}}{\text{利润基数}}\times100\%=\frac{3\ 000\text{元}}{100\ 000\text{元}}\times100\%=3\%$$

（二）单位变动成本变动对利润的影响

如果其他因素不变，现单位变动成本降低1%时：

$$\text{单位变动成本降低额}=60\times1\%=0.6\text{（元）}$$

$$\text{减少的变动成本}=10\ 000\times0.6=6\ 000\text{（元）}$$

即利润增加了6 000元。

$$利润增长率=\frac{利润增长额}{利润基数}\times100\%=\frac{6\ 000元}{100\ 000元}\times100\%=6\%$$

（三）单位产品售价变动对利润的影响

如果其他因素不变，现单位产品售价提高1%时：

单位产品售价增加额＝100×1%＝1（元）

增加的销售收入＝10 000×1＝10 000（元）

即利润增加了10 000元。

$$利润增长率=\frac{利润增长额}{利润基数}\times100\%=\frac{10\ 000元}{100\ 000元}\times100\%=10\%$$

（四）产品销售量变动对利润的影响

如果其他因素不变，现产品销售量增加1%时：

产品销售量增加额＝10 000×1%＝100（件）

增加的贡献毛益＝100×（100－60）＝4 000（元）

即利润增加了4 000元。

$$利润增长率=\frac{利润增长额}{利润基数}\times100\%=\frac{4\ 000元}{100\ 000元}\times100\%=4\%$$

一般而言，在对利润产生影响的各因素中，灵敏度最高的为单价，最低的是固定成本，销量和单位变动成本介于两者之间。作为企业的管理者，在掌握了各有关因素对利润的敏感程度之后，下面的任务就是如何利用敏感性分析帮助决策，以实现企业的既定目标。在这里，抓住关键因素，综合利用各有关因素之间的相互联系，采取综合措施，是成功的关键。

1. 慎重实施价格决策

单价为绝对敏感因素，单价的变化会引起利润以几倍于单价变化的速度发生变化。所以在经济决策中，对降价必须给予格外的关注。价格下调带来的利润损失，若不能通过扩大销售量或降低单位成本予以更大程度的补偿，则企业的整体利润肯定会下降，目标利润难以实现。同时，价格上涨的同时，应尽可能地抑制销量的大幅缩减和成本的大幅上升，否则目标利润同样难以实现。

2. 降低单位成本

单位变动成本同样属于利润的敏感因素，所以降低单位成本对实现企业目标利润具有重要意义。特别是从长期看，成本的高低将是企业能否生存和发展的关键。企业降低单位成本的主要措施有：

（1）源头控制，降低材料的采购成本。其主要方式有招标采购或网上采购等。

（2）生产过程控制，降低生产成本。对生产过程中的材料浪费、不必要的机器停工损失都必须通过严格管理加以控制。

（3）实行批量生产，实现规模效益。

（4）必要时，建立责任成本控制制度。将成本控制的责任落实到具体的部门或个人。

3. 扩大销售量

销量的增加会导致企业利润的大幅度增加。但这里有一个前提，就是单价的降低幅度不能太大，否则，由于价格的敏感程度大于销量的敏感程度，销量的增加反而会减少企业的利润。

要点总结

本章主要对盈亏平衡分析的基本方法进行了探讨。盈亏平衡分析是研究业务量、成本、价格、收入等各个变化因素对利润产生影响的一种定量分析方法，为企业的经营管理提供了非常有用的信息，例如盈亏临界点、安全边际、边际贡献等，是企业进行经营预测和决策的重要方法之一。

盈亏平衡分析的主要内容是确定产品的盈亏临界点，也叫损益平衡点，它是企业总收入等于总成本时的盈亏临界点，这一概念可以帮助经营管理者预测企业的获利空间和经营风险，也可以帮助企业进行预期利润的预测和决策。

盈亏平衡分析是在一定的假设条件下进行的，它只能在这些约束条件下揭示出成本、业务量、利润之间依存关系的内在规律，现实中的企业不一定完全符合这些假设，需结合具体的实际情况进行分析。

复习思考题

一、单项选择题

1. 在其他因素不变的条件下，固定成本减少，盈亏临界点（　）。

A. 升高　B. 降低　C. 不变　D. 不一定变动

2. 在其他因素不变的条件下，产品的单位变动成本升高，将导致盈亏临界点（　）。

A. 升高　B. 降低　C. 不变　D. 忽升忽降

3. 进行盈亏平衡分析，必须把企业全部成本区分为固定成本和（　）。

A. 税金成本　B. 材料成本　C. 人工成本　D. 变动成本

4. 按照盈亏平衡分析的假设，收入函数和成本函数的自变量均为同一个（　）。

A. 销售单价　B. 单位变动成本

C. 固定成本　D. 产销量

5. 计算边际贡献率，可以用单位边际贡献去除以（　）。

A. 单位售价　B. 总成本　C. 销售收入　D. 变动成本

6. 当单价单独变动时，安全边际（　）。

A. 不会随之变动　B. 不一定随之变动

C. 将随之发生同方向变动　D. 将随之发生反方向变动

7. 已知企业只生产一种产品，单位变动成本为每件45元，固定成本总额为60 000元，产品单价为120元，为使安全边际率达到60%，该企业当期至少应销售的产品为（ ）件。

A. 2 000　　B. 1 333　　C. 1 280　　D. 800

8. 已知企业只生产一种产品，单价5元，单位变动成本3元，固定成本总额600元，则保本销售量为（ ）件。

A. 400　　B. 300　　C. 200　　D. 120

9. 已知某企业本年目标利润为4 000 000元，产品单价为500元，变动成本率为40%，固定成本总额为8 000 000元，则企业的保利量为（ ）件。

A. 60 000　　B. 50 000　　C. 40 000　　D. 24 000

10. 下列因素单独变动时，不会对保利点产生影响的是（ ）。

A. 成本　　B. 单价　　C. 销售量　　D. 目标利润

11. 已知企业某产品的单价为2 000元，目标销售量为3 500件，固定成本总额为100 000元，目标利润为600 000元，则企业应将单位变动成本的水平控制在（ ）元/件。

A. 1 000　　B. 1 500　　C. 1 667　　D. 1 800

12. 在计算保本量和保利量时，有关公式的分母可以为（ ）。

A. 单位边际贡献　　B. 边际贡献率

C. 单位变动成本　　D. 固定成本

13. 如果产品的单价与单位变动成本上升的百分率相同，其他因素不变，则保本销售量（ ）。

A. 上升　　B. 下降　　C. 不变　　D. 不确定

14. 在其他因素不变的条件下，其变动不能影响盈亏临界点的因素是（ ）。

A. 单位变动成本　　B. 固定成本　　C. 单价　　D. 销售量

15. 在其他因素不变的条件下，单位产品的售价提高，将使产品的边际贡献增加，从而使盈亏临界点的位置（ ）。

A. 升高　　B. 降低　　C. 不变　　D. 可能变动

二、多项选择题

1. 边际贡献除了以总额的形式表现外，还包括以下表现形式（ ）。

A. 单位边际贡献　　B. 税前利润

C. 销售收入　　D. 边际贡献率

E. 净利润

2. 按照盈亏平衡分析的原理，如果以 a 表示固定成本，b 表示单位变动成本，x 表示销售量，p 表示单价，P 表示营业利润，则必有以下公式成立：（ ）。

A. $P=px-(a+bx)$　　B. $P=(p-a)x-b$

C. $P=px-bx-a$　　D. $P=px-a-bx$

E. $P=(p-b)x-a$

3. 下列各项中，可据以判定企业恰好处于保本状态的标志有（ ）。
A. 安全边际率为零 B. 边际贡献等于固定成本
C. 收支相等 D. 盈亏临界点作业率为零
E. 边际贡献率等于变动成本率
4. 下列与安全边际率有关的说法中，正确的有（ ）。
A. 安全边际量与当年实际销售量的比值等于安全边际率
B. 安全边际率与盈亏临界点作业率的和为1
C. 安全边际额与销售额的比率等于安全边际率
D. 安全边际率越小，企业发生亏损的可能性越小
E. 安全边际率越大，企业发生亏损的可能性越小
5. 下列因素中，其水平提高会导致保利点升高的有（ ）。
A. 单位变动成本 B. 固定成本总额
C. 目标利润 D. 销售量
E. 单价
6. 下列指标中，会随单价变动向反方向变动的有（ ）。
A. 盈亏临界点 B. 保利点
C. 变动成本率 D. 单位边际贡献
E. 安全边际率
7. 在单一品种条件下，影响保利点的因素包括（ ）。
A. 现金净流量 B. 单价
C. 固定成本总额 D. 单位变动成本
E. 目标利润
8. 下列各项中，有可能成立的关系有（ ）。
A. 边际贡献率大于变动成本率 B. 边际贡献率小于变动成本率
C. 边际贡献率 + 变动成本率 = 1 D. 边际贡献率和变动成本率都大于零
E. 边际贡献率和变动成本率同时小于零
9. 下列各式中，其计算结果等于边际贡献率的有（ ）。
A. 单位边际贡献/单价 B. 1 - 变动成本率
C. 边际贡献/销售收入 D. 固定成本/盈亏临界点销售量
E. 固定成本/盈亏临界点销售额
10. 下列项目中，属于盈亏平衡分析研究内容的有（ ）。
A. 销售量与利润关系 B. 成本、销售量与利润关系
C. 成本与利润关系 D. 产品质量与成本关系
E. 产品数量与成本关系
11. 下列各项中，能够同时影响盈亏临界点、保利点及保净利点的因素为（ ）。
A. 单位边际贡献 B. 边际贡献率
C. 固定成本总额 D. 目标利润

E. 所得税税率

12. 产品单价为 8 元，固定成本总额为 2 000 元，单位变动成本为 5 元，计划产销量为 600 件，要实现 400 元的利润，可分别采取的措施有（ ）。

A. 减少固定成本 600 元
B. 提高单价 1 元
C. 提高产销量 200 件
D. 降低单位变动成本 1 元
E. 提高单价 0.5 元

三、思考题

1. 什么是盈亏平衡分析？盈亏平衡分析的基本公式是什么？
2. 盈亏平衡分析的基本假设包括哪些内容？
3. 什么是边际贡献、边际贡献率、变动成本率？计算这些指标的作用是什么？
4. 什么是盈亏临界点？如何确定盈亏临界点？
5. 什么是安全边际、安全边际率、盈亏临界点作业率？计算这些指标的作用是什么？
6. 什么是盈亏平衡分析图？它的作用是什么？
7. 举例说明盈亏平衡关系图的绘制方法并说明其特点。
8. 什么是保利分析？如何确定保利点？

四、计算分析题

1. 某企业只产销一种产品（单位：个），本年度单位变动成本为 6 元，变动成本总额为 84 000 元，共获净利 18 000 元，若该工厂计划下年度销售单价不变为 15 元，变动成本率仍维持本年度的 40%。

要求：

（1）预测下年度的盈亏临界点销售量。

（2）若下年度将销售量提高 15%，则可获得多少利润？

2. 某企业 2017 年预计销售某种产品 50 000 件，若该产品变动成本率为 50%，安全边际率为 20%，单位边际贡献为 15 元。

要求：

（1）预测 2017 年该企业的盈亏临界点销售额。

（2）预测 2017 年该企业可获得多少税前利润？

3. 假定公司生产某种产品的各项变动成本占销售收入的百分比如下：

生产变动成本	35%
销售变动成本	25%
管理变动成本	10%

若该企业全年的固定成本总额为 105 000 元，产品的销售单价为 50 元。

要求：预测该企业的盈亏临界点销售量。

4. 假定某企业生产三种产品，其固定成本总额为 19 992 元，有关资料如下：

项目	A 产品	B 产品	C 产品
单价/（元/件）	1 000	1 250	3 000
单位变动成本/（元/件）	600	470	2100
销售量/件	20	40	60

要求：预测该企业计划期的综合盈亏临界点销售额。

5. 已知：某企业 2016 年销售收入为 180 000 元，销售成本为 160 000 元，其中固定成本为 88 000 元，若 2017 年计划增加广告费为 3 200 元，产品单价仍为 40 元/件。

要求：（1）预测 2017 年该企业的盈亏临界点；

（2）若 2017 年计划实现目标利润 52 800 元，则目标销售额应为多少？

6. 已知：某企业产销一种产品，本年有关资料如下表所示：

单位：元

单位售价	20
单位变动成本	14
直接材料	4
直接人工	7
变动制造费用	3
单位边际贡献	6

要求：（1）若每月销售额为 25 000 元时可以保本，计算当年固定成本总额；

（2）若下一年单位直接人工增加 3 元，在其他条件不变的情况下，要维持目前的边际贡献率，明年单位售价应达到多少元？

7. 已知：某企业只销售一种产品，2016 年单位变动成本为 15 元/件，变动成本总额为 63 000 元，共获税前利润 18 000 元，若该企业计划于 2017 年维持销售单价不变，变动成本率仍维持 2016 年 30% 的水平上。

要求：（1）预测 2017 年的盈亏临界点销售量；

（2）若 2017 年的计划销售量比 2016 年提高 8%，则可获得多少税前利润？

第五章 预测分析

学习目标

1. 了解销售预测、利润预测、成本预测的概念
2. 熟悉销售预测定性分析方法、利润预测步骤
3. 掌握销售预测定量分析方法

第一节　预测分析概述

一、预测的定义

预测是人们对未来要发生的事物进行的估计和推测，是根据过去的历史数据和现实的客观条件，运用科学知识和手段探求人们所关心的客观事物的发展趋势，即根据过去和现在判断未来，根据已知推测未知。

预测虽然是对未来进行的预计和推测，但是，它是根据客观事物的发展规律，综合考虑历史和现实条件及环境的影响预计事物未来演变的规律和发展趋势，因此，预测是一门科学的方法论。

经营预测是指企业根据现有的经济条件和掌握的历史资料以及客观事物的内在联系，运用一定的科学方法，对企业产生经营活动的未来发展趋势及其状况所进行的预计和推测。

二、预测的分类

预测是预测方法和手段的总称。由于客观事物的多样性和复杂性，导致预测的种类繁多，但总体上可按如下加以分类。

1. 按预测的方法分类，可分为定性预测和定量预测

定性预测是对预测、对象进行定性分析时使用的方法。它是用定性的方法，研究、分析和确定未来事物发展的性质和发展规律。定性预测的数据或结果，往往不是依据历史统计数据直接计算获取的，而是充分发挥人的智慧、经验的作用，依据直观材料、人的实践和主观判断得到的预测结果。

定量预测是对预测对象进行定量分析时使用的方法，它是用定量的方法，研究、分析和推测未来事物发展的程度及其结果。定量预测是建立在历史数据和资料以及目前的信息基础上的预测，它往往不是主观判断，而是充分发挥历史数据的作用。因而，定量预测的结果比定性预测更具科学性和精确性。

2. 按预测的时间分类，可分为长期预测、中期预测和短期预测

不同的预测目的决定着不同的预测期限。长期预测一般为 10 ~ 15 年；中期预测一般为 5 ~ 10 年；短期预测一般为 1 ~ 5 年或更短。由于时间越长，不确定性因素的影响越大，因而通常预测的期限越长，其预测的精度越差。短期预测比中期预测精确，中期预测较长期预测精确。在预测之前，根据预测对象和要求正确选择预测期限是十分重要的。

三、预测分析的程序

预测分析的程序包括以下步骤：

（1）确定预测对象和目标。预测分析首先要明确预测对象和目标，然后才能根据预测的目标、内容和要求确定预测的范围和时间。

（2）制定预测计划。预测计划包括预测工作的组织领导、人事安排、工作进度、经费预算等。

（3）收集整理资料。资料收集是预测的基础。公司应根据预测的对象和目的，明确收集资料的内容、方式和途径，然后进行收集。对收集到的资料要检查其可靠性、完整性和典型性，分析其可用程度及偶然事件的影响，做到去伪存真、去粗取精，并根据需要对资料进行归类和汇总。

（4）选择预测方法。财务预测工作必须通过一定的科学方法才能完成。公司应根据预测的目的以及取得信息资料的特点，选择适当的预测方法。使用定量方法时，应建立数理统计模型；使用定性方法时，要按照一定的逻辑思维，制定预算的提纲。

（5）检查验证。经过一段时间的实际操作，对上一阶段的预测结果需要进行验证和分析评价。即以实际数与预测数进行比较，检查预测的结果是否准确，并找出误差原因，以便及时对原有选择的预测方法加以修正。这是一个反复进行信息数据处理和选择判断的过程，也是多次进行反馈的过程，目的是保证预测的正确性。

（6）修正预测结果。对于原用定量方法进行的预测，常常由于某些因素的数据不充分或无法定量而影响预测的精度，这就需要用定性方法考虑这些因素，并修正定量预测的结果。对于原用定性方法预测的结果，往往也需用定量方法加以修正补充，使预测结果更接近实际。总之，这个过程是一个定性和定量相结合的过程。

（7）报告预测结论。将修正补充过的预测结论向企业的有关领导报告。

四、经营预测的内容

1. 销售预测

销售计划的中心任务之一就是销售预测，无论企业的规模大小、销售人员的多少，

销售预测影响到包括计划、预算和销售额确定在内的销售管理的各方面工作。

销售预测是指对未来特定时间内，全部产品或特定产品的销售数量与销售金额的估计。销售预测是在充分考虑未来各种影响因素的基础上，结合本企业的销售实绩，通过一定的分析方法提出切实可行的销售目标。

2. 利润预测

利润预测是对公司未来某一时期可实现的利润的预计和测算。它是按影响公司利润变动的各种因素，预测公司将来所能达到的利润水平，或按实现目标利润的要求，预测需要达到的销售量或销售额。

目标利润就是指公司计划期内要求达到的利润水平。它既是公司生产经营的一项重要目标，又是确定公司计划期销售收入和目标成本的主要依据。正确的目标利润预测，可促使公司为实现目标利润而有效地进行生产经营活动，并根据目标利润对公司经营效果进行考核。

公司的利润包括营业利润、投资净收益、营业外收支净额三部分，所以利润的预测也包括营业利润的预测、投资净收益的预测和营业外收支净额的预测。在利润总额中，通常营业利润占的比重最大，是利润预测的重点，其余两部分可以较为简便的方法进行预测。

3. 成本预测

成本预测是指运用一定的科学方法，对未来成本水平及其变化趋势做出科学的估计。通过成本预测，掌握未来的成本水平及其变动趋势，有助于减少决策的盲目性，使经营管理者易于选择最优方案，做出正确决策。

4. 资金预测

资金预测是指在销售预测、利润预测和成本预测的基础上，根据企业未来发展目标并考虑影响资金的各项因素，运用专门法推测出企业在未来一定时期内所需要的资金数额、来源渠道、运用方向及其效果的过程，又称资金需要量预测。具体包括流动资金需要量和固定资产项目投资需要量、资金追加需要量等内容。

第二节 销售预测

在快速变化的市场中，企业的竞争优势依赖于强大的销售能力。而为了取得良好的销量，企业必须准确把握市场的脉搏。销售预测是制定科学合理的销售与市场计划的前提和基础，特别是对于处于竞争激烈、变化迅速行业的企业来说，尤其要做好销售与市场预测工作。

一、销售预测的意义

企业的产品销售量是企业经营决策的主要目标之一。在市场经济条件下，企业的经营以市场为导向，通过市场需求预测来组织产品的生产。企业经营者关注的是未来一段时期顾客对产品有什么样的需求，能够接受什么样的价格，本企业能够占有多大的市场份额，可以实现的产品销售量以及完成该销售量所需的生产成本、生产条件和预计实现的利润。可见，在企业预测系统中，销售预测处于先导地位，它对于指导利润预测、成本预测和资金预测，进行长、短期决策，制定经营计划，组织生产都起着重要作用。

尽管销售预测十分重要，但进行高质量的销售预测却并非易事。在进行预测和选择最合适的预测方法之前，需要了解影响销售预测的各种因素。一般来讲，在进行销售预测时需要考虑以下两大类因素。

（一）外界因素

1. 需求动向

需求是外界因素之中最重要的一项：如流行趋势、爱好变化、生活形态变化、人口流动等，均可成为产品（或服务）需求的质与量方面的影响因素，因此，必须加以分析与预测。企业应尽量收集有关对象的市场资料、市场调查机构资料、购买动机调查等统计资料，以掌握市场的需求动向。

2. 经济变动

销售收入深受经济变动的影响，经济因素是影响商品销售的重要因素，为了提高销售预测的准确性，应特别关注商品市场中的供应和需求情况。尤其近几年来科技、信息快速发展，更带来无法预测的影响因素，导致企业销售收入波动。因此，为了正确预测，需特别注意资源问题的未来发展、政府及财经界对经济政策的见解以及基础工业、加工业生产、经济增长率等指标的变动情况，尤其要关注突发事件对经济的影响。

3. 同业竞争动向

销售额的高低深受同业竞争者的影响，古人云“知己知彼，百战不殆”。为了生存，必须掌握对手在市场中的所有活动。例如，竞争对手的目标市场在哪里，产品价格高低，促销与服务措施等。

4. 政府、消费者团体的动向

考虑政府的各种经济政策、方案措施以及消费者团体所提出的各种要求等。

（二）内部因素

1. 营销策略

市场定位、产品政策、价格政策、渠道政策、广告及促销政策等变更对销售额所产生的影响。

2. 销售政策

考虑变更管理内容、交易条件或付款条件，销售方法等对销售额所产生的影响。

3. 销售人员

销售活动是一种以人为核心的活动，所以人为因素对于销售额的实现具有相当深远的影响力，这是我们不能忽略的。

4. 生产状况

货源是否充足，能否保证销售需要等。

二、销售预测的定性分析方法

在销售预测中常用的定性预测方法有四种：高级经理意见法、销售人员意见法、购买者期望法和德尔菲法。

（一）高级经理意见法

高级经理意见法是依据销售经理（经营者与销售管理者为中心）或其他高级经理的经验与直觉，通过一个人或所有参与者的平均意见求出销售预测值的方法。

（二）销售人员意见法

销售人员意见法是利用销售人员对未来销售进行预测。有时是由每个销售人员单独作出这些预测，有时则与销售经理共同讨论而做出这些预测。预测结果以地区或行政区划汇总，一级一级汇总，最后得出企业的销售预测结果。

（三）购买者期望法

许多企业经常关注新顾客、老顾客和潜在顾客未来的购买意向情况，如果存在少数重要的顾客占据企业大部分销售量这种情况，那么购买者期望法是很实用的。

这种预测方法是通过征询顾客或客户的潜在需求或未来购买商品计划的情况，了解顾客购买商品的活动、变化及特征等，然后在收集消费者意见的基础上分析市场变化，预测未来市场需求。

（四）德尔菲法

德尔菲法又称专家意见法，是指以不记名方式根据专家意见做出销售预测的方法。至于谁是专家，则由企业来确定，如果对专家有一致的认同则是最好不过的。德尔菲法通常包括召开一组专家参加的会议。第一阶段得到的结果总结出来可作为第二阶段预测的基础，通过组中所有专家的判断、观察和期望来进行评价，最后得到共享具有更少偏差的预测结果。

德尔菲法的最大优点是充分民主地收集专家意见，把握市场的特征。但是，德尔菲法一般只能得到企业或行业的预测结果，用此方法所求得的地区、顾客、产品分类等预测结果就没有那么精确了。

在德尔菲法的实施过程中，始终有两方面的人在活动，一是预测的组织者，二是被选出来的专家。首先应注意的是德尔菲法中的调查表与通常的调查表有所不同，它除了有通常调查表向被调查者提出问题并要求回答的内容外，还兼有向被调查者提供信息的责任，它是专家们交流思想的工具。德尔菲法的工作流程大致可以分为四个步骤，在每一步中，组织者与专家都有各自不同的任务。

1. 开放式的首轮调研

（1）由组织者发给专家的第一轮调查表是开放式的，不带任何框框，只提出预测问题，请专家围绕预测问题提出预测事件。因为，如果限制太多，会漏掉一些重要事件。

（2）组织者汇总整理专家调查表，归并同类事件，排除次要事件，用准确术语提出一个预测事件一览表，并作为第二步的调查表发给专家。

2. 评价式的第二轮调研

（1）专家对第二步调查表所列的每个事件做出评价。例如，说明事件发生的时间、争论问题和事件或迟或早发生的理由。

（2）组织者统计处理第二步专家意见，整理出第三张调查表。第三张调查表包括事件、事件发生的中位数和上下四分点以及事件发生时间在四分点外侧的理由。

3. 重审式的第三轮调研

（1）发放第三张调查表，请专家重审争论。

（2）对上下四分点外的对立意见作一个评价。

（3）给出自己新的评价（尤其是在上下四分点外的专家，应重述自己的理由）。

（4）如果修正自己的观点，也应叙述改变理由。

（5）组织者回收专家们的新评论和新争论，与第二步类似地统计中位数和上下四分点。

（6）总结专家观点，形成第四张调查表，其重点在争论双方的意见。

4. 复核式的第四轮调研

（1）发放第四张调查表，专家再次评价和权衡，作出新的预测。是否要求作出新的论证与评价，取决于组织者的要求。

（2）回收第四张调查表，计算每个事件的中位数和上下四分点，归纳总结各种意见的理由以及争论点。

三、销售预测的定量分析方法

用来进行销售预测的定量预测方法可以按照不同类型分成两大类：时间序列分析法和回归分析法。

（一）时间序列分析法

时间序列分析法是利用变量与时间存在的相关关系，通过对以前数据的分析来预测将来的数据。在分析销售收入时，大家都懂得将销售收入按照年或月的次序排列下来，以观察其变化趋势。时间序列分析法现已成为销售预测中具有代表性的方法。

时间序列预测法可用于短期预测、中期预测和长期预测。根据对资料分析方法的不同，又可分为：简单序时平均数法、加权序时平均数法、移动平均法、加权移动平均法、趋势预测法、指数平滑法、季节性趋势预测法、市场寿命周期预测法等。

简单序时平均数法也称算术平均法。即把若干历史时期的统计数值作为观察值，求出算术平均数作为下期预测值。这种方法基于下列假设："过去这样，今后也将这样"，把近期和远期数据等同化和平均化，因此只能适用于事物变化不大的趋势预测。如果事物呈现某种上升或下降的趋势，就不宜采用此法。

【例 5－1】甲企业 2017 年 3～6 月产品销售量如表 5－1 所示。要求：按简单序时平均数法预测 2017 年 7 月份的销售量。

表 5-1 **销售资料**

月份	3	4	5	6
销售量/件	950	1 010	980	1 000

根据表 10-1 资料，预测 2017 年 7 月份的销售量如下：

$$Q = \frac{950 + 1\ 010 + 980 + 1\ 000}{4}$$

$$= 985（件）$$

加权序时平均数法就是把各个时期的历史数据按近期和远期影响程度进行加权，求出平均值，作为下期预测值。

简单移动平均法就是相继移动计算若干时期的算术平均数作为下期预测值。

加权移动平均法不像简单移动平均法那样，在计算平均值时对移动期内的数据同等看待，而是根据愈是近期数据对预测值影响愈大这一特点，不同地对待移动期内的各个数据。对近期数据给予较大的权数，对较远的数据给予较小的权数，这样来弥补简单移动平均法的不足。加权平均法的计算公式如下：

$$Y_{n+1} = \frac{\sum_{i=1}^{n} y_i \times x_i}{\sum_{i=1}^{n} x_i}$$

式中：Y_{n+1} 为第 $n+1$ 的期加权平均值；y_i 为第 i 期实际值；x_i 为第 i 期的权数（权数的和等于 1）；n 为本期数。

【例 5-2】某商场 1 月份至 11 月份的实际销售额如表 5-2 所示。假定跨越期为 3 个月，权数分别为 1、2、3，试用加权移动平均法预测 12 月份的销售额。

表 5-2 **加权移动平均值计算表** 单位：万元

月份	1	2	3	4	5	6	7	8	9	10	11	12
销售额	38	45	35	49	70	43	46	55	45	68	64	
3 个月的加权移动平均				38.83	43.67	57.17	53.00	49.00	50.00	48.5	58.17	62.17

解：

$$X_4^A = \overline{X}_3^{(1)} = \frac{3 \times 35 + 2 \times 45 + 1 \times 38}{1 + 2 + 3} = 38.83（万元）$$

$$X_5^A = \overline{X}_4^{(1)} = \frac{3 \times 49 + 2 \times 35 + 1 \times 45}{1 + 2 + 3} = 43.67（万元）$$

…

$$X_{12}^A = \overline{X}_{11}^{(1)} = \frac{3 \times 64 + 2 \times 68 + 1 \times 45}{1 + 2 + 3} = 62.17（万元）$$

上述几种方法虽然简便，能迅速求出预测值，但由于没有考虑整个社会经济发展的新动向和其他因素的影响，所以准确性较差。应根据新的情况，对预测结果作必要的修正。

指数平滑法即根据历史资料的上期实际数和预测值，用指数加权的办法进行预测。此法实质上是由加权移动平均法演变而来的一种方法，优点是只要有上期实际数和上期预测值，就可计算下期的预测值，这样可以节省很多数据和处理数据的时间，减少数据的存储量，方法简便，是国外广泛使用的一种短期预测方法。

（二）回归分析法

各种事物彼此之间都存在直接或间接的因果关系，同样地，销售量亦会随着某种变量的变化而变化。当销售与时间之外的其他事物存在相关性时，就可运用回归和相关分析法进行销售预测。

产品销售量的函数模型有直线、二次曲线和对数曲线等形式。因此，回归分析法包括直线回归分析法、二次曲线回归分析法和对数曲线回归分析法等。

直线回归分析法，用于销售预测时，预测模型为：

$$y = a + bx$$

其中：a 和 b 是回归系数，y 是销售量（因变量函数），x 是时间变量。

按照直线回归分析法原理，回归系数 a 和 b 的计算公式分别是：

$$a = \frac{\sum y - b\sum x}{n}$$

$$b = \frac{n\sum xy - \sum x\sum y}{n\sum x^2 - \left(\sum x\right)^2}$$

【例 5－3】新世纪公司生产的甲产品，过去 6 年的产量和成本资料如下表所示。

年份	总产量/件	总成本/元
2011	3 000	435 000
2012	6 000	660 000
2013	10 500	997 500
2014	4 500	547 500
2015	7 500	772 500
2016	9 000	885 000

要求预测 2017 年甲产品产量为 12 000 件时的成本。

解：

n	x	y	xy	x^2
1	3 000	435 000	1 305 000 000	9 000 000
2	6 000	660 000	3 960 000 000	36 000 000

续表

n	x	y	xy	x^2
3	10 500	997 500	10 473 750 000	110 250 000
4	4 500	547 500	2 463 750 000	20 250 000
5	7 500	772 500	5 793 750 000	56 260 000
6	9 000	885 000	7 965 000 000	81 000 000

$$b = \frac{n\sum xy - \sum x\sum y}{n\sum x^2 - \left(\sum x\right)^2}$$

$$= \frac{6 \times 31\ 961\ 250\ 000 - 40\ 500 \times 4\ 297\ 500}{6 \times 312\ 760\ 000 - 40\ 500 \times 40\ 500} = 75$$

$$a = \frac{\sum y - b\sum x}{n}$$

$$= \frac{4\ 297\ 500 - 75 \times 40\ 500}{6}$$

$$= 210\ 000$$

因此，一元回归直线方程为：

$$y = 210\ 000 + 75x$$

则 2017 年甲产品成本预测值 $= 210\ 000 + 75 \times 12\ 000$

$= 1\ 110\ 000$（元）

第三节　利润预测

一、利润预测的含义

利润预测是在以前生产条件的基础上，结合未来生产条件的变化，预测经过一定的生产阶段能够获得多少利润，从而分析出能够达到的利润水平及其与目标利润的差距。

二、目标利润的预测步骤

1. 调查研究，确定利润率标准

选择利润率标准，需要考虑三个方面的因素：第一，从利润率计算口径看，可供选择的有销售利润率、产值利润率和资金利润率；第二，从利润率的时间特征看，主要包括近期平均利润率、历史最高水平利润率和上级指令性利润率；第三，从利润率的空间特征看，主要包括国际、全国、行业、地区和本企业利润率。

2. 计算目标利润基数

将选定的利润率标准乘以企业预期的有关业务量和资金指标，便可测试出目标利润基数。基本公式：

目标利润基数 = 有关利润率标准 × 相关预计指标

如果按销售利润率计算，基本公式可改写为：

目标利润基数 = 预定销售利润率 × 预计产品销售量

如果按产值利润率计算，基本公式可改写为：

目标利润基数 = 预定产值利润率 × 预计总产值

如果按资金利润率计算，基本公式可改写为：

目标利润基数 = 预定资金利润率 × 预计资金平均占用额

3. 确定目标利润修正值

目标利润修正值是对目标利润基数的调整额。先根据事先预计的销售量、成本价格水平测算可望实现的利润额，将其与目标利润基数进行比较。然后，按本—量—利分析的基本原理分项测算为实现目标利润基数而应采取的各项措施，即分别计算各因素的期望值，并分析其可能性。最后，若期望值与可能相差较大，则适当修改目标利润，确定目标利润修正值。

4. 最终下达目标利润、分解落实纳入预算体系

最终下达的目标利润应该是目标利润基数与修正值的代数和。它能反映或适应预期企业可望实现的生产经营能力、技术质量保证、物资供应、人力资源配备及资金流转以及市场环境等约束条件。

最终下达的目标利润 = 目标利润基数 + 目标利润修正值

目标利润一经确定就应立即纳入预算执行体系，并层层分解落实，以此作为采取相关措施的依据。

三、利润预测的方法

（一）盈亏平衡分析法

盈亏平衡分析法也称损益平衡分析法，主要根据成本、业务量和利润三者之间的变化关系，分析某一因素的变化对其他因素的影响，可用于利润预测、成本和业务量预测。

目标利润 = 预计产品的销售数量 ×（单位产品的售价 − 单位产品变动成本）− 固定成本费用

【例 5 − 4】某灯饰公司上一年灯具的销售收入为 2 000 万元，销售 1 000 件，变动成本为 3 000 元，固定成本为 400 万元。下一年度销售量增加 15%，单价和成本水平不变。预计下一年度的利润。

解：

单价 =（2 000 − 400 − 300）/1 000

= 1.3（万元）

目标利润 = 1 000 ×（1 + 15%）×（1.3 − 0.3）− 400

= 1 150 × 1 − 400

= 750（万元）

（二）相关比率法

根据利润与有关指标之间的内在关系，对计划期间的利润进行预测的一种方法。常用的相关比率主要有销售收入利润率、资金利润率等。

利润 = 预计销售收入 × 销售收入利润率

利润 = 预计平均资金占用额 × 资金利润率

（三）因素测算法

因素测算法是在基期利润水平的基础上，根据计划期间影响利润变化的各项因素，预测出企业计划期间的利润额。以盈亏平衡分析法的基本原理为基础。影响利润的主要因素有销售量、销售价格、变动成本、固定成本总额、所得税税率等。基本公式：

计划期利润 = 基期利润 ± 计划期各种因素的变动而增加或减少的利润

四、经营杠杆系数在利润预测中的应用

（一）经营杠杆效应的含义

在其他因素不变的条件下，销售业务量一定程度的变动会使利润以更大的幅度变动，即利润变动率大于业务量变动率的现象称之为企业具有经营杠杆效应。产生经营杠杆效应的原因在于，当产销量变化时，固定成本的存在使单位固定成本呈反比例变动，从而使单位利润相对变化。

（二）经营杠杆系数及其计算

$$\text{经营杠杆系数}（DOL）=\frac{\text{利润变动率}}{\text{产销量变动率}}$$

$$\text{经营杠杆系数}（DOL）=\frac{\text{基期边际贡献}}{\text{基期利润}}$$

$$=\frac{\text{基期边际贡献}}{\text{基期边际贡献}-\text{固定成本}}$$

【例 5－5】已知某企业连续 2 年的经营资料，如下表所示。

	销量/件	售价/万元	单位贡献边际/元	固定成本/元
第一年	5	1	2 000	5 000
第二年	10	1	2 000	

要求：计算第二年的经营杠杆系数。

解：

产销量变动率 =（10－5）/5 × 100% = 100%

利润变动率 =（2 000 × 10－5 000）－（2 000 × 5－5 000）/（2 000 × 5－5 000）

= 10 000/5 000 × 100% = 200%

经营杠杆系数（*DOL*）= 200%/100% = 2

（三）经营杠杆系数分析

（1）在固定成本不变的情况下，经营杠杆系数说明了销售额增长（或减少）所引

起的营业利润增长（或减少）的幅度。

（2）在固定成本不变的情况下，销售额越大，经营杠杆系数越小，经营风险也就越小；反之，销售额越小，经营杠杆系数越大，经营风险也就越大。

（3）在销售额处于盈亏临界点前的阶段，经营杠杆系数随销售额的增加而递增；在销售额处于盈亏临界点后的阶段，经营杠杆系数随销售额的增加而递减；当销售额达到盈亏临界点时，经营杠杆系数趋近于无穷大，此时经营风险趋近于无穷大。

（4）在销售收入一定的情况下，影响经营杠杆的因素主要是固定成本和变动成本的金额。固定成本加大或变动成本变小都会引起经营杠杆系数增加。这些研究结果说明，在固定成本一定的情况下，公司应采取多种方式增加销售额，这样利润就会以经营杠杆系数的倍数增加，从而赢得“正杠杆利益”。否则，一旦销售额减少时，利润会下降得更快，形成“负杠杆利益”。

在市场繁荣业务增长很快时，公司可通过增加固定成本投入或减少变动成本支出来提高经营杠杆系数，以充分发挥正杠杆利益用途。

在市场衰退业务不振时，公司应尽量压缩开发费用、广告费用、市场营销费、职工培训费等酌量性固定成本的开支，以减少固定成本的比重，降低经营杠杆系数，降低经营风险，避免负杠杆利益。

（四）经营杠杆系数在利润预测中的应用

1. 预测产销量变动对利润的影响

$$\text{利润变动率} = \text{产销量变动率} \times \text{经营杠杆系数}$$

$$\text{预测利润额} = \text{基期利润} \times (1 + \text{产销量变动率} \times \text{经营杠杆系数})$$

2. 预测为实现目标利润应采取的调整产销量措施

$$\text{销量变动率} = \frac{\text{目标利润} - \text{基期利润}}{\text{基期利润} \times \text{经营杠杆系数}}$$

$$= \frac{\text{目标利润变动率}}{\text{经营杠杆系数}}$$

【例5-6】已知某企业2016年利润为1 000万元，预测2017年经营杠杆系数为2，目标利润为1 200万元，目标利润变动率为20%。要求：计算为确保目标利润的销售量变动率。

$$\text{解：销售量变动率} = \frac{1\ 200 - 1\ 000}{1\ 000 \times 2}$$

$$= +10\%$$

第四节　成本预测

成本预测是指根据历史成本资料和成本信息数据，结合目前的经济技术条件、外部环境变化和企业发展目标等内外因素，运用一定的科学方法，对未来成本水平及其变化趋势做出科学的估计。

一、成本预测的意义

1. 成本预测是进行成本决策和编制成本计划的依据

成本预测是根据企业未来发展目标和现实计划，利用专门方法对企业未来成本水平及其发展趋势所进行的推测与估算。通过对生产经营活动中所可能出现的有利与不利情况的全面和系统分析，还可避免成本决策的片面性和局限性。有了科学的成本决策，才可以编制出正确的成本计划。

2. 成本预测是降低产品成本的重要措施

成本预测为降低产品成本指明方向和奋斗目标。企业在做好市场预测、利润预测之后，能否提高经济效益以及提高多少，完全取决于成本降低多少。为了降低成本，必须根据企业实际情况组织全面预测，寻找方向和途径，并由此力求实现预期的奋斗目标，降低产品成本。

3. 成本预测是增强企业竞争力和提高企业经济效益的主要手段

企业竞争力的强弱，成本费用的高低是关键因素之一。

二、成本预测的程序

1. 提出成本目标

成本目标是指在成本方面所追求的目的。成本目标是量化的、可测量的，是组织在成本方面在一定时期内所要努力达到的某一水平的成本指标。组织总成本的目标若按目标利润的口径进行制定，就被称之为“目标成本”。即：

成本目标的制定应遵循“先进”“合理”的原则，确保成本目标符合企业的实际情况。目标在实施过程中要层层分解、落实到位，使全体工作人员都知道如何为实现成本目标做出贡献。同时组织应增强成本目标的可考核性，并通过各职能和层次成本目标的实现来保证组织总体成本目标的实现。

2. 预测成本

初步预测在目前情况下成本可能达到的水平，找出达到成本目标的差距。初步预测是在不考虑任何特殊的降低成本措施条件下，按目前主客观条件的变化情况，预计未来时期成本可能达到的水平。

3. 拟定降低成本措施

根据企业现有条件，拟定出降低成本措施的可行性方案。考虑各种降低成本方案，预计实施各种方案后成本可能达到的水平。

4. 落实成本目标

对拟定降低成本措施的可行性方案，进行技术经济分析，选取最优成本方案，预计实施后的成本水平，正式确定成本目标。

以上成本预测程序表示的只是单个成本预测过程，而要达到最终确定的正式成本目标，这种过程必须反复多次。也就是说，只有经过多次的预测、比较以及对初步成本目标的不断修改、完善，才能最终确定正式成本目标，并依据本目标组织实施成本管理。

三、成本预测分类

1. 按预测的期限分

成本预测可以分为长期预测和短期预测长期预测指对一年以上期间进行的预测，如三年或五年；短期预测指一年以下的预测，如按月，按季或按年。

2. 按预测内容分

可分为两类：

（1）制订计划或方案阶段的成本预测。

（2）在计划实施过程中的成本预测。

四、成本预测方法

成本预测方法包括历史资料分析法、因素预测法、定额测算法和预计成本测算法等。

（一）历史资料分析法

历史资料分析法是根据企业若干期成本与业务量的相关历史资料，运用数学方法进行数据处理，以完成成本特性分析任务的一种定量分析的方法。

历史资料分析法，包括高低点法、散布图法和回归直线法。相关内容请参见第二章。

（二）因素预测法

因素预测法是在分析历史数据、将要采用的技术组织措施和影响成本费用的各种主要因素的基础上，对公司未来的成本费用水平和变动趋势进行预测，为经营决策和编制计划提供依据。

因素预测法是根据计划期影响成本费用升降的各种因素来预测成本降低数额和降低程度的方法。其具体计算方法如下：

（1）计算影响计划年度产品成本的各项技术经济指标的增长度。这些技术经济指标包括业务量、各种消耗定额、劳动生产率、工资、各种费用、废品损失、价格等。

（2）计算按上年平均单位成本计算的计划年度成本费用。如果预测是在计划期进行，则：

$$\text{基年平均单位成本} = \frac{\sum \text{基年某商品的实际总成本费用}}{\sum \text{基年某商品的实际业务量}}$$

如果预测是在上年年末进行，则：

$$\text{基年平均单位成本} = \frac{\sum \left(\begin{matrix}\text{某商品 1 ~ 9}\\\text{月业务量}\end{matrix}\right) \times \left(\begin{matrix}\text{1 ~ 9 月}\\\text{业务成本}\end{matrix}\right) + \left(\begin{matrix}\text{10 ~ 12 月}\\\text{预计产量}\end{matrix}\right) \times \left(\begin{matrix}\text{10 ~ 12 月预计}\\\text{单位成本}\end{matrix}\right)}{\sum (\text{1 ~ 9 月实际业务量} + \text{10 ~ 12 月预计业务量})}$$

（3）计算按上年平均单位成本计算的计划年度总成本费用中各成本项目的比重。

$$\text{各成本项目比重}=\frac{\sum\left(\begin{array}{c}\text{某商品单位成本}\\\text{费用中某项目成本比重}\end{array}\right)\times\left(\begin{array}{c}\text{产品计划年度}\\\text{预计业务量}\end{array}\right)}{\sum\left(\begin{array}{c}\text{某年某商品平均}\\\text{单位成本}\end{array}\times\begin{array}{c}\text{该商品计划年度}\\\text{计划业务量}\end{array}\right)}$$

（4）计算各项经济指标变动对可比产品成本降低率和降低额的影响程度。

1）计算由于材料消耗定额变动对成本的影响。

$$\text{材料消耗定额形成的成本降低率}=\text{材料消耗定额降低率}\times\text{材料费占成本的百分比}$$

2）计算由于劳动生产率的提高超过工资增长所造成的成本降低率和降低额。

$$\text{工资降低造成的成本降低率}=\left(1+\frac{1+\text{平均工资增长率}}{1+\text{劳动生产增长率}}\right)\times\text{工资费用占成本比率}$$

$$\text{工资降低造成的成本降低额}=\text{工资降低造成的成本降低率}\times\text{按上年平均单位成本计算造成的计划年度成本}$$

3）计算由于生产增长超过间接费用所造成的成本降低额和降低率。间接费用中，有一部分是固定费用，不因业务量的增长而变动。这样，当业务量增长时，单位商品分摊的固定费用就会减少，从而使成本降低。

$$\text{间接费用降低造成的成本降低率}=\left(1+\frac{1+\text{间接费用增长率}}{1+\text{业务量增长率}}\right)\times\text{间接费用占成本比率}$$

$$\text{间接费用降低造成的成本降低额}=\text{间接费用降低造成的成本降低率}\times\text{按上年单位成本计算造成的计划年度总成本}$$

4）计算由于减少损失所形成的成本降低率和降低额。

$$\text{废品减少造成的成本降低率}=\text{废品损失减少率}\times\text{废品损失占成本比重}$$

$$\text{废品减少造成的成本降低额}=\text{废品减少造成的成本降低率}\times\text{按上年单位成本计算造成的计划年度总成本}$$

5）计算由于材料价格降低形成的成本降低率和降低额。

$$\text{材料费用下降造成的成本降低额}=\text{材料费用下降造成的成本降低率}\times\text{按上年单位成本计算造成的计划年度总成本}$$

$$\text{材料费用下降造成的成本降低率}=\text{材料价格降低率}\times\left(1+\text{材料消耗定额降低率}\right)\times\text{材料费用占成本的比重}$$

（5）计算计划年度成本降低率和降低额，即将上述结果进行累加。

（6）根据上述资料计算成本预测值，有以下两种方法：

$$\text{计划年度成本预测值}=\sum\left(\text{计划业务量}\times\text{上年平均单位成本}\right)\times\left(1+\text{成本计划降低率}\right)$$

或

$$\text{计划年度成本预测值}=\sum\left(\text{计划业务量}\times\text{上年平均单位成本}\right)\times\text{成本计划降低额}$$

（三）定额测算法

定额测算法是指利用定型产品的各种消耗定额及成本价格水平等资料，预测现有产品生产成本的定量分析方法。

（四）预计成本测算法

预计成本测算法一般用于新产品成本预测或改型产品成本预测。对新产品成本预测，大多根据设计、工艺和人力资源等部门提供的有关新产品资料，考虑多种可能并参考试生产阶段的相关数据进行测算，有时也可按系列产品成本资料进行类推；对于改型产品成本预测，可以在新产品成本资料的基础上，只对改变后与原产品不同的地方进行成本估算。

第五节　资金预测

资金预测是企业资金管理的重要内容，只有科学地预测资金需要量，才能为正确编制年度资金需用量计划提供依据，使资金既能保证满足生产经营的需要，又不会有太多的闲置，提高资金利用效果。

资金需要量预测的方法主要有以下两种。

一、因素分析法

因素分析法又称分析调整法，是以有关项目基期年度的平均资金需要量为基础，根据预测年度的生产经营任务和资金周转加速的要求，进行分析调整，来预测资金需要量的一种方法。

因素分析法的计算公式如下：

资金需要量 =（基期资金平均占用额 - 不合理资金占用额）×（1 ± 预测期销售增减率）×（1 ± 预测期资金周转速度变动率）

二、销售百分比法

销售百分比法，是根据销售增长与资产增长之间的关系，预测未来资金需要量的方法。

在实际运用销售百分比法时，一般是借助预计利润表和预计资产负债表进行的。通过预计利润表预测企业留存收益的增加额；通过预计资产负债表预测企业资金需要总额和外部融资数额。当预计资产 >（预计负债 + 预计所有者权益）时，企业应追加资金；当预计资产 <（预计负债 + 预计所有者权益）时，企业则有剩余资金。

1. 预计利润表

预计利润表是运用销售百分比法的原理预测利润及留存收益的一种预测方法。通过预计利润表，既可预测留存收益的数额，也可为预计资产负债表和预测外部融资数额提供依据。

预计利润表的编制步骤如下：

（1）收集基年实际利润表资料，计算确定利润表各项目与销售额的百分比。

基期利润表各项目销售百分比 = ××项目/基期收入

（2）取得预测年度销售收入的预计数，用该预计销售额乘以基年实际利润表各项目与实际销售额的百分比。计算出预测年度预计利润表各项目的预计数，并编制预计利润表。

预计利润表的各项目 = 预计销售收入 × 基期利润表各项目销售百分比

预计净利润 = （预计销售收入 - 预计各项成本费用） × （1 - 所得税税率）

（3）用预计利润表中的预计净利润和预定的股利支付率，测算出留存收益的数额。

留存收益增加额 = 预计净利润 × （1 - 股利支付率）

2. 预计资产负债表

预计资产负债表是运用销售百分比法的原理预测企业外部融资额的一种方法。通过预计资产负债表，可预测资产、负债及留存收益有关项目的数额，进而预测企业所需的外部融资数额。

在分析资产负债表项目与销售关系时，要注意区分敏感项目与非敏感项目。所谓敏感项目是指直接随销售额变动的资产、负债项目，例如现金、应收账款、存货、应付账款、应付职工薪酬、应交税费、应付费用等项目。

所谓非敏感项目是指不随销售额变动的资产、负债项目，如固定资产、长期股权投资、短期借款、应付债券、实收资本、留存收益等项目。

上面介绍了如何运用预计资产负债表和预计利润表预测资金需要量，这种方法可以利用公式计算。

预测外部资金需求量的公式为：

$$追加资金需要量 = R_A/S \times \Delta S - R_L/S \times \Delta S - \Delta R_E$$

式中：ΔS 为预计年度销售增加额；R_A 为基期敏感资产总额；R_L 为基期敏感负债总额；S 为基期销售额；ΔR_E 为预计年度留存收益增加额。

追加资金需要量 = Δ 资产 - Δ 负债 - Δ 留存收益

= Δ 收入 × 敏感资产销售百分比 - Δ 收入 × 敏感负债销售百分比 - 预计净利润 × （1 - 股利支付率）

$$追加资金需求量 = \frac{基期敏感资产总额}{基期销售额} \times \frac{预计年度}{销售增加额} - \frac{基期敏感负债总额}{基期销售额} \times \frac{预计年度}{销售增加额} - \frac{预计年度留存}{收益增加额}$$

在敏感资产、负债销售百分比不变的情况下：

追加资金需要量 = 销售额增加 × （敏感资产项目销售百分比 - 敏感负债项目销售百分比） - 留存收益增加

【例 5 - 7】已知某公司 2016 年销售收入为 20 000 万元，2016 年 12 月 31 日的资产负债表（简表）如下：

资产负债表（简表）

2016 年 12 月 31 日　　单位：万元

资产	期末余额	负债及所有者权益	期末余额
货币资金	14 000	应付账款	8 000
应收账款	28 000	应付票据	20 000

续表

资产	期末余额	负债及所有者权益	期末余额
存货	50 000	应付费用	4 000
预付账款	4 000	短期借款	50 000
固定资产	200 000	长期借款	80 000
无形资产	4 000	实收资本	133 000
		留存收益	5 000
资产总计	300 000	负债与所有者权益合计	300 000

该公司2016年销售收入为400 000万元，实现净利20 000万元，支付股利12 000万元，企业目前尚有剩余生产能力。预计2017年销售收入为500 000万元，预测2017年的资金需要量。

解：

敏感资产＝14 000＋28 000＋50 000＋4 000＝96 000（万元）

敏感资产销售百分比＝（14 000＋28 000＋50 000＋4 000）/400 000＝24%

敏感负债＝8 000＋20 000＋4 000＝32 000（万元）

敏感负债销售百分比＝（8 000＋20 000＋4 000）/400 000＝8%

资产增加＝（500 000－400 000）×24%＝24 000（万元）

负债增加＝（500 000－400 000）×8%＝8 000（万元）

需要增加的资金额＝（500 000－400 000）×（24%－8%）

＝24 000－8 000

＝16 000（万元）

销售净利率＝20 000/400 000 ＝5%

利润留存率＝（20 000－12 000）/20 000 ＝40%

需要从外部筹措的资金额＝16 000－500 000×5%×40%＝6 000（万元）

要点总结

管理会计中的预测分析，是指运用专门的方法对经营活动进行预测的过程。预测分析的内容包括销售预测、利润预测、成本预测和资金预测。销售预测是对未来特定时间内，全部产品或特定产品的销售数量与销售金额的估计。销售预测是在充分考虑未来各种影响因素的基础上，结合本企业的销售实绩，通过一定的分析方法提出切实可行的销售目标。利润预测是指企业在营业收入预测的基础上通过对销售量、商品或服务成本、销售费用以及其他对利润发生影响的因素进行分析与研究进而预测企业在未来某一时期内可以实现的利润。成本预测是指根据有关成本资料和各种相关因素，采用一定的预测方法，对未来成本目标所作的科学估计。资金预测是指在销售预测、利润预测和成本预测的基础上，根据企业未来发展目标并考虑影响资金的各项因素，运用专门法推测出企业在未来一定时期内所需要的资金数额、来源渠道、运用方向及其效果的过程。

复习思考题

一、单项选择题

1. 预测方法分为两大类，是指定量分析法和（ ）。

A. 平均法 B. 定性分析法

C. 回归分析法 D. 指数平滑法

2. 已知上年利润为100 000元，下一年的经营杠杆系数为1.4，销售量变动率为15%，则下一年的利润预测额为（ ）元。

A. 140 000 B. 150 000

C. 121 000 D. 125 000

3. 经营杠杆系数等于1，说明（ ）。

A. 固定成本等于0 B. 固定成本大于0

C. 固定成本小于0 D. 与固定成本无关

4. 假设平滑指数为0.6，9月份实际销售量为600千克，原来预测9月份销售量为630千克，则预测10月份的销售量为（ ）千克。

A. 618 B. 600

C. 612 D. 630

5. 已知上年利润为100 000元，下一年的经营杠杆系数为1.8，预计销售量变动率为20%，则下一年利润预测额为（ ）元。

A. 100 000 B. 120 000

C. 136 000 D. 180 000

6. 预测分析的内容不包括（ ）。

A. 销售预测 B. 利润预测

C. 资金预测 D. 所得税预测

7. 下列适用于销售业务略有波动的产品的预测方法是（ ）。

A. 加权平均法 B. 移动平均法

C. 趋势平均法 D. 平滑指数法

二、多项选择题

1. 定量分析法包括（ ）。

A. 判断分析法 B. 集合意见法

C. 非数量分析法 D. 趋势外推分析法

E. 因果预测分析法

2. 当预测销售量较为平稳的产品销量时，较好的预测方法为（　）。

A. 算术平均法　　B. 移动平均法

C. 修正的时间序列回归法　　D. 因果预测分析法

E. 判断分析法

3. 经营杠杆系数通过以下公式计算（　）。

A. 利润变动率/业务量变动率

B. 业务量变动率/利润变动率

C. 基期贡献边际/基期利润

D. 基期利润/基期贡献边际

E. 销售量的利润灵敏度 ×100

4. 较大的平滑指数可用于（　）情况的销量预测。

A. 近期　　B. 远期

C. 波动较大　　D. 波动较小

E. 长期

三、简答题

1. 如何进行预测分析?

2. 销售预测的内容有哪些?

3. 如何利用德尔菲法进行销售预测?

4. 利润预测的常用方法有哪些?

5. 如何进行成本预测?

四、计算题

1. 某企业只生产一种产品，单价为 200 元，单位变动成本为 160 元，固定成本为 400 000 元，2016 年销售量为 10 000 件。企业按同行业先进的资金利润率预测 2017 年企业目标利润基数。已知：资金利润率为 20%，预计企业资金占用额为 600 000 元。

要求：（1）测算企业的目标利润基数；

（2）测算企业为实现目标利润应该采取哪些单项措施。

2. 已知：某企业只生产一种产品，已知本企业销售量为 20 000 件，固定成本为 25 000元，利润为 10 000 元，预计下一年销售量为 25 000 件。

要求：预计下一年利润额。

第六章 决策分析的方法

学习目标

1. 掌握决策的基本内容
2. 掌握决策分析涉及的特殊成本概念
3. 掌握资金的时间价值
4. 掌握决策分析的方法

第一节 决策概述

一、决策的概念

决策指为实现预定的目标，根据所获得的信息做出科学判断，在若干备选方案中选出可以达到目标的较优方案的过程。在复杂的经济活动中，往往很难找到最佳方案，因此一般是从两个或两个以上的方案中找到可以实现目标的较优的方案，或者对一个方案的可行性进行研究、判断。

随着科学技术的日新月异，市场上的新产品层出不穷，市场形势变化多端，企业的产品性能好、成本低、价格有竞争力，才能在社会上稳定发展。因此决策分析在现代企业管理中非常重要，是企业经济管理的重心。

二、决策的分类

按决策范围进行分类，可以分为宏观经济决策（亦称广义的决策）与微观经济决策（亦称狭义的决策）。其中微观经济决策按决策单位的性质分类，可以分为企业单位的经济决策、事业单位的经济决策和其他单位的经济决策等。管理会计中的经济决策，是指企业单位的经济决策，但其基本原理和方法也同样适用于事业单位与其他单位的经济决策。

（一）按决策的内容分类

企业的经济决策，按照决策的内容分可分为筹资决策、投资决策与经营决策。

筹资决策包括对企业生产经营活动所需资金的筹集来源、渠道、方式、期限等方面所做的决策。

投资决策可分为对外投资决策和对内投资决策。对外投资决策包括对外债权投资决策和对外股权投资决策等。对内投资决策一般是指涉及固定资产的投资，会导致企业经营规模与生产能力的变化。

经营决策是对企业日常生产经营活动所面临的问题所做的决策，一般不涉及新的固定资产的投资，不会引起企业经营规模与生产能力的重大变化，侧重如何充分合理地利用企业现有的人力、物力与财力等资源。

（二）按照决策影响的时间长短分类

企业的决策按决策影响的时间长短分类，可以分为短期决策和长期决策。

影响时间在一年以内或长于一年的一个营业周期以内的决策称为短期决策；影响时间在一年以上或长于一年的一个营业周期以上的决策称为长期决策，长期决策可能会影响几个甚至更多的会计期间的收支盈亏。

由于经营决策对企业影响的时间较短，多为 1 年以内，可归于短期决策，投资决策的决策时间和影响持续时间一般多为一年以上，属于长期决策。筹资决策涉及的对象可能在一年以内或超过一年，所以可能是短期决策或长期决策。

（三）按照决策对象的未来状况分类

按照决策对象的未来状况不同，可将决策分为确定型决策、风险型决策和不确定型决策。

1. 确定型决策

决策对象未来状况非常明确、肯定时，各种方案的分析都会得到一个明确的结果，从中选择一个较优方案实施，必然取得预期结果，不存在不确定因素的决策叫确定型决策。

面对确定型决策，各种备选方案的成本通常是容易确定的，管理人员只要选择那种成本最低或收益最高的方案即可。

2. 风险型决策

如果决策对象未来状况呈随机状态，决策者可以预知决策对象未来可能出现的几种不同状况及各种不同状况发生的客观概率，并且可以根据这个客观概率得知决策对象的期望值、依照期望值的大小进行决策，该种决策称为风险型决策。

3. 不确定型决策

决策者对于决策对象的未来状况不能预先肯定，也无法得到一个客观概率，只能依靠自身的经验和心理因素确定一个主观概率的决策称为不确定型决策。

由于不确定型决策没有历史资料参考，也没有现成的标准可供使用，需要决策者依靠自己的经验和判断拟定标准，对各种可能性及结果进行评价和判断，决策过程更为复杂。在决策中决策人需要做大量的调查，搜集分析资料，采用各种适用的标准进行决策。

（四）按决策出现的重复程度分类

经营决策按相同决策出现的重复程度可以分为程序性决策和非程序性决策。

1. 程序性决策

程序性决策，也叫常规性决策，是指决策者对所要决策的问题有法可依，有章可循，有先例可参考的结构性较强，重复性的日常事务所进行的决策。比如订货程序、工资的发放、生产的安排等。由于企业中这类活动会重复进行，管理者通过积累的经验，把这种不断重复的方法制定成固定的工作程序，让这类工作有章可循，既减轻了管理者的工作量，又有利于提高工作效率。

2. 非程序性决策

非程序性决策也叫非常规性决策，是指决策者对所要决策的问题无法可依，无章可循，无先例可供参考的决策，是非重复性的、非结构性的决策。如新产品的开发、零部件的自制或外购、生产线的引进等。非程序性决策比程序性决策更重要，它对决策者能力强弱、才能高低、性格素养和知识经验，均是严峻的考验。

3. 半程序化决策

半程序化决策介于前两者之间，在决策过程中有一定的规律可以遵循，一定的经验可以参照，但是也有些不确定的因素需要考虑。对于企业来说遇到的绝大部分决策属于半程序化决策，如多目标、多准则问题和决策支持系统问题。

（五）经营决策的其他分类

经营决策按决策的层次可以分为高层决策、中层决策和基层决策；按决策目标多少可以分为单目标决策和多目标决策。

三、决策的程序

不同问题不同对象的繁简程度不同，企业的决策者在进行决策时的具体程序也不一样，但大致的步骤如下所述。

1. 确定目标

明确决策目的和决策问题所要达到的程度和标准，需要确定：①成果是否可以计量；②时间跨度；③相关责任人及责任的划分。

2. 搜集资料

确定目标后，需要分析与目标有关的各项因素，搜集与其相关的各种历史和现实资料，并进行分析和整理，为决策提供依据。资料的搜集应真实、全面、系统、可靠、具体、精确。

3. 拟定方案

根据已经加工、整理好的信息，制定与目标相关的各种可供选择的方案。备选方案的多少和质量的高低，直接影响决策的效果。

4. 评价方案

决策者应当以决策目标作为出发点，运用科学决策分析方法，测算各个备选方案的效果，将定量分析和定性分析结合起来。既考虑计量性因素，又考虑非计量性因素。

5. 做出决策

在评价方案的基础上，决策者可以根据具体决策方法中的主要评判指标进行判断，从各备选方案中选择一个较优的方案执行。在决策中，对于不同类型的决策，采用的决策方法会不一样，选择的评判标准也不一样，决策者应根据不同目标不同类型的决策，采用相应的决策方法，确定适合的决策标准。如果有些问题在决策时出现信息不足或搜集的信息和目标不符的情况，需要再补充搜集资料、拟定方案、评价方案、重新决策。

6. 实施决策方案

当决策方案确定后，下一步就是制定具体的实施计划和措施，根据有效可行的实施方法落实、执行决策方案，并且在执行过程中注意跟踪，保证方案的实施效果。

7. 检查反馈

管理活动具有灵活应变的特点，决策过程也是一样，企业的管理者在决策过程中除了要按照程序、规则来处理，有时候需要根据事实情况的变化，按照自己的经验和直觉做出符合实际情况的判断，对方案进行适当调整。

四、决策分析所涉及的特殊成本概念

决策中考虑的一些特殊成本概念，与企业的传统成本资料既有联系，又有区别。会计人员为编制财务报表所搜集的资料，反映的是企业的历史信息，所涉及的成本是企业过去发生的成本。而管理人员决策时面对的是未来的问题，需要对历史信息进行调整、增删和修正。

（一）相关成本与非相关成本

1. 相关成本

同某一特定方案相联系，直接影响该方案预期效益及决策结果的有关成本称为相关成本。决策者应当将相关成本纳入决策分析过程。后面将要介绍到的差别成本、边际成本、机会成本、付现成本、可避免成本、特定成本、可延缓成本都属于决策过程中的相关成本。

特征：

（1）相关成本是一种未来成本。未来将要发生的成本是相关成本、以前发生的成本是非相关成本。

（2）相关成本是一种有差别的未来成本，没有差别的未来成本不是相关成本。

2. 非相关成本

不与某一具体方案相联系，不会对方案的预期效益及决策结果构成影响的成本称为非相关成本。决策者无需将非相关成本纳入决策分析中进行考虑。后面将要介绍的沉没成本、共同成本、不可避免成本属于非相关成本。

如果一项成本出现在若干备选方案中，而且数额也相同，则该项成本为非相关成本；如果一项成本同时出现在若干备选方案中，但其数额不同，或者某一方案出现了其他方案未曾出现的成本项目，均应作为相关成本。

（二）决策分析中常用的成本概念

1. 差别成本

差别成本又称差量成本，指的是若干备选方案预期成本之间的差额。在决策分析中，常常用到这个概念。狭义的差别成本是指单一决策方案因为生产能力利用程度不同而产生的成本差额，亦称“增量成本”。在相关范围内，某一方案的增量成本就是该方案的变动成本。

与差别成本相对应的是差别收入，即若干备选方案预期收入的差额。差别收入与差别成本之间的差额称为差别利润。在决策过程中，企业可以用差别利润作为备选方案的优劣程度的衡量标准。

2. 边际成本

边际成本是产品产量变动一个单位所引起的生产总成本的变动数额，是增量成本的一种特殊形式。在相关范围内，边际成本就是产品的单位变动成本。

根据经济学理论，边际成本是指成本对业务量无限小变化的变动部分，即成本随业务量变动的变动率。边际成本有两条重要规律：①当某产品的边际成本与平均成本相等时，平均成本最低；②当某产品的边际成本与边际收入相等时，企业利润达到最大。边际收入是指销售量变动一个单位引起的销售总收入的变动额。边际成本和边际收入紧密相连，构成边际分析法的主要内容，这种分析方法可以应用于产品生产决策、定价决策等领域。

3. 机会成本

就决策而言，机会成本是指在若干备选方案中选取某一方案而放弃另一方案所丧失的潜在收益。机会成本又称为选择成本、替代性成本。

之所以要将被淘汰的有关方案的潜在收益作为备选方案的机会成本，是因为企业拥有的资源通常存在多种用途。将某项资源用于一个方面后，就意味着放弃了用于其他方面可能会获得的经济利益。在分析、评价有关备选方案的经济性时，只有把已失去的“机会”可能获得的收益考虑进去，才能对所选方案的预期经济效益有全面、客观的评价。虽然机会成本并不是企业会发生的实际支出，也不必记录入账，但在决策分析时必须考虑，以免影响决策结果的客观性，造成决策失误。

4. 沉没成本

沉没成本是指由于过去的决策已经发生了的、不能由现在或将来的任何决策改变的成本。人们在决定是否去做一件事情的时候，不仅需要考虑这件事对自己的有利之处，而且需要考虑过去是不是已经在这件事情上有过投入。我们把这些已经发生不可收回的支出，如时间、金钱、精力等称为“沉没成本”。沉没成本常用来和可变成本作比较，可变成本可以被改变，而沉没成本则不能被改变。

5. 可避免成本和不可避免成本

成本按其是否可以避免可分为可避免成本与不可避免成本。

可避免成本是指通过某项决策行动可以改变其数额的成本。也就是说，如果采用了某一特定方案，与其相联系的某项支出就必然发生；反之，如果该项方案没有采用，则此项支出就不会发生。例如某企业现在还有剩余生产能力，拟接受某项特定订货，对方对这批订货有一些特定的要求，为满足这些要求，需要购买一台价值5 000元的专用设备，这5 000元的专用设备款最终是否要发生，完全取决于这一批特定订货的接受与否。如果不接受，就不会发生，所以说它是可避免成本。

不可避免成本是与可避免成本相对的一个概念。它是指某项决策行动不能改变其数额的成本。也就是同某一特定决策方案没有直接联系的成本。其发生与否，并不取决于有关方案的取舍。例如甲企业在正常的生产能力范围内接受了一项特定订货，假定厂房、设备等固定资产的折旧费为20 000元，这部分折旧费与特定订货的接受与否没有关系，不论接受还是不接受该项订货，都会发生，那么这20 000元的折旧费就是不可避免成本。

一个方案的取舍，主要看可避免成本，因为它是有关方案差别成本的组成部分。不可避免成本是目前已经客观存在的成本，它与备选方案的取舍没有直接联系。

6. 付现成本

付现成本亦称“现金支出成本”，是指那些由于未来某项决策所引起的需要在将来动用现金支付的成本。当企业资金紧张，又无应收账款可以收回，而向市场上筹措资金又比较困难或借款利率较高时，企业面临如何以较低的成本进行采购的决策。决策者在此类决策分析过程中对“付现成本”的考虑，往往会比对“总成本”的考虑更为重视，趋向于选择“付现成本”最小的方案来代替“总成本”最低的方案。

非付现成本指的是企业在经营期内不以现金支付的成本费用，如折旧、摊销等。

7. 可延缓成本和不可延缓成本

成本按是否具有可延缓性可将成本分为可延缓成本与不可延缓成本。

可延缓成本是指管理部门已决定要实施某方案，但若这一方案推迟实施，对目前的经营活动并不会发生较大的不利影响，那么，与该方案有关的成本即称为可延缓成本。即在短期经营决策中对其暂缓开支不会对企业未来的生产经营产生重大不利影响的那部分成本，如广告费、培训费、职工培训费、管理人员奖金、研究开发费等。可延缓成本是决策中必须考虑的相关成本。

不可延缓成本是指某项已选定的方案，即使在企业财力负担有限的情况下，也必须在计划期实施而不能推迟执行的某项方案的成本。它是与可延缓成本相对应的一个成本概念。不可延缓执行的方案，通常需要管理当局想方设法安排资金并加以实施。如对已造成环境污染的设备必须要安装环保装置，否则可能会遭到环保部门勒令停产的处罚，安装环保装置的成本就属于不可延缓成本。

8. 专属成本

专属成本，又称特定成本，是指那些能够明确归属于特定决策方案的固定成本或混合成本。例如专门生产某种产品的专用设备折旧费、保险费等。若采用购买方式，则购买设备的支出就是该方案的专属成本；若采用租入方式，则设备的租金就是该方案的专属成本。另外，在具体应用时，凡是属于某一方案新增加的固定成本都可确认为专属成本，如采购材料决策时，到外地采购材料的差旅费支出就可确认为该采购方案的专属成本。专属成本是相关成本，在决策时必须予以考虑。

9. 共同成本

共同成本是与专属成本相对立的成本，是指应当由多个方案共同负担的固定成本或混合成本。由于它的发生与特定方案的选择无关，因此，在决策中可以不予考虑，也属于比较典型的无关成本。

共同成本是指为多种产品的生产或为多个部门的设置而发生的，应由这些产品或这些部门共同负担的成本。如在企业生产过程中，几种产品共同的设备折旧费、辅助车间成本等，都是共同成本。在进行方案选择时，共同成本则是与决策无关的成本，可以不予考虑。

第二节　短期经营决策的方法

一、差量分析法

通过对若干种可行性方案的预期收入和预期成本的计量与比较，在确定、分析各方案差别收入、差别成本和差别利润的数额及性质的基础上，评价有关方案优劣的一种决策方法。如果差别收入大于差别成本，即差别利润为正数，则前一个方案是较优的，否则选后一个方案。

【例6－1】某企业现有剩余生产能力可以选择生产甲产品或乙产品。若选择生产甲产品，最大生产数量为400件；若选择生产乙产品，最大生产数量为300件。根据市场预测，该企业生产的甲、乙两种产品均能实现销售。预计甲、乙两种产品的相关数据如表6－1所示。

表6－1　　甲、乙两种产品的相关数据

	甲产品	乙产品
预计产销数量/件	400	300
预计销售单价/元	90	125
单位变动成本/元	70	95
固定制造费用/元	1 200	

试根据上述资料分析该企业生产甲、乙哪种产品更为有利。

分析：甲产品和乙产品具有不同的销售收入和销售成本，符合差量分析法的应用条件。由于此例中是利用剩余生产能力进行生产，固定成本与决策分析无关，视为共同成本不予考虑。

差别收入（$I_{乙}-I_{甲}$）$=300\times125-400\times90=1\ 500$（元）

差别成本（$C_{乙}-C_{甲}$）$=300\times95-400\times70=500$（元）

差别利润（$P_{乙}-P_{甲}$）$=1\ 500-500=1\ 000$（元）

根据计算的结果，差别收入大于差别成本，有差别利润1 000元，选择生产乙产品对企业更有利，可多获得收益1 000元。

二、边际贡献分析法

边际贡献法通过比较备选方案的边际贡献总额确定最优方案。

在进行短期决策时，企业现有的生产能力相对稳定，固定成本保持不变。用销售收入减去变动成本得到的边际贡献总额，可以作为优选方案的决策依据，反映产品的盈利能力。边际贡献法是差额分析法的简化，一般在产品品种决策、产品增产对象决策、新产品开发决策、亏损产品停产与转产决策、特殊订货决策时可以用边际贡献法代替差量分析法分析。

【例6－2】某企业现有设备的生产能力为144 000机器小时，开工率为75%，年固定成本为100 000元。企业现准备用剩余生产能力投产C产品或D产品。C、D两种产品的相关资料（表6－2）。

表6－2　C、D两种产品的相关资料

项目＼方案	C产品	D产品
单位产品工时/小时	60	90
销售单价/元	210	230
单位变动成本/元	150	180

假设两种产品都不需要增加固定成本，产品能够全部销售出去，企业选择开发哪一种产品更为有利?

分析：

根据上述资料编制边际贡献分析表（表6－3）。

表6－3　边际贡献计算分析表

项目＼方案	产品C	产品D
剩余生产能力/机器小时	36 000	
工时定额/机器小时	60	90
最大产量/件	600	400
销售单价/元	210	230
单位变动成本/元	150	180
单位边际贡献/元	60	50
边际贡献总额/元	36 000	20 000

根据计算结果，企业选择生产C产品更有利，可多获得边际贡献16 000元。

三、临界成本分析法

临界成本分析法也叫成本平衡分析法，是通过对若干可行方案的固定成本和变动成本的比较，在确定各方案临界业务量（产量）的基础上，评价方案优劣的一种决策分析方法。

前面介绍的两种方法，都要求各方案的产销量为确定因素。如果某个决策方案的产销量为不确定因素时，决策时需要采用临界成本分析法。

运用临界成本分析法的关键是确定成本平衡点。成本平衡点又称为临界业务量，即决策相关方案的预期总成本恰好相等时所对应的业务量。

假设方案一的预计总成本与固定成本及变动成本之间的关系用方程式 $y_1 = a + bx$ 表示，方案二的预计总成本与固定成本及变动成本之间的关系用方程式 $y_2 = c + dx$ 表示，计算两个方案成本临界点。

令 $y_1 = y_2$，

计算出成本临界点的计算公式为 $x = \dfrac{a - c}{d - b}$

假设 $a > c$，$b < d$，用图6－1确定成本临界点。

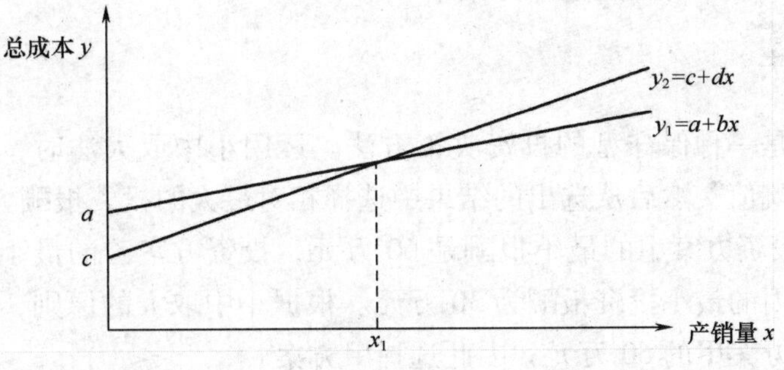

图6－1

当预计业务量大于临界业务量时，应选择固定成本较高而单位变动成本较低的方案一，反之，当预计业务量小于临界业务量时选择固定成本较低而变动成本较高的方案二。

【例6－3】某公司准备生产一种新产品，有A、B两种工艺可供选择，A、B方案的年固定成本分别为200 000元和150 000元，单位变动成本分别为30和40元。应该如何选择生产工艺呢?

分析：用上述临界成本分析法，找出两种工艺的临界产量。假设甲、乙两个工艺方案的临界产量为 x 件，

$$x = \frac{200\ 000 - 150\ 000}{40 - 30} = 5\ 000（件）$$

如果新上的产品每年生产量超过5 000件，采用A工艺对企业有利；如果每年产

量少于5 000件，采用B工艺比较有利。

四、大中取大法

大中取大法是一种乐观型的投资决策方法。决策者在面对赢利性方案时，首先确定各盈利方案的最大值，然后从选出的结果中选择能获得最大盈利的方案，争取好中最好。

【例6-4】新欣公司有甲、乙、丙三个投资方案，企业未来所面临A、B、C三种经济情况下三个方案的投资报酬如表6-4所示。

表6-4　　三种方案的投资报酬情况　　单位：万元

	方案甲	方案乙	方案丙
A	180	-15	210
B	60	150	30
C	240	120	60

根据表6-4中的资料，方案甲的最大报酬值是240万元，方案乙的最大报酬值是150万元，方案丙的最大报酬值是210万元。按照大中取大法，应从三个最大值中最高的是方案甲的240万元，因此选择方案甲。

五、小中取大法

小中取大法是一种保守型的投资决策方法。运用小中取大法时，决策者首先寻找各方案的最小报酬值，然后从选出的结果中选择相对最大的投资报酬方案。根据表6-2提供的资料，投资方案甲的最小报酬是60万元，投资方案乙的最小投资报酬是-15万元，投资方案丙的最小投资报酬为30万元。根据小中取大的原则，三个方案中最小报酬里最高的是方案甲的60万元，因此选择甲方案。

六、大中取小法

又称最小的最大后悔值法，根据客观上最优方案的收益与主观上所采取方案的收益之间的差额（即后悔值）大小来选择决策行动方案。该方法是从损失方面考虑投资方案，而大中取小和小中取大两种方法是以收益大小作为选择的标准。

通过表6-4的数据简单介绍该方法的适用步骤：

第一步，分别确定不同情况下预期收益最大的方案及其收益。在A情况下，丙方案的预期收益最大为210万元；在B情况下，乙方案的预期收益最大为150万元；在C情况下，甲方案的预期收益最大为240万元。

第二步，确定每一备选方案的后悔值。在情况A下，甲、乙、丙三个方案的后悔值分别是30（210-180）、225［210-（-15）］、0（210-210）；在B情况下，甲、乙、丙三个方案的后悔值分别是90、0、120；在C情况下，甲、乙、丙三个方案的后悔值分别是0、120、180。

第三步，找出每一个备选方案在不同情况下的最大后悔值。甲、乙、丙三个方案的最大后悔值分别是225、90、180。

第四步，确定“最小的”最大后悔值和最优方案。从第三步的结果可知，甲方案的最大后悔值最小，应当选择甲方案。

七、概率分析法

在有些决策中，决策者无法预先肯定某一项目或方案所面临的两种或两种以上的客观环境或基本情况，但是可以通过调查研究或者凭借实践经验，大体上估计有关环境或情况将出现的概率，通过概率做出预估决策的方法称概率分析法。

采用概率分析法进行决策的步骤如下：

（1）确定各备选方案可能出现的结果。

（2）估计每一结果可能发生的概率。

（3）计算各备选方案的期望值。

（4）根据期望值的大小选择最优方案。

【例6－5】假设某企业需要决定是否生产产品B，如果选择生产，还需考虑是大量生产还是小批生产。该决策取决于未来的销路。现将销路分为“销路好”“销路一般”“销路差”三种情况，根据市场调查它们出现的概率分别是0.5、0.2和0.3。具体信息见表6－5。

表6－5　不同生产规模和销路的利润

概率	未来状况	y_1（大量生产的利润）	y_2（小批生产的利润）	y_3（不生产的利润）
0.5	销路好	20 000	7 500	0
0.2	销路一般	4 500	5 000	0
0.3	销路差	−7 500	−2 500	0

在进行这类决策之前要确定一个适当的决策标准。

（1）最大期望值标准。变量y的期望值就是以y的每一个可能取值乘以相应的概率得到的结果后求和，以$EV(y)$表示。本例中各种情况下的期望值计算如下：

$$EV(y_1)=20\ 000\times0.5+4\ 500\times0.2+(-7\ 500\times0.3)=8\ 650\text{（元）}$$

$$EV(y_2)=7\ 500\times0.5+5\ 000\times0.2+(-2500\times0.3)=5\ 500\text{（元）}$$

$$EV(y_3)=0\times0.5+0\times0.2+0\times0.3=0\text{（元）}$$

从计算结果看，大量生产的期望值最高，企业应选择大量生产产品B。这种标准是风险决策中用的最多的，在概率稳定的情况下使用更有效。实际情况下，如果概率发生变化或波动较大，这个标准的决策有用性就降低了。

除此以外，还可以在概率的基础上选择最大可能性或期望预定水平作为决策的依据。

（2）最大可能性标准。决策者在使用此标准时，从备选方案中选择可能性最大的那一个。该例中，概率最高的是“销路好”为0.5，在这个概率下，大量生产的利润最高为20 000元。以这个标准判断，应大量生产该产品。这个有点类似于确定型决策。

（3）希望预定水平标准。该方法是通过分析各方案达到预设目标的可能性大小来决策。沿用上例资料，假设企业的最低目标利润是5 000元，

概率（$y_1 \geq 5\ 000$）$=0.5$

概率（$y_2 \geq 5\ 000$）$=0.5+0.2=0.7$

概率（$y_3 \geq 5\ 000$）$=0$

说明小批生产获取5 000元利润的可能性最大，企业应选择小批生产。

如果企业以不亏损作为目标，那么概率计算如下：

概率（$x_1 \geq 0$）$=0.5+0.2=0.7$

概率（$x_2 \geq 0$）$=0.5+0.2=0.7$

概率（$x_3 \geq 0$）$=1$

通过计算结果可以看到不生产反而亏损的可能性最小，如果从这个角度考虑，企业应选择不生产该产品。

对同一方案的决策目标不一样、决策方法选择不一样，结果会有差别。决策者面对确定型决策一般会选择差量分析法、边际贡献法和临界成本分析法；面对非确定型决策考虑选择大中取大、大中取小或小中取大法进行决策；企业面对风险型决策，可以从概率分析法的三个决策标准中选择一种适合实际情况的进行分析决策。

要点总结

本章主要介绍了决策分析的基本概念、决策分析中的一些特殊成本项目以及决策分析中会用到的一些方法。企业管理者面对不同对象进行决策时，应当首先分清决策相关成本和无关成本，再选择适当的方法对决策对象的收入和成本进行比较，从两个或多个方案中选择最优方案。

复习思考题

一、单项选择题

1. 有关产品是否进行深加工决策中，深加工前的半成品成本属于（　）。

A. 估算成本　　B. 重置成本

C. 机会成本　　D. 沉没成本

2. 将决策分为确定型决策、风险性决策和不确定决策是按（　）进行的分类。

A. 决策本身的重要程度　　B. 决策条件的肯定程度

C. 决策规划时期的长短　　　　　　　　D. 决策解决问题的内容

3. 某企业为满足客户追加订货的需要，增加了一些成本开支，其中（　）是专属固定成本。

A. 为及时完成该批产品的生产，而要购入一台新设备

B. 为及时完成该批追加订货，需要支付职工加班费

C. 生产该批产品机器设备增加的耗电量

D. 该厂为生产该批产品以及以后的生产建造了一间新的厂房

4. 下列哪种成本为相关成本（　）。

A. 可避免成本　　　　　　　　B. 共同成本

C. 联合成本　　　　　　　　　D. 沉没成本

5. 下列哪种成本为无关成本（　）。

A. 沉没成本　　　　　　　　　B. 专属成本

C. 可避免成本　　　　　　　　D. 增量成本

6. 设某企业生产某种半成品 1 000 件，完成一定加工工序后，可以立即出售，也可以进一步深加工之后再出售，如果立即出售，每件售价 10 元，若深加工后出售，售价为 20 元，但要多付深加工成本 10 000 元，则继续进行深加工的机会成本为（　）元。

A. 20 000　　　　　　　　　B. 10 000

C. 9 000　　　　　　　　　　D. 18 000

7. 如上题条件，立即出售的机会成本为（　）元。

A. 10 000　　　　　　　　　B. 30 000

C. 38 500　　　　　　　　　D. 20 000

8. 在经济决策中应由选中的最优方案负担的、所放弃的次优方案的潜在收益，即（　）。

A. 增量成本　　　　　　　　B. 加工成本

C. 机会成本　　　　　　　　D. 专属成本

9. 有一批可修复废品，存在两种处置方案：一种是降价后直接出售，另一种是修复后按正常价格出售，修复成本为 3 000 元，降价后出售收入为 7 000 元，修复后出售收入为 11 000 元，那么差别利润为（　）元。

A. 3 000　　　　　　　　　　B. 4 000

C. 8 000　　　　　　　　　　D. 1 000

二、问答题

1. 什么是经营决策？简述经营决策在企业管理过程中的作用。

2. 什么是边际成本？简述差别成本和边际成本之间的联系和区别。

3. 什么是机会成本？为什么在企业决策分析中要考虑机会成本？

4. 什么是可避免成本和不可避免成本？简述两种成本的划分依据。

5. 什么是差量分析法？简述差量分析法的基本程序与决策规则。

三、计算题

1. 某企业每年生产 2 000 件半成品甲，单位完全成本为 20 元（其中单位固定性制造费用为 2 元），直接出售的价格为 24 元。企业目前已具备将 90% 的半成品甲深加工为产成品乙的能力，但每深加工一件半成品甲需要追加 4 元变动成本。产成品乙的单价为 30 元。假定产成品乙的废品率为 2%。

要求：用差量分析法分析企业在下述几种情况中是否应深加工半成品甲，并说明理由。

（1）深加工能力无法转移；

（2）深加工能力可用于承揽零星加工业务，预计可获得贡献边际收入为 5 000 元；

（3）深加工能力无法转移，企业追加投入 6 000 元专属成本，使深加工能力达到 100%，废品率降低为零。

2. 某企业只生产一种产品，全年最大生产能力为 1 500 件。年初已按 110 元/件的价格接受正常任务 1 200 件，该产品的单位完全生产成本为 90 元/件（其中，单位固定生产成本为 30 元）。现有客户要求以 75 元/件的价格追加订货。

要求：请考虑以下不相关情况，用差量分析法分析企业是否应接受低价追加订货，并说明理由。

（1）剩余能力无法转移，追加订货量为 240 件，不追加专属成本；

（2）剩余能力无法转移，追加订货量为 240 件，但因有特殊要求，企业需追加 2 000元专属成本；

（3）同（1），但剩余能力可用于对外出租，可获租金收入 6 000 元；

（4）剩余能力无法转移，追加订货量为 350 件；因有特殊要求，企业需追加 1000 元专属成本。

3. 某企业以前一直从市场上采购零件 A，采购量在 5 000 件以下时，单价为 8 元；达到或超过 5 000 件时，单价为 7 元。现计划生产该零件，需要追加投入 12 000 元专属成本，预计单位变动成本为 5 元。

要求：用临界成本分析法为企业分析企业应自制还是外购 A 零件，并说明理由。

4. 某企业生产某种产品，现拟有 A、B、C 三个方案，经调查取得有关资料如下表所示。

备选方案	不同市场需求下的预期收益/万元		
需求	高	中	低
A 方案	95	70	－20
B 方案	127	50	－40
C 方案	55	30	10

要求：分别用大中取大、小中取大和大中取小决策分析法选择最优方案。

第七章 短期经营决策

学习目标

1. 掌握各种生产问题的决策
2. 掌握定价的方法与决策

第一节 短期经营决策概述

一、短期经营决策的意义

管理会计中的短期经营决策，也称作经营决策，指企业在现有的生产经营能力条件下，为了实现未来一定期间的经营目标，从若干个可行方案中选择最佳方案的过程。

二、短期经营决策的分类

1. 按照决策的目的分类

按照经营决策的目的不同，可以分为成本决策和利润决策。成本决策是指企业管理者为达到预定成本目标在两个或多个可行方案中选择可使预期成本达到最低值的方案的过程。成本决策的目标是为了使得成本最优。利润决策是企业管理者为了实现利润目标在两个或多个可行方案中选择能够使预期利润达到最大值的行动方案的过程。利润决策的目标是在充分利用现有资源前提下，使企业在未来一定期间内的收益最大化。

2. 按照决策内容分类

经营决策按照决策内容不同，分为生产决策和定价决策。生产决策是企业管理者在现有生产条件下，为实现目标利润在两个或多个可行方案中选择可使企业利润最大化的方案的过程。定价决策是企业管理者在生产能力和面对的试产条件下，为实现目标利润在两个或多个可行方案中选择可使企业利润最大化的方案的过程。

3. 按照决策者所掌握的信息的详细和可靠程度分类

经营决策按照决策者所掌握信息的详细和可靠程度，分为确定型决策、非确定型决策和风险型决策。

三、短期经营决策的基本程序

（1）确立决策目标。

（2）全面搜集决策信息。

（3）选择合适的决策方法做出科学决策。

第二节　产品生产决策

企业常会碰到如生产布局、新产品的投产、两种或多种产品生产的安排、材料的最佳利用、亏损产品处理等生产决策问题。不同的方案，经济效益会有很大不同，通过生产决策，从众多备选方案中选择一个，有利于提高企业的经济效益。

生产决策和成本决策比较难区分。一般情况下，我们把备选方案中收入和成本均不一样的决策称为生产决策，备选方案中收入不变成本变化的决策称为成本决策。

一、新产品投产的决策

大多数企业要在激烈的市场竞争中长期稳定健康发展，需要不断开发新产品，提升产品的性能，增加产品的种类，满足客户的需求，以维持企业的市场份额。

企业在进行新产品投产决策时，如果生产能力有限，生产新产品会影响原有老产品的产量，就需要把减产的老产品原有收益作为一项机会成本考虑；如果投产不同的新产品会发生不同的固定成本，在决策时还需考虑新产品的专属固定成本。

【例7－1】某企业在生产S产品的基础上，准备在E产品和F产品之间选择一种投入生产。两种产品的相关资料见表7－1。

表7－1　　E产品和F产品的相关资料　　单位：元

	S产品	E产品（预计）	F产品（预计）
销售收入	100 000	140 000	100 000
变动成本	40 000	75 000	45 000
边际贡献	60 000	25 000	15 000
固定成本	30 000		
利　　润	30 000		

分析：

（1）企业利用剩余生产能力生产E产品或F产品，如果新产品的生产对S产品没有影响，在两种产品的市场行情相似的情况下，选择边际贡献大一些的E产品对企业更有利。

（2）如果为了发展E产品，S产品需要减产1/3；要发展F产品，S产品必须减产1/4，那么因为减少老产品产量减少的边际贡献就是新产品投产决策时应当考虑的机会成本。

表 7－2　　相关边际贡献比较表

项目	E 产品（预计）	F 产品（预计）
相关收入	140 000	100 000
相关成本：		
变动成本	75 000	45 000
机会成本（60 000 ×1/3）	20 000	
（60 000 ×1/4）		15 000
相关利润	45 000	40 000

从表 7－2 数据可判断，发展 E 产品的边际贡献相对较高，应投产 E 产品。

（3）如果发展 E 产品需要增加固定开支 2 000 元，发展 F 产品需要增加固定成本开支 6 000 元，重新编利润表如下。

表 7－3　　相关剩余边际贡献比较表

项目	E 产品（预计）	F 产品（预计）
相关收入	140 000	100 000
相关成本：		
变动成本	75 000	45 000
机会成本（60 000 ×1/3）	20 000	
（60 000 ×1/4）		15 000
专属固定成本	2 000	6 000
相关利润	43 000	34 000

从表 7－3 数据可知，投产 E 产品对企业更有利。

二、产品增产对象决策

企业在完成计划生产任务后，生产能力可能还有剩余，但是又不足以应付新开发产品的生产。面对类似情况，企业管理者可以从已经生产的产品进行分析选择与其收益最大的产品增加生产，以最大限度发挥设备、技术、劳动力的作用，实现企业经济效益的最大化。

【例 7－2】某企业年生产能力为 400 000 机时，目前用于生产甲、乙两种产品的生产能力为现有全部生产能力的 80%，具体资料如表 7－4 所示。

表 7－4

项目	甲产品	乙产品
单位销售价格/元	10	12
单位变动成本/元	5	6
单位产品标准机时/（机时/件）	4	5
固定成本	120 000	

假设生产出来的产品销路都有保证，试分析企业利用剩余生产能力生产哪种产品更好？

分析：

表 7－5

项目	甲产品	乙产品
剩余生产能力/机时	400 000 ×（1－80%）＝80 000	
单位产品标准机时/机时	4	5
预计最大产量/件	20 000	16 000
单位产品边际贡献/元	5	6
单位机时边际贡献/元	1.25	1.2
剩余机时边际贡献总额/元	100 000	96 000

根据计算结果，企业增产甲产品的边际贡献更高，选择增产甲产品更合适。

三、产品生产数量决策

企业在选定了要生产的产品或产品组合后，还必须进一步确定有关产品的最优生产数量，确保企业在未来期间内获得最大盈利。对决策方案进行分析时，当企业的边际收入与边际成本相等或接近相等时，企业实现最大利润，此时产品的产销数量最佳。

例：某企业生产某产品，单位售价 15.8 元，假设该产品总成本和产量之间的函数关系可以用方程式 $y=4\ 500+5x+0.006x^2$ 表示，收入和产量之间的关系可以用方程式 $S=15.8x$ 表示。试测算，该产品产量为多少时企业所获得的利润最高。

第一步，根据方程式确定该产品的边际成本与产量的关系为 $y'=5+0.012x$，边际收入和产量的关系为 $S'=15.8$；

第二步，根据边际收入等于边际成本的关系原理，计算最佳产销数量。

令 $y'=S'$，即 $5+0.012x=15.8$，得出 $x=900$，表明，当该产品的产销量为 900 件时，企业能获得最大利润。

四、追加订货决策

在经营过程中，企业接到客户提出的价格较低的临时性订货称为追加订货。当企业存在暂时闲置的生产能力时，是否要接受客户提出的以低于售价甚至低于该产品平均单位成本的价格的订货呢？

1. 简单条件决策

假设接受订货不影响企业正常的生产任务，也不用增加专属固定成本，而且剩余生产能力本来就无法转移，在这种情况下，只要追加订货的价格大于该产品的单位变动成本，企业就可以接受订货。

2. 复杂条件决策

（1）接受追加订货会影响到现有订单的生产。假设企业接受追加订货后，需要调整现有生产安排，且剩余生产能力无法转移，那么当追加订货的边际贡献可以弥补追加订货的变动成本和减少原安排生产产品可能带来的边际贡献之和的时候，可以接受追加订单，即接受追加订货的收入 >（该产品单位的变动成本 + 追加订货的机会成本）。

（2）接受追加订货需增加专属成本。假设接受追加订货需要增加专属成本，且剩余生产能力无法转移，那么只要追加订货的边际贡献总额能够弥补增加的专属固定成本，企业就可以考虑接受。

（3）接受订货既有专属固定成本，又有机会成本。如果接受订货既需要增加专属成本，剩余生产能力用于其他产品的生产又可以获取收益，企业就应当综合考虑接受追加订货带来的收益是否大于不接受订货的相关收益。若前者大于后者，企业可以接受追加订货；反之，企业不应接受追加订货。

【例 7－3】某企业生产甲产品，最大年产量为 10 000 件，由于订货量不足，实际年产量只有 6 000 件，固定成本为 60 000 元/年，单位产品售价为 100 元，单位变动成本为 80 元。现有海外客商打算以每件 85 元的价格，订购 3 000 件产品。

要求：试分析企业是否应该接受该项订货。

分析：在本例中，追加订货可以利用企业的剩余生产能力，固定成本 60 000 元在本例中为无关成本，用差量分析法见表 7－6。

表 7－6　　差量分析表　　单位：元

项目	接受订货	拒绝订货	差别
差别收入			
接受订货（85 × 3 000）	255 000		
拒绝订货		0	255 000
差别成本			
接受订货（80 × 3 000）	240 000		
拒绝订货		0	240 000
差别利润			15 000

根据计算结果，接受订单可以获得收益 15 000 元。在本例中，固定成本是无关成本，只需要考虑追加订单的收益是否可以弥补边际贡献来决定是否应该接受订单。

如表 7－6 所示，边际贡献为（85－80）× 3 000＝15 000（元），足够弥补生产这批产品发生的变动成本，所以企业可以接受该批追加订货。

需要注意的是，此处不适合用全部成本来分析。

五、自制或外购的决策

企业是应该自己生产零件还是从供应商处购买零件，不同的决策者在决策时考虑的因素不一样。比如有些企业为了控制质量，选择自己生产零件；有些制造商为了保持和供应商之间的长期合作关系，不管经济环境是萧条还是繁荣，坚持向供应商购买零件，以避免繁荣期因需求增加导致的材料短缺的情况。前述为定性分析，能不能从数量方面对零件的自制还是外购进行决策呢？

在定量分析零件自制还是外购时，假定自制或外购所取得的零部件的功能是无差异的，这样在决策中将不涉及差别收入，只需比较自制或外购方案的相关成本，相关成本数额最低的方案为最优方案。

【例 7 –4】某工厂生产乙产品需要 B 零件 10 000 组。如果自行生产，每组生产成本为 240 元，包括直接材料 60 元，直接人工 60 元，变动性制造费用 40 元，固定性制造费用 80 元。B 零件也可以以 225 元的价格外购。试分析，该零件是自制还是外购？

分析：表面上看，自制 B 零件的成本为 240 元，而外购只需 225 元，自制的成本多出 15 元，似乎外购更合理。但是如果固定性制造费用 800 000（80 × 10 000）元是全厂共同的成本，即无论是否生产 B 产品都会发生，那么就属于该项决策的无关成本。考虑这项因素后，与 B 零件生产相关的成本只有 160 元，比外购的每组电瓶低 65 元。因此，该零件自制更优，可以节约总成本为 650 000 元。

如果该厂用于生产 B 零件的场地和设备可用于出租或生产其他新产品，其他新产品为工厂带来的边际贡献只要小于 650 000 元，就考虑自制 B 零件；如果大于 650 000 元，就选择外购 B 零件，将剩余生产能力用于生产边际贡献更大的产品。

六、亏损产品是否停产的决策

亏损产品一般指的是销售利润为负数的产品。我们在决定亏损产品是否继续生产之前，需要对亏损产品进行分析。根据盈亏平衡分析原理，产品销售收入扣除变动成本后得到边际贡献，边际贡献减去固定成本后剩下的才是利润。一般把边际贡献为负数的产品称为“实亏”，边际贡献为正但是边际贡献减去固定成本后的利润为负的产品称为“虚亏”。

企业对于“实亏”的产品，因为产品的边际贡献就为负数，所以生产越多，亏损越多，除非是特殊需求的产品，一般不会选择继续生产。对于“虚亏”的产品，边际贡献为正，对企业来说该产品还是有贡献的，只是不足以弥补全部的固定成本。如果停止生产，固定成本仍然存在，这些生产能力闲置，不仅不会减少亏损反而会增加，所以会考虑继续或增加该种产品的生产。

【例 7 –5】某企业生产甲、乙两种产品，资料如表 7 –7 所示。

表 7 –7　　某企业生产甲、乙两种产品的有关资料　　单位：元

	甲产品	乙产品
销售收入	30 000	22 000
变动成本	12 000	20 000
边际贡献	18 000	2 000
固定成本	9 000	6 000
利　润	9 000	–4 000

从表 7 - 7 中可以看出乙产品是“虚亏”，若停止生产乙产品，固定成本仍然存在，企业将会由盈利 5 000 [9 000 + （-4 000）] 元转为盈利 3 000 元，如表 7 - 8 所示。

表 7 - 8　　停止生产乙产品时的有关数据　　单位：元

项目	甲产品
销售收入	30 000
变动成本	12 000
边际贡献	18 000
固定成本	15 000
利润	3 000

因此，企业如果出现“虚亏”产品，在条件允许的情况下，不仅不能停止生产，反而应当扩大生产，扭亏为盈；如果不继续增加生产，利用剩余生产能力接受一些销售收入高于变动成本的外部业务，也有利于企业减少亏损，增加盈利。

七、半成品（联产品）是否应进一步加工的决策

半成品是企业连续生产过程中的中间产品，这些中间产品可以直接出售，也可以继续加工后出售，如纺织厂可以将生产出来的棉纱直接销售，也可以将棉纱进一步加工成坯布后再出售。企业在决策时需要将相关成本和无关成本区分开来。相关成本包括进一步加工产品的追加成本（包括变动成本和专属固定成本），决策时必须考虑。无关成本主要是进一步加工前的半成品成本（包括变动成本和专属固定成本）。如果进一步加工后出售产品的收入减去追加成本后的余额大于零，可以选择进一步加工；反之，直接出售半成品对企业更有利。这类决策有利于企业利用自身资源生产优势产品，增加收益。

【例 7 - 6】某企业生产 A 产品 800 单位，在完成前两个阶段的生产后，半成品就可对外销售，销售单价为 120 元，单位变动成本为 80 元。如果继续加工成甲产品，销售单价为 160 元，但每件要追加变动成本 10 元，专属固定成本总额为 7 000 元。试分析该企业是否要将 A 产品进一步加工成甲产品。

分析：根据上述资料，编制差量损益分析表（表 7 - 9）。

表 7 - 9　　差量分析表　　单位：元

项目	半成品出售	加工成甲产品	差额
相关收入	96 000	128 000	32 000
相关成本：			
变动成本（追加）		8 000	8 000
专属固定成本		7 000	7 000
差量损益			17 000

从表 7－9 可知，加工成甲产品出售比出售半成品多得收益 17 000 元，所以企业应选择继续加工成甲产品。

$$\left(\text{进一步加工的销售收入}-\text{半成品销售收入}\right)>\text{进一步加工所追加的成本}\quad\text{（结论：进一步加工）}$$

$$\left(\text{进一步加工的销售收入}-\text{半成品销售收入}\right)<\text{进一步加工所追加的成本}\quad\text{（结论：立即出售）}$$

第三节　定价决策

一、定价决策的概述

产品定价决策，指企业为了实现经济效益最佳而确定产品价格的决策。影响企业经济效益的常见因素有产品的产销量、价格和成本。在以销定产的市场环境下，产品价格的高低，首先会影响到该产品的产销量，进而会影响该产品的成本。所以，产品的售价定得是否合理，直接影响到企业经济效益的好坏。定价决策是企业经营决策中非常重要的一部分。

产品定价需要考虑的因素有以下几个。

1. 产品定价应该兼顾长远目标和短期目标

企业在定价时不要为了一时之利而舍弃长远的利益，特别是在确定特殊订货价格时，千万不要因为一笔暂时的收益而损害了正常的销售经营渠道，否则得不偿失。商品要根据其所能提供的效用来定价，不要在暂时垄断的情况下以不相称的高价牟利。否则日后为消除这种惟利是图的现象，企业所付出的代价会比一时取得的利益更大。对于部分企业或产品来说，销售市场的占有率比实现的利润数更重要。

2. 一致性和灵活性相结合

通过正常定价制度的建立，维持企业与客户之间稳定的供销关系，但也允许价格有一定浮动空间，应对一些特殊情况，更大提升企业的经济效益和市场地位。

3. 统筹兼顾，顾全大局

企业在产品定价时应争取使各产品的利得达到最高值，但是受企业资源和生产能力所限，有时需要牺牲某些产品的销售，牺牲局部利益以实现企业的整体利益的最大化。

二、影响企业定价的因素

对于企业来说，在对产品进行定价的过程中受到商品自身的价值、企业成本的消耗水平、商品的质量水平、供求关系与市场环境、商品的比价和国家的价格政策等因素的影响。

三、产品定价方法

（一）以成本为基础的定价方法

以成本为定价基础，是指以某种产品的成本资料为主要依据，附加一定比例的预期利润预定该种产品的销售价格。由于产品成本有完全成本、变动成本、临界成本，因而在实际定价工作中通常采用完全成本定价法、变动成本定价法。临界成本定价法和边际分析法。

1. 完全成本定价法

完全成本定价法是以某种产品的预计完全成本（包括变动成本和固定成本），加上一定比例的预期利润作为产品销售价格的一种定价方法。其价格计算公式为：

$$\text{某产品价格}=\text{该产品预计单位变动成本}+\frac{\text{预计固定成本}+\text{目标利润}}{\text{预计产销量}}$$

$$=\text{该产品预计单位完全成本}\times(1+\text{成本加成百分比})$$

【例7－7】某企业计划年度预计生产丙产品3 000件，固定成本总额6 000元，单位变动成本20元，目标利润为完全成本的20%，试以完全成本为定价基础，计算确定该产品的销售价格。

$$\text{该产品的销售价格}=20+\frac{6\ 000+(3\ 000\times20+6\ 000)\times20\%}{3\ 000}=26.4\ (\text{元})$$

采用完全成本法，考虑了固定成本、变动成本以及目标利润率，因此按定价销售可以弥补所有的成本并且有获利，计算方法也很简单，操作容易。在能够准确预测产品产销量的前提下，用此法定价比较合理。

2. 变动成本定价法

变动成本定价法是指在某种产品预计变动成本的基础上，加上一定数额的边际贡献，以此作为产品销售价格的一种定价方法。其价格计算公式为：

$$\text{某产品价格}=\text{预计单位变动成本}+\text{预计单位边际贡献}=\frac{\text{该产品的单位变动成本}}{1-\text{预定边际贡献率}}$$

【例7－8】某企业计划投产产品H，每件产品的直接材料费8元，直接人工费10元，变动性制造费用4元，预定该产品边际贡献率为50%。试以变动成本为定价基础，确定该产品的销售价格。

$$\text{该产品销售价格}=\frac{10+8+4}{1-50\%}=44\ (\text{元})$$

采用这种定价方法，只要产品的价格能补偿变动成本，并能提供一定数额的边际贡献即可接受。变动成本定价法主要适用于企业利用剩余生产能力生产追加订货时、当市场对产品的需求量骤减、为维持该产品的产销业务降价销售时的定价等情况。

3. 临界成本定价法

临界成本定价法是指以某种产品的临界成本为依据，确定其销售价格的一种定价方法。这里所说的临界成本亦称保本成本，它是当某种产品的生产经营处于盈亏平衡状态时的单位产品平均成本（即单位变动成本加上按预计产销数量计算的单位固定成本）。采用这种方法确定产品价格，不要求提供净收益，是一种既不追求盈利也不致发生亏损的保本价格。

临界成本定价法的价格计算公式为：

$$某产品的价格=该产品的单位变动成本+\frac{固定成本总额}{预计产销量}$$

【例7－9】某企业计划下年度生产甲产品40 000件，固定成本160 000元，单位产品变动成本20元。试以临界成本为基础定价，确定甲产品的销售价格。

$$该产品销售价格=20+\frac{160\ 000}{40\ 000}=24（元）$$

4. 边际分析法

边际分析法是根据某产品的边际收入和边际成本之间的特定数量关系来确定产品销售价格的一种方法。当某种产品边际收入大于其边际成本时，增加产销量可以增加企业的利润，或者可以减少企业的亏损；如果某种产品边际收入小于其边际成本时，增加产销量反而减少企业利润，或者会增加企业的亏损；如果某种产品的边际收入等于或接近于其边际成本时，企业将获得最大利润。此时，产品的产销量为最佳产销量，产品的销售价格为最优销售价格。

（二）以特殊要求为导向的定价方法

以特殊要求为基础定价，主要是指企业在有剩余生产能力、或市场需求发生变化、参加贸易洽谈会以及竞标活动过程中遇到强劲的竞争对手等情况下所采用的定价方法。具体地说：

（1）当企业存在暂时闲置的生产能力，而且无法移做他用时，为了充分利用生产能力，扩大市场占有率，在短期内，产品的价格应大于或等于其单位变动成本。这种情况下的定价问题实际上属于追加订货决策。

（2）如果企业要实现保本，则其产品价格至少要弥补全部成本（单位产品变动成本加上单位产品固定成本）。这一价格实际上就是盈亏临界点价格，即保本价格；只要产品的实际销售价格高于保本价格，即可实现盈利；反之，则亏损。

（3）企业经营的最终目标不仅是为了保本，还希望能够实现一定的利润。因此实现预期利润的价格就是目标售价（即单位变动成本、单位固定成本与单位预期利润之和）。

以特殊要求为导向的定价方法，有助于企业在市场需求发生变化、参加订货洽谈会以及投标活动过程中，迅速地报出基于一系列不同销售量或订货量情况下的价格，便于决策。

四、定价决策

1. 新产品定价决策

当企业利用自己的技术、资金等资源研制、开发了某种新产品时，通常要给这种新产品定价。这时，企业管理者不宜完全根据实际的成本耗费和质量水平等因素确定销售价格，较为可行的办法是：①凭借企业管理者或有关专家的实践经验和主观判断，来确定新产品正式投入市场的销售价格；②通过试销手段，在调查研究的基础上，一般地了解市场对某种新产品的接纳程度。大体上掌握消费者对某种新产品的可接受程度，并进而测知某种新产品在不同价格水平上的基本销售规模。假如采取试销办法，企业管理者的主要任务，就是运用特定方法对在试销中所取得的各种预计性资料进行计量、分析，科学地确定可使某种新产品销售利润达最高的销售价格。

2. 价格调整决策

【例7－10】某企业C产品的最大年生产能力为40 000件，目前年产销量30 000件。该产品在市场上的单位售价为22元，单位变动成本为10元，固定成本总额为60 000元。如果企业将该产品单位售价降低1元，降价后C产品的年销售量预计可提高至35 000件，成本不变；如果企业将单位售价降低2元，该产品的销售量将继续增加至36 000件，但是要完成该生产任务需增加设备，预计年固定成本总额将增加18 000元，单位变动成本将减少1.5元。该企业是否应该降低C产品的销售价格呢？

分析：

（1）继续维持原产销水平的年利润总额。

利润总额＝30 000×（22－10）－60 000

＝300 000（元）

（2）充分利用现有生产能力的年利润总额。

利润总额＝35 000×（22－1－10）－60 000＝325 000（元）

（3）扩大生产能力后的年利润总额。

利润总额＝36 000×［（22－2）－（10－1.5）］－（60 000＋18 000）＝336 000（元）

计算结果表明，该企业在扩大生产能力的同时，将某产品的单位售价从22元降低到20元，在经济上是有利的，这样可使该企业经营此种产品的年盈利比前两种方案分别高出36 000元和11 000元。

五、定价策略

（一）新产品定价策略

新产品定价具有不确定性的特点，如新产品的市场需求量是多少、现有同类产品的替代性如何、营销成本又如何等问题难以事先确定。为了减少这些不确定性，企业在对新产品进行定价时，通常要选择几个地区分别采用不同的价格进行试销。通过试销，取得新产品的销售量与价格的关系、新产品面临的竞争情况以及不同价格、不同销售量所能提供的边际贡献等资料，然后根据这些资料，制定出最能适应企业长远发展的新产品价格。新产品定价策略通常有“撇油法”定价策略和“渗透法”定价策略。

1. “撇油法”定价策略

运用“撇油法”定价策略时，在新产品试销初期先定出较高的价格，以后随着市场销售量提高、竞争加剧再把产品价格逐渐降低。这种策略能保证试销阶段获得大量的利润，并使新产品的生产成本得到有效补偿。但是，试销初期的大量利润会吸引更多的竞争对手，带来激烈的竞争，高价难以持久。因此，这是一种短期的定价策略，比较适合初期没有竞争对手，而且容易开辟市场的新产品。

2. “渗透法”定价策略

采取“渗透法”定价策略时，在新产品试销初期先定出较低价格，为新产品开拓市场，争取顾客，赢得竞争优势，有了较稳定的市场基础后再逐步提高价格。运用这种策略在新产品试销初期一般获利不多，但它能有效地排除其他竞争对手，有利于企业建立长期领先地位，收获长期经济效益，是一种着眼于获得长期利益的定价策略。

（二）需求心理定价策略

需求心理定价策略是运用心理学原理，根据消费者的需求心理制定产品价格的定价方法。常见的需求心理定价策略有以下几种。

1. 尾数定价

尾数定价是指在确定产品价格时让价格的末位数为非整数，即以零头结尾，如9.99元、299.98元等。这种方法多用于中低档商品的定价。非整数部分，有的采用偶数结尾，有的采用奇数结尾。

2. 觉察价值定价

所谓觉察价值定价是指企业按照买方对价值的感觉，而不是按照卖方的成本费用水平来制定价格。很多企业通常会利用市场营销组合中的非价格变量（如产品质量、服务、广告宣传等）来影响购买者，使他们在脑子里形成“觉察价值”，然后据此来制定产品价格。例如不同的餐馆，其设备、环境气氛和服务等有所不同，则同样一杯饮料的价格就不同。觉察价值定价的关键在于企业要正确估计“购买者所承认的价值”。如果过高估计“购买者所承认的价值”，定价就会偏高，销售会减少；如果过低估计“购买者所承认的价值”，定价就会偏低，销售会增加，但是取得的收入会偏低。

3. 声望定价

声望定价是指根据消费者对某些产品的信任以及消费者对名牌、高档产品的“价高必优”的心理，把某些实际上价值不大的产品价格定得很高，以吸引消费者购买。

4. 促销定价

促销定价是指利用消费者求廉心理有意将某一种或几种商品减价甚至以接近或低于成本的价格出售，目的在引起顾客关注，进而扩大其他商品的销售。以这种价格在吸引消费者购买降价商品的同时，购买其他正常的商品。

5. 产品组合定价

产品组合是指一个企业所生产或经营的全部产品大类和产品项目的组合。产品组合定价主要有以下几种方法：

（1）产品线定价。即利用顾客对产品线系列产品的价格的理解来定价。对于产品线内的不同产品，按照产品的质量、档次、顾客的不同需求及竞争者产品的情况确定不同的价格。如某品牌的洗发水有三个系列，相同容量定价分别为10元、18元、25元，顾客根据自己的需求和承受能力按质量等级来选购3种价格的产品。营销者制定销售策略时需让顾客确信不同价格的产品品质是有差别的，“一分价钱一分货”。企业在进行产品线定价时要了解顾客的心理需求，如果不同档次产品之间的价差过大，顾客会趋向于某一种产品；价差过小，顾客会花较长时间确定选购目标或者无法做出决定。

（2）连带产品定价。连带产品定价又称必需附带产品定价，是指必须与主要产品一同使用的产品价格的确定过程。手电筒与电池、牙膏与牙刷、胶卷与相机、剃须刀和刀片等都是常见的主产品和连带产品。顾客购买了主产品，必须购买连带产品才能发挥主产品的作用，企业牺牲现时利益可通过连带产品销售获得长期利益。因此企业一般将主产品的定价获利定得低一些，连带产品定价获利定得高一些，如电信公司免费为客户安装住宅电话。

（3）成套产品定价。企业以低于产品单个出售的价格将互相关联、互相配套的产品按套出售，以吸引顾客成套购买，从而扩大销售，节约费用，增加利润的定价策略。

（三）差别定价策略

需求差异定价法，又称差别定价法，是指根据销售的对象、时间、地点的不同而产生的需求差异，对相同的产品采用不同价格的定价方法。

对于需求定价法，同一产品的价格差异并不是因为产品成本的不同而引起的，而主要是由于消费者的需求、产品的型号或样式、地区差别以及时间差异等所决定的。

1. 依据消费者的需求差别定价

根据不同消费者消费性质、消费水平和消费习惯等差异，制定不同的价格。如会员制下会员与非会员的价格差别；学生和上班族之间的价格差别；国外消费者和国内消费者的价格差别；普通家用计算机、研发用计算机和办公用计算机的价格差别。

2. 依据产品型号或样式差异定价

企业在对有些质量或规格相同而成本不同的产品进行定价时，并不把成本作为标准，而是按照不同的外观和式样对消费者的吸引程度不同来定价。比如同样的商品，礼品装、普通装及特惠装三种不同的包装价格往往相差很大。

3. 依据位置差异定价

同一产品在不同地区销售时，可以针对地区间的差异制定不同的价格。例如同样的饮料在超市、游乐场、火车站、旅游景区、电影院的价格往往不同。

4. 基于时间差异的差别定价

对于一些在不同时间段里的效用不同、顾客的需求强度不同的产品制定不同的价格。例如空调，需求旺季时价格一般稍高一些；需求淡季时，促销活动比较多，价格略为优惠。

要点总结

本章主要介绍了短期经营决策的概念、生产决策和定价决策。短期经营决策涉及的是日常经营活动中遇到的决策影响时间短于一年的决策，所以决策的方法较为灵活。在生产决策中涉及的主要是新产品的投产、半成品是否进一步加工、亏损产品是否停产、产品品种的选择等问题。对大多数产品来说，销售价格直接影响产品销售，因此如何确定产品的售价对企业来说是一项重要决策。

复习思考题

一、单项选择题

1. 在进行半产品是否进一步深加工决策时，应对半成品在加工后增加的收入和（　）进行分析研究。

A. 进一步加工前的变动成本

B. 进一步加工追加的成本

C. 进一步加工前的全部成本

D. 加工前后的全部成本

2. 企业去年生产某产品的边际贡献为 3 000 元，固定成本为 1 000 元，假定今年其他条件不变，但生产该产品的设备可对外出租，一年的增加收入至少为（　）元时，应可以考虑停产该种产品。

A. 2 001　　B. 3 100　　C. 1 999　　D. 2 900

3. 某厂因生产需要用零件甲，其外购单价为 12 元，若自行生产，单位变动成本为 6 元，且需要为此每年追加 12 000 元的固定成本，通过计算可知，当该零件的年需要量为（　）时，外购、自制两种方案均可。

A. 2 500　　B. 3 000　　C. 2 000　　D. 1 800

4. 在固定成本不变的情况下，下列（　）应该采取采购的策略。

A. 自制单位变动成本小于外购价格

B. 自制单位变动成本等于外购价格

C. 自制单位变动成本大于外购成本

D. 自制单位产品成本大于外购成本

5. 在产销平衡的情况下，一个企业同时生产多种产品，其中一种单位边际贡献为正的产品最终变为亏损产品，其根本原因是（　）。

A. 该产品存在严重积压

B. 该产品总成本太高

C. 该产品上分担的固定成本相对较高

D. 该产品的销量太小

6. 设某企业生产某种半成品 2 000 件，完成一定加工工序后，可以立即出售，也可以进一步深加工之后再出售，如果立即出售，每件售价 15 元，若深加工后出售，售价为 24 元，但要多付深加工成本 9 500 元，则继续进行深加工的机会成本为（　）元。

A. 48 000　　B. 30 000　　C. 9 500　　D. 18 000

7. 如上题条件，立即出售的机会成本为（　）元。

A. 48 000　　B. 30 000　　C. 38 500　　D. 18 000

8. 有一批半成品，直接出售收入为 9 000 元，加工成完工产品出售收入为 13 000 元，继续加工成本为 3 000 元，请问差量损益为（ ）元。

A. 5 000　　B. 2 000　　C. 3 000　　D. 1 000

9. 在短期经营决策中，企业不接受特殊价格追加订货的原因是买方出价低于（ ）。

A. 正常价格　　B. 单位产品成本

C. 单位变动成本　　D. 单位固定成本

10. 某公司生产一种化工产品丙，该产品可进一步加工为高级化工产品丁，丙和丁在市场上的售价分别为 50 元/千克、120 元/千克。生产丁产品的单位变动成本为 10 元，每年需要追加固定成本 20 000 元，若每千克丙可继续加工成 0. 6 千克丁，则以下选择中，该公司应（ ）。

A. 进一步加工生产产品丁

B. 当产品丙的年销售量超过 1 250 千克，将丙加工为丁

C. 将丙出售，不加工

D. 以上方案皆可

二、简答题

1. 简述完全成本定价法。

2. 简述变动成本定价法。

3. 简述新产品的定价策略。

4. 简述亏损产品是否停产的决策方法。

5. 简述短期经营决策可选择的方法。

三、计算分析题

1. 某企业拟将剩余生产能力用于开发一种新产品，现有 A、B 两个品种可供选择。A 品种的单位售价为 110 元/件，单位变动成本为 70 元/件，单位产品台时消耗定额为 2. 5 小时/件，此外，还需消耗甲材料，其单耗定额为 6 千克/件；B 品种的单位售价为 140 元/件，单位变动成本为 50 元/件，单位产品台时消耗定额为 9 小时/件，甲材料的单耗定额为 3 千克/件。假定甲材料能够保证供应。要求：用边际贡献分析法分析开发哪个品种更有利，并说明理由。

2. 某企业每年需用 A 零件 3 000 件，原由金工车间组织生产，年总成本为 21 000 元，其中，固定生产成本为 9 000 元。如果改从市场上采购，单价为 6 元，同时将剩余生产能力用于加工 B 零件，可节约 B 零件的外购成本 3 000 元。

要求：分析企业自制还是外购 A 零件比较好，并说明理由。

3. 某公司生产甲产品，甲产品产量为 500 件时的有关成本费用资料如下：直接材料 20 000 元，直接人工 11 000 元，变动性制造费用 12 000 元，固定性制造费用 10 000 元，销售及管理费用 1 800 元。已知该公司计划实现 30 000 元的目标利润。

要求：分别按完全成本法和变动成本法下的成本加成法确定目标售价。

4. 某企业现有生产能力为 60 000 机器小时，尚有 20% 的剩余。为充分利用资源，

准备开发新产品，有甲、乙、丙三种新产品可以选择，资料如下：

产品	甲	乙	丙
单价	200	120	60
单位变动成本	100	60	24
单位产品定额工时	80	40	20

（1）计算三种产品的单位工时边际贡献。

（2）企业应优先生产哪种产品？

第八章 长期投资决策分析

学习目标

1. 掌握货币时间价值和风险的概念及特征
2. 熟悉现金流量的概念及内容
3. 会灵活应用长期投资决策的评价指标

第一节 长期投资决策概述

长期投资决策又称能力决策或能量决策或资本支出决策，是指投资方案产生报酬的时间在一年以上，涉及企业生产经营全面性和战略性问题的决策。与长期投资有关的资金支出在会计上又叫资本性支出，与其相对立的概念是收益性支出，进行长期投资决策首先必须将收益性支出同资本性支出区别开来。长期投资一般涉及新建、改建、扩建和恢复工程的投资，或是进行设备更新和技术改造。这些投资支出需要耗费大量的资金，而且建设时间和生产周期较长，因此投资回收期长，对企业盈亏的影响时间也长，风险性也大。所以，在投资决策分析中，为保证决策的正确性需要考虑货币时间价值、风险价值及现金流量等相关因素。

企业的基本经营活动可归纳为筹资、投资和经营活动三个大类，可见投资是企业经济活动的重要内容之一。狭义的投资是指企业向那些并非直接为本单位使用的财产项目投入资金，并以利息、使用费、股利或租金收入等形式获取收益，使得资金增值的行为，如购买其他企业的股票和债券，购买用于对外租赁的设备等。广义的投资则泛指企业投入财力，以期在未来一定期间内获取报酬或更多收益的活动，它不仅包括金融类项目的投资，还包括对实物项目的投资，如购买固定资产、更新改造厂房设备装备等。

一、长期投资决策的分类

就生产企业而言，长期投资决策有多种，一般掌握以下两种分类。

（一）按重要程度分类

按投资决策重要程度的不同，长期投资决策可以划分为以下两类。

1. 战略型投资决策

战略型投资决策是指通常能够改变企业经营方向，对企业全局产生重大影响的投资决策，如现有生产规模的大幅扩充、新技术引进或新产品开发等。

2. 战术型投资决策

战术型投资决策是指一般不会改变企业经营方向，只限于局部范围变化或个别条件的改善，影响范围较小的投资决策，如现有机器设备应否更新、怎样更新、何时更新等。

（二）按对象分类

按决策对象的不同可划分为以下三类。

1. 项目投资决策

项目投资决策是一种以特定项目为对象，直接与固定资产的构建项目或更新改造项目有关的长期投资行为；换言之，它是以形成或改善企业生产能力为最终目的，至少涉及一个固定资产项目的投资决策。

2. 证券投资决策

证券投资决策则是企业通过让渡资金的使用权而取得某种有价证券，以收取利息、使用费或股利等形式取得收益而使得资金增值或获得对特定资源、市场及其他企业控制权为目的的一种投资行为，包括长期债券投资决策和长期股票投资决策。

3. 其他投资决策

其他投资决策则是指项目投资和证券投资以外的长期投资决策，如联营投资决策等。

这种分类是企业投资决策最基本的分类。

二、长期投资决策的程序

企业的长期投资通常具有占有时间长、耗资多、不可逆等特点，决定了长期投资具有相当大的风险，一旦决策失误，就会严重影响企业的财务状况和现金流量，甚至会造成企业破产清算。因此企业应该按照一定的程序，运用科学的方法进行分析论证，以保证决策的正确有效。长期投资决策的基本程序为：

（1）确定投资目标，即弄清楚这项决策究竟要解决什么问题。

在进行长期投资决策时，首先必须遵循统筹规划的原则，按照企业长期经营目标的要求，明确规定某一特定长期投资项目在未来特定时间的投资报酬水平，为其确定一个明确的、具体的奋斗目标。

（2）针对决策目标提出若干备选方案。

（3）为每个备选方案搜集尽可能多的、对它们有影响的各种资料，包括政治、经济、法律、社会环境等资料，其中有关预期成本和预期收入的数据要尽量做到全面、可靠。

（4）根据可计量因素的资料，运用科学的理论和方法，对备选方案进行分析比较。

（5）对其他非计量因素，分析考虑对投资方案的影响。

（6）确定最优方案，写出可行性报告，请上级批准。

（7）由公司领导者做出决策，接受或拒绝投资或重新调研。

（8）决策行动方案的贯彻实施。

投资决策行动方案一经选定之后，即可按照与之相应的专项资本预算所限定的现金流量计划，具体组织方案的贯彻实施，将有关预算指标予以逐项分解、层层落实，在企业内部有关责任部门或责任个人之间形成针对特定长期投资项目的任务执行网络。能否科学、合理地组织项目的实施工作，是投资决策行动方案能否顺利进行并取得预期成效的重要保证。

（9）方案实施结果的评价。

在组织实施投资方案的整个过程中，应适时、适当地进行有针对性的计量、分析、监测、追踪工作，努力做好有关信息的收集、加工和反馈，准确把握决策方案的实施进度与质量。在这方面工作重点应当是：通过特定长期投资项目实际现金流量同预计的现金流量的比较，揭露矛盾，发现差异，发现形成原因，制定改进措施。只有这样，才能进一步加强长期投资管理，不断提高长期投资效益。

第二节 长期投资决策的基本价值观念

一、货币时间价值的概念

货币时间价值是指货币经历一定时间的投资和再投资后所增加的价值。众所周知，一笔货币如果作为储藏手段保存起来，在不存在通货膨胀因素的条件下经过一段时间后，作为同名货币，其价值不会有什么改变。但同样一笔货币若作为社会生产的资本或资金来运用，经过一段时间后就会带来利润，使其自身价值增值。所以，货币时间价值来源于资本的增值，是产业利润的一部分，其实质是货币使用者让渡其使用权而参与社会财富分配的一种形式，对于货币使用者来说是其货币使用成本。

现在的100元钱不等于一年前的100元钱，也不等于一年后的100元钱。在市场经济中，我们常听到“时间就是金钱”这句话，这是对货币时间价值的最好说明。例如，某公司准备开发一个项目，现在开发能获利100万元，如果5年后再开发可以获利150万元。按照资金的绝对数来看，150万元大于100万元，我们认为5年后开发对某公司更有利。但是现在开发从而获利的这100万元并不是静止的，这笔资金会由某公司运用到企业的经营当中，会产生收益。假定这笔资金每年的平均收益率为10%，那么5年后这笔资金将变成161万元（100×1.1^5），所以现在开发更有利。

在利润平均化规律的影响下，等量货币资本在相同时间内应获得等量利润，因此货币时间价值的一般表现形式从相对量来看就是在不考虑风险和通货膨胀条件下的社会平均的资本利润率，在一定条件下可视同于存款利息率；从绝对量来看就是使用货币资本的机会成本，即利息。

货币时间价值的计算方法通常有单利和复利的方法。通常包括单利、复利和年金的终值与现值的计算。所谓终值就是指现在某一特定的金额在若干期后按规定的折现率计算的未来价值，现值是指若干期后某一特定的金额按规定的折现率折算的现在价值。

目前，我国银行在国内存贷款利息的计算方法上，大多采用单利的计算方法，但有些贷款项目已经开始采用复利的计算方法。随着经济形势的发展，复利的计算方法势在必行。

复利的计算方法是指在计算货币的时间价值时，不但对本金要计算利息，利息也要生息，即所谓的“利滚利”。根据国际惯例，不论投资、筹资，还是存款、贷款业务，若在两期或两期以上，通常均按复利计息。也就是在每期末结息一次，同时把当期的利息并入本金，将当期的本利作为下一期计息的基础。在长期投资决策的分析过程中，均采用复利的计算方法来计息。

（一）单利制与复利制

在一段时间的起点发生的资金数额称为现值，用 P 表示；在一段时间的终点发生的资金数额称为终值，用 F 表示。另外，利率用 i 表示，计息期用 n 表示。

单利制是指当期利息不计入下期本金、计息基础不变、各期利息额不变的一种方法。

复利制是指当期利息计入下期本金、计息基础发生变化、各期利息额递增的一种方法。

1. 复利终值（F）

复利终值是指某一特定的金额按照事先预定的利率折算至未来某一时点的价值。其计算公式为：

$$F=P(1+i)^n \tag{8.1}$$

式（8.1）中，$(1+i)^n$ 称为复利终值系数，可在“复利终值系数表”中查得，一般用符号（F/P，i，n）表示，则式（8.1）可变为：

$$F=P(F/P,\ i,\ n) \tag{8.2}$$

【例8－1】将10 000元存入银行，存期3年，年利率10%，分别采用单利和复利的计算方法计算各年的终值。有关的计算如表8－1所示。

表8－1　　单利和复利计算

年度	单利终值	复利终值
第一年	10 000×（1＋10%×1）＝11 000	10 000×（1＋10%）＝11 000
第二年	10 000×（1＋10%×2）＝12 000	10 000×（1＋10%）×（1＋10%） ＝10 000×（1＋10%）^{2}＝12 100
第三年	10 000×（1＋10%×3）＝13 000	10 000×（1＋10%）×（1＋10%）×（1＋10%） ＝10 000×（1＋10%）^{3}＝13 310

2. 复利现值（P）

复利现值是指未来某一特定的金额按照事先预定的折现率折算到现在的价值。复利现值的计算过程实质上就是折现的过程，也就是复利终值的逆运算。其计算公式为：

$$P=F\ (1+i)^{-n} \tag{8.3}$$

式（8.3）中，$(1+i)^{-n}$称为复利现值系数，可在复利现值系数表中查得，一般用符号（P/F，i，n）表示，则式（8.3）可变为：

$$P=F\ (P/F,\ i,\ n) \tag{8.4}$$

【例8－2】假定某公司打算4年后用500 000元购买一台先进设备，若目前银行存款年利率为8%（每年复利一次），试问该公司现在需一次存入银行多少款项？

解：$P=500\ 000\times(P/F,\ 8\%,\ 4)=500\ 000\times0.735=367\ 500$（元）

那就是说，现在向银行一次存款367 500元4年后可得到购买设备款500 000元。

（二）年金终值与现值的计算

年金是指在一定时期内每隔相同时间收到或支付的系列等额款项，也称等额系列收付款项，通常用字母“A”表示。年金一般要满足三个条件：①连续性。即在一定时期内每隔一段时间就必须发生一次收付款业务，不得中断。②等额性。即指各期发生的收付款项必须在数额上相等。③同向性。即方向相同，要么都是收，要么都是付。

在现实经济生活中，分期等额形成或发生的各种偿债基金、按直线法计提的折旧费、养老金、保险金、租金、等额分期收付款、零存整取储蓄存款业务中的零存数额、整存零取储蓄存款业务中的零取数额、个人抵押贷款的分期还款数额、定期发放的固定奖金、债券利息和优先股股息以及等额回收的投资额等，都属于年金的范畴。

根据收付时间的不同，年金具体可分为普通年金、预付年金、递延年金和永续年金，其中普通年金的应用最为广泛，其他年金的计算都可以普通年金为基础进行推算。

1. 普通年金

凡在每期期末发生的年金称为普通年金，也称为后付年金。

（1）普通年金终值。普通年金终值实际上是一定期间内的每期期末收付款项的复利终值之和，通常用F_A表示。普通年金终值计算公式如下：

$$F_A=A\ (1+i)^0+A\ (1+i)^1+A\ (1+i)^2+\cdots+A\ (1+i)^{n-2}+A\ (1+i)^{n-1}$$

简化可得：

$$F_A=A\times\frac{(1+i)^n-1}{i} \tag{8.5}$$

式（8.5）中$\frac{(1+i)^n-1}{i}$称为年金终值系数，可在“年金终值系数表”中查得，一般用符号（F/A，i，n）表示，则式（8.5）可变为：

$$F_A=A\ (F/A,\ i,\ n) \tag{8.6}$$

【例8－3】假设某公司决定从今年开始，每年年末都存入银行2 000万元以便用于5年后的设备更新。试计算该公司5年后可用于设备更新的资金有多少？（假设银行存款利率为6%，并按复利计算）

解：由于该公司每年年末都存入银行2 000万元，连续存入5年，因此这是一个计算普通年金终值的问题，由年金终值表可知（F/A，6%，5）=5.637，则：

$$F_A = A(F/A, i, n) = 2\,000 \times (F/A, 6\%, 5) = 2\,000 \times 5.637 = 11\,274 \text{（万元）}$$

根据式（8.5）可知，若年金终值（F_A）为已知，可求得每期等额收入或支出的年金（A），即可以推导出偿债基金的计算公式：

$$A = F_A \times \frac{i}{(1+i)^n - 1} = \frac{F_A}{(F/A, i, n)} \tag{8.7}$$

式（8.7）中$\frac{i}{(1+i)^n - 1}$是年金终值系数的倒数，称为偿债基金系数。年偿债基金又称积累基金，它是普通年金终值的逆运算，属于知整取求零存的问题，即为已知年金终值F_A求年金A的过程。

【例8－4】某企业在6年后需要资金4 000 000元，若银行存款利率为8%（每年复利计息一次），问企业每年年末需等额存入银行多少款项，才能保证在6年后一次取出4 000 000元？

解：

$$A = \frac{F_A}{(F/A, i, n)} = \frac{4\,000\,000}{(F/A, 8\%, 6)} = \frac{4\,000\,000}{7.336} = 545\,256.27 \text{（元）}$$

（2）普通年金现值的计算。与普通年金计算终值方法相反，普通年金现值通过折现方法来计算每期收入或支出的等额款项的复利现值之和，通常用P_A表示。普通年金现值计算方法如下：

$$P_A = \frac{A}{(1+i)^1} + \frac{A}{(1+i)^2} + \cdots + \frac{A}{(1+i)^{n-2}} + \frac{A}{(1+i)^{n-1}} + \frac{A}{(1+i)^n}$$

简化可得：

$$P_A = A \times \frac{1-(1+i)^{-n}}{i} \tag{8.8}$$

式（8.8）中$\frac{1-(1+i)^{-n}}{i}$称为年金现值系数，可在“年金现值系数表”中查得，若用符号（P/A，i，n）表示，则式（8.8）可变为：

$$P_A = A(P/A, i, n) \tag{8.9}$$

【例8－5】已知某企业打算连续10年在每年年末取出100 000元，年复利率为10%，要求计算该企业最初（第一年年初）应一次性存入多少钱？

解：

$$P_A = A(P/A, i, n) = 100\,000 \times (P/A, 10\%, 10) = 100\,000 \times 6.145 = 614\,500 \text{（元）}$$

根据式（8.8）可以推导出年回收额的计算公式：

$$A = P_A \times \frac{i}{1-(1+i)^{-n}} = \frac{P_A}{(P/A, i, n)} \tag{8.10}$$

式（8.10）中$\frac{i}{1-(1+i)^{-n}}$是年金现值系数的倒数，称为资本回收系数。年回收额本身就是年金的一种表现形式，计算年回收额就是根据已知的年金现值求年金的过程，显然，年回收额的计算是年金现值的逆运算，属于已知整存求零取的问题，即为已知年金现值 P_A 求年金 A 的过程。

【例 8-6】某公司投资一项目，一次性投资额为 3 000 000 元，该项目的有效期为 7 年，若基准收益率为 10%，每年应回收多少金额才能在 7 年中收回总投资？

解：

$$A=\frac{P_A}{(P/A,\ i,\ n)}=\frac{3\ 000\ 000}{(P/A,\ 10\%,\ 7)}=\frac{3\ 000\ 000}{4.868}=616\ 269.51\text{（元）}$$

2. 先付年金

先付年金是指在每期期初发生的年金，又称即付年金或预付年金。先付年金与普通年金的差别仅在于收付款的时间不同。由于“年金终值系数表”和“年金现值系数表”是按常见的普通年金编制的，因此在利用这些表计算先付年金的终值和现值时，可在计算普通年金的基础上加以适当调整。

（1）先付年金终值。先付年金终值的计算有以下两种方法：

第一种方法：n 期先付年金和 n 期普通年金比较，两者付款期数相同，但先付年金终值比普通年金终值要多一个计息期。为求得 n 期先付年金的终值，可在求出 n 期后普通年金终值后，再乘以 $(1+i)$。其计算公式如下：

$$F=A\times(F/A,\ i,\ n)\times(1+i) \tag{8.11}$$

第二种方法：将 n 期先付年金与 $n+1$ 期普通年金相比，两者计息期是相同的，不同的是 n 期先付年金在计息终点少付了一次款。因此，可以将 $n+1$ 期普通年金的终值减去最后少付的那一次款，就可以得到 n 期先付年金的终值。其计算公式如下：

$$F=A\times[(F/A,\ i,\ n+1)-1] \tag{8.12}$$

【例 8-7】某公司决定连续 5 年于每年年初存入 100 万元作为住房基金，银行存款利率为 10%，则该公司在第 5 年年末能一次取出的本利和是多少？

解析：

第一种方法：

$$\begin{aligned}F&=A\times(F/A,\ i,\ n)\times(1+i)\\&=100\times(F/A,\ 10\%,\ 5)\times(1+10\%)\\&=100\times6.105\times1.1\\&=671.55\text{（万元）}\end{aligned}$$

第二种方法：

$$\begin{aligned}F&=A\times[(F/A,\ i,\ n+1)-1]\\&=100\times[(F/A,\ 10\%,\ 6)-1]\\&=100\times(7.716-1)\\&=671.6\text{（万元）}\end{aligned}$$

（2）先付年金现值。先付年金现值的计算有以下两种方法：

第一种方法：n 期先付年金现值和 n 期后付年金现值比较，两者付款期数相同，但先付年金现值比后付年金现值少贴现 1 期。为求得 n 期先付年金的现值，可在求出 n 期后付年金现值后，再乘以 $(1+i)$。其计算公式如下：

$$P=A\times(P/A,i,n)\times(1+i) \tag{8.13}$$

第二种方法：将 n 期先付年金与 $n-1$ 期普通年金相比，两者计息期是相同的，不同的是 n 期先付年金在计息起点多付了一次款。那么，可以将 $n-1$ 期普通年金的现值加上开始多付的那一次款，就可以得到 n 期先付年金的现值。

$$P=A\times[(P/A,i,n-1)+1] \tag{8.14}$$

【例 8-8】李明分期购买住房一套，每年年初支付 5 万元，期限为 15 年，利率为 6%，如果李明一次付款，则他应付多少万元？

解析：

第一种方法：

$$\begin{aligned}P&=A\times(P/A,i,n)\times(1+i)\\&=5\times(P/A,6\%,15)\times(1+6\%)\\&=5\times9.712\times1.06\\&=51.47\text{（万元）}\end{aligned}$$

第二种方法：

$$\begin{aligned}P&=A\times[(P/A,i,n-1)+1]\\&=5\times[(P/A,6\%,15-1)+1]\\&=5\times(9.295+1)\\&=51.475\text{（万元）}\end{aligned}$$

3. 递延年金

递延年金是指第一次收付款项是发生在第二期或者第二期以后的年金。递延年金在最初的若干期是没有收付款项的，其收付形式如图 8-1 所示。

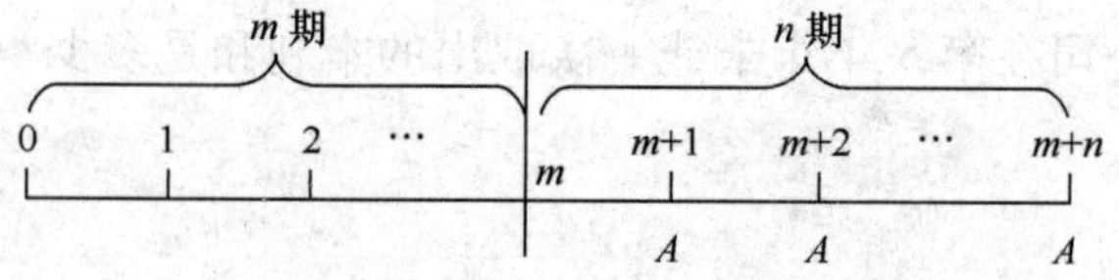

图 8-1　递延年金的收付形式

（1）递延年金终值。递延年金终值与普通年金终值的计算方法是相同的。因为递延年金的终值只和付款的 n 期有关，与递延的 m 期是无关的。递延年金终值的计算公式如下：

$$F=A\times(F/A,i,n) \tag{8.15}$$

【例 8-9】小明购买了一份分红保险，购买之后的前 3 年不分红，保险公司从第 4 年年末开始向小明分红，每年 10 000 元，分红期是 8 年，假设利率为 8%，请计算该笔分红保险的终值。

解析：

$$\begin{aligned}F&=A\times(F/A,i,n)\\&=10\,000\times(F/A,8\%,8)\end{aligned}$$

$=10\ 000\times10.637$

$=106\ 370$（元）

（2）递延年金现值。递延年金现值的计算有以下三种方法：

第一种方法：将递延年金当成普通年金，先计算 n 期普通年金的现值，然后再将这个现值折算到第一期的期初，就可以得到 n 期递延年金的现值。其计算公式如下：

$$P=A\times(P/A,\ i,\ n)\times(P/F,\ i,\ m) \tag{8.16}$$

第二种方法：假设前面的 m 期也发生了收付款项的行为，那就可以先计算出 $m+n$ 期的普通年金现值，然后再将前面 m 期的年金现值减去，就可以得到 n 期的递延年金现值。其计算公式如下：

$$P=A\times(P/A,\ i,\ m+n)-A\times(P/A,\ i,\ m) \tag{8.17}$$

第三种方法：将递延年金当成普通年金，先计算 n 期普通年金的终值，然后再将这个终值折算到第一期的期初，就可以得到 n 期递延年金的现值。其计算公式如下：

$$P=A\times(F/A,\ i,\ n)\times(P/F,\ i,\ n+m) \tag{8.18}$$

【例 8－10】企业有一个项目于 2007 年年初开始动工，由于资金未到位导致工程延期，直到 2012 年年初才开始投产，投产之后每年的收益为 200 万元。按年利率 6% 计算，请问到 2017 年年初为止这个项目收益的现值是多少？

解析：

第一种方法：

$P=A\times(P/A,\ i,\ n)\times(P/F,\ i,\ m)$

$=200\times(P/A,\ 6\%,\ 5)\times(P/F,\ 6\%,\ 5)$

$=200\times4.212\times0.747$

$=629.27$（万元）

第二种方法：

$P=A\times(P/A,\ i,\ m+n)-A\times(P/A,\ i,\ m)$

$=200\times(P/A,\ 6\%,\ 10)-200\times(P/A,\ 6\%,\ 5)$

$=200\times7.36-200\times4.212$

$=629.6$（万元）

第三种方法：

$P=A\times(F/A,\ i,\ n)\times(P/F,\ i,\ n+m)$

$=200\times(F/A,\ 6\%,\ 5)\times(P/F,\ 6\%,\ 5+5)$

$=200\times5.637\times0.558$

$=629.09$（万元）

4. 永续年金

永续年金是指无限期等额收付的年金，可视为普通年金的特殊形式，即期限趋于无穷的普通年金。由于永续年金没有终止时间，永久持续，因此没有终值。

永续年金现值的计算公式可以由普通年金现值的计算公式推导，普通年金现值的计算公式是 $P=A\times\frac{1-(1+i)^{-n}}{i}$。由于永续年金的期限永久持续，当 $n\to\infty$ 时，(1+

$i)^{-n}\to 0$，因此永续年金现值的计算公式为：

$$P=\frac{A}{i} \tag{8.19}$$

【例 8－11】某企业准备在某高校建立一项永久性奖学金，每年计划发放 10 万元。假设利率为 8%，请问该企业现在应该一次性投入多少万元设立这项奖学金？

解析：

$$P=\frac{A}{i}=\frac{10}{8\%}=125\text{（万元）}$$

（三）货币时间价值的运用

货币时间价值的观念贯穿于财务活动的始终，遍及方方面面。有效运用货币时间价值的观念，能够帮助企业作出正确的经济决策。

【例 8－12】某人准备第 1 年年末存入银行 1 万元，第 2 年年末存入银行 3 万元，第 3 年至第 5 年年末存入银行 4 万元，存款利率为 10%，则 5 年存款的现值合计是多少？

解析：

$$\begin{aligned}P&=1\times(P/F,10\%,1)+3\times(P/F,10\%,2)+4\times(P/A,10\%,3)\times(P/F,10\%,2)\\&=1\times0.909+3\times0.826+4\times2.487\times0.826\\&=11.6\text{（万元）}\end{aligned}$$

【例 8－13】某企业积累一笔设备更新基金，用于 4 年后更新设备。此项投资的总额为 500 万元，银行利率为 12%，则每年年末至少要存多少万元？

解析：

$$F=A\times(F/A,i,n)$$

$$\begin{aligned}A&=\frac{F}{(F/A,i,n)}\\&=\frac{500}{(F/A,12\%,4)}\\&=\frac{500}{4.779}\\&=104.62\text{（万元）}\end{aligned}$$

（四）各类换算系数之间的关系

为便于理解和比较，可将相关货币时间价值计算公式汇总列表，如表 8－2 所示。

表 8－2　货币时间价值计算公式汇总表

系数名称	系数符号	计算公式
复利终值系数	$(F/P,i,n)$	$F=P(1+i)^n$
复利现值系数	$(P/F,i,n)$	$P=F(1+i)^{-n}$
年金终值系数	$(F/A,i,n)$	$F_A=A\times\frac{(1+i)^n-1}{i}$

续表

系数名称	系数符号	计算公式
偿债基金系数	(A/F, i, n)	$A=F\times\frac{i}{(1+i)^n-1}$
年金现值系数	(P/A, i, n)	$P_A=A\times\frac{1-(1+i)^{-n}}{i}$
资本回收系数	(A/P, i, n)	$A=P\times\frac{i}{1-(1+i)^{-n}}$

从表8-2中可以发现复利终值系数为基本的计算系数，其他系数均可由其推导求得。

（五）关于货币时间价值计算的几个问题

在实际的经济业务中，往往会出现已知终值、现值而要求计算折现率或期数的问题。为解决此类问题，应用最为广泛的方法是插值法，下面就这两种问题分别介绍插值法在货币时间价值问题中的应用。

1. 计算折现率 i

对于一次性收付款项来说，若已知终值（F）、现值（P）、年金（A）和期数（n），可以不用查表而利用公式直接计算。但是对于普通年金来说，无法直接套用公式，需要利用插值法来计算，现以已知 F、A、n 为例介绍插值法一般程序如下：

（1）计算 F/A 的值，设 $F/A=C$；

（2）由年金终值计算公式可知 $C=\frac{(1+i)^n-1}{i}=(F/A,\ i,\ n)$，查一元年金终值系数表。沿着已知 n 所在的行横向查找，若恰好能找到某一数值等于 C，则该数值所在的列数所对应的折现率便为所求的 i；

（3）若无法找到等于 C 的值，则应在表中 n 行上找到最为接近 C 的两个上下临界系数值，设为 m_1 和 m_2，且 C 值应介于两者之间，设 $m_1>C>m_2$。读出 m_1 和 m_2 所对应的临界折现率 i_1 和 i_2，满足 $i_1>i_2$；

（4）插值法的原理是假设折现率与相关的系数在较小范围内呈线性联系，因此所求的 i 可根据两组临界系数 m_1、m_2 和临界利率 i_1、i_2 计算出来。公式如下：

$$i=i_2+\frac{m_1-C}{m_1-m_2}\cdot(i_1-i_2) \tag{8.20}$$

【例8-14】某人计划5年后的存款金额达到100 000元，拟在连续的5年内每年年末存入款项16 000元，试计算该人的存款利率为多少。

解：$F=A\times(F/A,\ i,\ n)=16\,000\times(F/A,\ i,\ 5)=100\,000$

则：$(F/A,\ i,\ 5)=100\,000/16\,000=6.25$

查一元年金终值表，在5年这一行中没有恰好等于6.25的值，所以应该找两个分别大于和小于6.25的普通年金终值系数，如6.352 8和6.105 1，其对应的折现率分别为12%和10%，运用公式计算：

$$i=10\%+(12\%-10\%)\times\frac{6.25-6.1051}{6.3528-6.1051}$$
$$=11.17\%$$

2. 计算期数 n

在已知终值、现值、年金和折现率求期数的情况下，一般也应用插值法解决：

（1）计算 P/A 的值，设 $P/A=C$；

（2）由年金终值计算公式可知 $C=\frac{1-(1+i)^{n}}{i}=(P/A, i, n)$，查一元年金现值系数表。沿着已知 i 所在的列纵向查找，若恰好能找到某一数值等于 C，则该数值所在的行数所对应的期数便为所求的 n；

（3）否则应在表中 i 列上找到最为接近 C 的两个上下临界系数值，设为 t_1 和 t_2，且 $t_1>C>t_2$。读出 t_1 和 t_2 所对应的临界期数 n_1 和 n_2，满足 $n_1>n_2$；

（4）利用以下公式计算：

$$n=n_2+\frac{C-t_2}{t_1-t_2}\cdot(n_1-n_2) \tag{8.21}$$

【例8-15】某企业购买了一台设备，该设备的买价为20 000元，因此每年可增加现金流5 000元，若要求该项投资报酬率为10%，则该设备至少用多长时间才有利可图？

解：$P=A\times(P/A, i, n)=5\,000\times(P/A, 10\%, n)=20\,000$

$(P/A, 10\%, n)=20\,000/5\,000=4$

查一元年金现值表，在10%这一列找到两个分别大于和小于4的普通年金现值系数，如4.355 3和3.790 8，其对应的期数分别为6年和5年，运用公式计算：

$$n=5+(6-5)\times\frac{4-3.7908}{4.3553-3.7908}$$
$$=5.4\text{（年）}$$

3. 实际利率与名义利率的换算

在以上的讨论中，均假定折现率为年利率，且每年只复利计息一次。但在实际生活中，某些款项在一年内不止复利一次，而是每月、每季度或每半年计息一次，如银行之间的拆借等。凡每年复利次数超过一次的年利率在经济上叫名义利率，而每年只复利一次的年利率才是实际利率。在理论上，按实际利率每年复利一次计算得到的利息应与按名义利率每年多次复利计算的利息是等价的。

假设一年内复利 m 次，名义利率为 r，则实际利率 i 的计算公式为：

$$i=\left(1+\frac{r}{m}\right)^{m}-1 \tag{8.22}$$

【例8-16】企业于第1年年初存入银行本金10 000元，年利率10%，每半年复利一次。要求计算该项存款的实际年利率和第10年年末的金额。

解：

$$\text{实际年利率 } i=\left(1+\frac{10\%}{2}\right)^{2}-1=10.25\%$$

该项存款第 10 年年末终值 $F = 10\ 000 \times (1 + 10.25\%)^{10} = 26\ 533$（元）

本题中对于第二问，还有更简便的计算方法，在这种方法下，不计算实际利率，而直接修正名义利率为 r/m，期数为 mn，如下：

修正后利率 $= r \div m = 10\% \div 2 = 5\%$，

修正后期数 $= mn = 2 \times 10 = 20$，

该项存款第 10 年年末的金额为：

$F = 10\ 000 \times (F/P, 5\%, 20) = 26\ 533$（元）

二、风险观念

企业管理工作经常是在有风险的情况下进行的。冒风险的前提是能获得额外收益，抛开对风险因素的分析，就无法对企业报酬的高低进行正确的评价。投资者由于冒风险进行投资而获得的超过货币时间价值的额外收益，称为投资的风险价值。为此，企业理财时，必须研究风险、明确风险和报酬之间的关系并设法抵御风险，以求最大限度地提升企业价值。

（一）风险的概念

风险是指在一定条件下和一定时期内可能发生的各种结果的变动程度。从财务管理的角度讲，风险是指在各项财务活动过程中，由于各种难以预料或难以控制因素的作用，使企业的实际收益与预计收益发生背离，从而蒙受经济损失的可能性。在市场经济环境下，由于对未来的不可预知性和信息的不对称性，因此所有的财务活动都是有风险的，只是有些财务活动的风险比较小，有些财务活动的风险比较大。

（二）风险的种类

1. 按风险的成因可分为经营风险和财务风险

经营风险是指企业在生产经营过程中，由于内外部客观因素引起的经营条件发生变化而导致的风险。市场环境变化、国家政策调整、原材料成本上涨、企业决策失误等因素都可以导致经营风险。

财务风险是指由于负债不当而引起的到期不能支付的风险。例如，某企业投资了一个项目，投资总额为 500 万元，如果某企业的自有资金只有 100 万元，其余 400 万元需从银行贷款，那么这个项目的负债比率就达到了 80%，这会导致企业的负债压力增大。如果后期该企业发生了无法清偿利息和本金的情况，这就是由财务风险导致的。

2. 按风险能否被分散可分为系统风险和非系统风险

系统风险是指那些无法预计到的、会影响到所有企业的风险。经济危机、税制改革、战争等因素都会导致系统风险。系统性风险是不可分散风险。

非系统风险是指发生在个别企业的特有事件导致的风险。非系统性风险是可分散风险。

（三）风险价值

1. 财务决策和风险价值的概念

根据对未来情况的掌握程度，财务决策可以分为三种类型：第一种是确定性决策，即未来情况能够确定或已知的决策。第二种是风险性决策，即未来情况不能完全确定，但各种情况发生的可能性已知的决策。第三种是不确定性决策，即未来情况不仅不能完全确定，而且各种情况发生的可能性也不清楚的决策。财务管理中对风险和不确定性并不作严格区分，往往把两者统称为风险。

风险价值是指投资者冒着风险进行投资而获得的超过货币时间价值的额外收益，又称风险收益、风险报酬或者风险溢价。

风险价值的表示方法有风险收益额和风险收益率两种。冒着风险进行投资而获得的超过货币时间价值的额外收益称为风险收益额。风险收益额与投资额的比率则称为风险收益率。

2. 风险价值的计算

风险是指预期结果的不确定性，因而与概率直接相关。在对风险价值进行计算时，应注意以下几点：

（1）确定概率分布。在现实生活中，某一事件在完全相同的条件下可能发生也可能不发生，既可能出现这种结果又可能出现那种结果，我们称这类事件为随机事件。概率就是用百分数或小数来表示这类随机事件发生的可能性大小的数值。我们一般用 X 表示随机事件，用 X_i 表示随机事件的第 i 种结果，P_i 为出现该种结果的相应概率。若 X_i 出现，则 $P_i=1$；反之，若 X_i 不出现，则 $P_i=0$，同时所有可能结果出现的概率之和必定为1。因此，概率必须符合下面两个要求：

① $0 \leqslant P_i \leqslant 1$； (8.23)

② $\sum_{i=1}^{n} P_i = 1$。 (8.24)

（2）计算期望值。期望值是一个概率分布中所有可能的结果，以各自相应的概率为权数计算的加权平均值，一般用 $\overline{X}$ 表示。其计算公式如下：

$$\overline{X} = \sum_{i=1}^{n} P_i X_i \tag{8.25}$$

式中：X_i 表示第 i 种可能的结果；P_i 表示第 i 种可能的概率。

（3）计算标准差。标准差是反映各随机变量与期望值偏离程度的指标，标准差能以绝对额反映风险程度的大小，一般用 σ 表示。其计算公式如下：

$$\sigma = \sqrt{\sum_{i=1}^{n} P_i \ (X_i - \overline{X})^2} \tag{8.26}$$

式中：X_i 表示第 i 种可能的结果；P_i 表示第 i 种可能的概率；$\overline{X}$ 表示项目的期望值。

（4）计算标准差率。标准差是一个绝对指标，只能比较期望值相同的各个方案风险的大小，却不能比较期望值不同的各个方案风险的大小。标准差率是标准差与期望值相比的百分率，是用相对数来衡量项目的风险和收益，又称为变异指数，一般用 b 表示。其计算公式如下：

$$b = \frac{\sigma}{\overline{X}} \tag{8.27}$$

标准差率属于相对数指标，常用于项目的多个方案之间的比较和选择。

【例 8-17】大华公司某长期投资项目有 A、B 两个方案，其预期收益率的概率分布见表 8-3，分析 A、B 两个方案的风险程度。

表 8-3　　某长期投资项目 A、B 两个方案预期收益率的概率分布表

经济情况	发生概率 P_i	A 方案预期收益率 X_i	B 方案预期收益率 X_i
繁荣	0.2	40%	70%
正常	0.6	20%	20%
衰退	0.2	0	-30%
合计	1		

解析：A 方案的期望值：

$$\overline{X}_A = 40\% \times 0.2 + 20\% \times 0.6 + 0 \times 0.2 = 20\%$$

B 方案的期望值：

$$\overline{X}_B = 70\% \times 0.2 + 20\% \times 0.6 - 30\% \times 0.2 = 20\%$$

由此说明大华公司这个长期投资项目 A、B 两个方案的期望收益率都是 20%。值得我们注意的是，期望值并不能判断项目各方案风险的大小。

A 方案的标准差：

$$\sigma_A = \sqrt{(40\% - 20\%)^2 \times 0.2 + (20\% - 20\%)^2 \times 0.6 + (0 - 20\%)^2 \times 0.2} = 12.65\%$$

B 方案的标准差：

$$\sigma_B = \sqrt{(70\% - 20\%)^2 \times 0.2 + (20\% - 20\%)^2 \times 0.6 + (-30\% - 20\%)^2 \times 0.2} = 31.62\%$$

标准差越大，说明所有可能结果的数值与期望值的偏离越大，风险也就越大；标准差越小，说明风险越小。A 方案的标准差小于 B 方案的标准差，说明 A 方案的风险小于 B 方案的风险。虽然 A 方案和 B 方案的期望收益率都是 20%，但是大华公司也应该选择风险较小的 A 方案。

A 方案的标准差率：

$$b_A = \frac{\sigma}{X} = \frac{12.65\%}{20\%} = 63.25\%$$

B 方案的标准差率：

$$b_B = \frac{\sigma}{X} = \frac{31.62\%}{20\%} = 158.1\%$$

标准差率越大，说明风险越大；反之，说明风险越小。B 方案的标准差率大于 A 方案的标准差率，说明 B 方案的风险大。

【例 8-18】大兴公司准备对外投资，现有三家公司可供选择，分别为甲公司、乙公司和丙公司，这三家公司的资料见表 8-4，请依据此资料对大兴公司的投资作出选择。

表 8-4　　大兴公司市场状况和预期收益分布表

市场状况	概率	年预期收益/万元		
		甲公司	乙公司	丙公司
良好	0.3	40	50	60
一般	0.5	20	25	10
较差	0.2	5	-15	-20

解析：

①投资甲公司。

期望值：$\overline{X}_{甲}=40\times0.3+20\times0.5+5\times0.2=23$（万元）

标准差：$\sigma_{甲}=\sqrt{(40-23)^2\times0.3+(20-23)^2\times0.5+(5-23)^2\times0.2}$
$=12.49$（万元）

标准差率：$b_{甲}=\frac{\sigma}{X}=\frac{12.49}{23}=54.3\%$

②投资乙公司。

期望值：$\overline{X}_{乙}=50\times0.3+25\times0.5-15\times0.2=24.5$（万元）

标准差：$\sigma_{乙}=\sqrt{(50-24.5)^2\times0.3+(25-24.5)^2\times0.5+(-15-24.5)^2\times0.2}$
$=22.52$（万元）

标准差率：$b_{乙}=\frac{\sigma}{X}=\frac{22.52}{24.5}=91.92\%$

③投资丙公司。

期望值：$\overline{X}_{丙}=60\times0.3+10\times0.5-20\times0.2=19$（万元）

标准差：$\sigma_{丙}=\sqrt{(60-19)^2\times0.3+(10-19)^2\times0.5+(-20-19)^2\times0.2}$
$=29.14$（万元）

标准差率：$b_{丙}=\frac{\sigma}{X}=\frac{29.14}{19}=153.37\%$

根据计算出来的三个公司的期望值、标准差和标准差率可以看出，投资乙公司的期望收益最高，投资甲公司的期望收益次之，投资丙公司的期望收益最低；从风险方面来看，投资甲公司的标准差率最小，投资乙公司的标准差率较高，投资丙公司的标准差率最高，这说明投资甲公司的风险最小。大兴公司根据综合比较后作出选择。

三、现金流量

（一）现金流量的概念

1. 现金流量的含义

在项目投资决策中，现金流量是指长期投资项目在其计算期内各项现金流入量与现金流出量的统称。这里的“现金”是广义的现金，它不仅包括各种货币资金，而且包括项目投资需要投入企业拥有的非货币资源的变现价值。例如，一个项目需要使用原有的厂房、设备和材料等，则相关的现金流量是指它们的变现价值，而不是它们的账面成本。

2. 现金流量的作用

项目投资的决策依据是投资方案的现金流量而不是期间利润。这是因为现金流量在项目投资决策中有以下两个方面的作用：

（1）采用现金流量指标有利于考虑货币时间价值因素。由于长期投资项目的时间较长，因此货币时间价值的作用和影响不容忽视。通过确定长期投资项目每次收入与支出款项的具体发生时间，将现金流量信息与项目计算期的各个时点密切结合，有助于企业在计算投资决策评价指标时，应用货币时间价值的形式进行动态投资效果的综合评价。而利润的计算，并不考虑资金收支的时间。

（2）采用现金流量指标评价长期投资项目的经济效益更符合实际情况。利润的计算在一定程度上会受到存货估价、费用摊销和折旧计提等不同方法的影响，具有更大的主观性。而且，利润反映的是企业某个会计期间"应计"的现金流量，而不是实际的现金流量。如果企业将尚未实际收到的现金收入作为项目收入，则会高估项目的经济效益。

当然，在项目投资决策中采用现金流量指标，并不是要完全摒弃利润指标。如果不考虑货币的时间价值，在项目的计算期内，项目各期的利润总额与项目的现金净流量是一致的，而且项目投资决策中的现金流量可以以净利润为基础进行适当调整得到。

（二）确定现金流量应注意的问题和相关假设

1. 应注意的问题

准确估计长期投资项目的现金流量是投资决策分析最关键的问题，也是最困难的问题。只有合理地估计长期投资项目现金流量发生的时间和数量，才能作出正确的投资决策。合理估计长期投资项目的现金流量必须注意以下几个问题：

（1）在增量的基础上考虑现金流量。在确定投资方案的相关现金流量时，应遵循的基本原则是：只有增量现金流量才是与投资决策相关的现金流量。所谓增量现金流量，是指接受某个投资方案后，企业总现金流量发生变动的部分。由于采纳某个投资方案引起的企业现金流入的增加额，才是该方案的现金流入量；同样，由于采纳某个投资方案引起的企业现金流出的增加额，才是该方案的现金流出量。

（2）不能考虑沉没成本因素。沉没成本是指已经使用掉而无法收回的资金。这一成本对企业当前的投资决策不产生任何影响。例如，某公司在 2015 年曾经打算新建一个车间，并请一家会计师事务所作过可行性分析，支付咨询费 20 万元。后来，公司有了更好的投资机会，该项目就被搁置下来，但该笔咨询费作为费用已经入账了。2016 年旧事重提，公司在进行投资分析时，这笔咨询费已经发生，不管公司是否采纳新建车间的方案，它都已经无法收回，且与公司未来的现金流量无关。

（3）充分关注机会成本。在投资方案的选择中，如果选择了一个投资方案，就必须放弃投资于其他方案的机会，其他投资机会可能取得的收益，是实行本方案的一种代价，被称为这项投资方案的机会成本。机会成本并不是我们通常意义上所说的"成本"，它不是支出或费用，而是一种失去的潜在收益。例如，某公司把拥有的一块土地作为项目建设用地。如果这块土地出售可得150万元的收入，则这150万元就是该项目的机会成本。机会成本总是针对具体方案而言的，离开被放弃的方案就无法计量。机会成本在决策中的意义在于，它有助于全面考虑可能采取的各种方案，从而为既定资源寻求最为有利的使用途径。

（4）考虑长期投资项目对企业其他部门的影响。公司采纳一个新的长期投资项目后，可能会对公司其他部门产生有利或不利的影响。因此，公司在进行决策分析时，要考虑采用该投资方案对其他部门产生的影响。例如，某电器公司原来是生产电风扇的，现在准备投资新设备生产空调，预计新产品上市后，将对电风扇的销售产生不利影响。因此，公司在估计现金流量时，不能仅计算生产空调所增加的销售收入，而要在生产空调所增加的销售收入中扣除电风扇销售收入的减少额。

2. 相关假设

（1）长期投资项目类型的假设。假设长期投资项目只包括单纯固定资产长期投资项目、完整工业长期投资项目和更新改造长期投资项目三种类型。

（2）财务可行性分析假设。假设长期投资项目已经具备技术可行性和国民经济可行性，确定现金流量就是为了进行项目的财务可行性研究。

（3）项目全投资假设。假设在确定项目现金流量时，站在企业投资者的立场，考虑全部投资的运动情况，而不具体区分为自有资金和借入资金等具体形式的现金流量。即使实际存在借入资金，也将其作为自有资金对待（但在计算固定资产原值和项目总投资时，还需要考虑借款利息因素）。

（4）运营期与折旧年限一致假设。假设项目主要固定资产的折旧年限或使用年限与运营期相同。

（5）时点指标假设。为了便于利用货币时间价值的形式，不论现金流量具体内容所涉及的价值指标实际上是时点指标还是时期指标，均假设按照年初或年末的时点指标处理。

在建设期内，流动资金投资在年初发生；在运营期内，各年的收入、成本、折旧、摊销、利润、税金等项目的确认均在年末发生；项目最终报废或清理均发生在终结点（但更新改造项目除外）。

（6）确定性假设。假设与项目现金流量有关的价格、产销量、成本水平、所得税税率等因素均为已知常数。

（7）产销平衡假设。假设运营期同一年的产量等于该年的销售量，假设按成本项目计算的当年成本费用等于按要素计算的成本费用。

（三）现金流量的种类及其内容

1. 按现金流动的方向，现金流量可分为现金流出量和现金流入量

（1）现金流出量。现金流出量是指能够使投资方案的现实货币资金减少或需要动用现金的项目，简称现金流出。其主要包括以下内容：

①建设投资，即在建设期内按一定生产经营规模和建设内容进行的固定资产投资、无形资产投资和开办费投资等的总称，它是建设期发生的主要现金流出量项目。

②流动资金投资，即有关项目所发生的用于生产经营期周转使用的营运资金投资，又称为垫支流动资金。项目投资会引起库存现金、应收账款等流动资产和应付账款等流动负债的变化。

③经营成本，即在运营期内为了满足正常的生产经营活动而动用现实货币资金支付的成本费用，又称为付现的营运成本（简称付现成本），它是生产经营阶段最主要的现金流出量项目。

④各项税款，即项目投产后依法缴纳的、单独列示的各种税款，包括营业税、消费税、所得税等。

⑤其他现金流出，即不包括在以上内容中的现金流出量项目（如营业外净支出等）。

（2）现金流入量。现金流入量是指能够使投资方案的现实货币资金增加的项目，简称现金流入。其主要包括以下内容：

①营业收入，即固定资产投入运行以后新增产品的销售收入，它是运营期主要的现金流入量项目。

②收回的固定资产余值，即固定资产运行期满可收回的残值收入或提前变卖可收回的变现价值，即处理固定资产的净收益。

③流动资金回收额，即长期投资项目完全终结时，因不再发生新的替代投资而收回的原垫付的全部流动资金。在实务中会因资金周转速度的提高而发生某年流动资金增加额为负值的情况。在长期投资决策中，往往假定不发生这种提前回收流动资金投资的现象。因此，各年垫支的流动资金投资额的合计应等于在终点一次回收的流动资金。

④其他现金流入量，即除以上三项指标外的现金流入量项目。

2. 按现金流动的时间，现金流量可分为初始现金流量、营业现金流量和终结现金流量

（1）初始现金流量。初始现金流量是指与投资方案相关的并于投资开始时（主要指项目建设工程中）发生的现金流量，也称初始投资。其主要包括以下几点：

①固定资产投资额，包括固定资产的购建成本、安装费、运杂费等现金流出量项目。

②流动资产投资额，即由于项目投入生产而发生的购置原材料、在产品等流动资产的现金流出量项目。

③机会成本。

④其他投资费用，即与长期投资项目有关的筹建费用、职工培训费用、谈判费用、注册费用等现金流出量项目。

⑤原有固定资产的变价收入，即固定资产更新时变卖原有固定资产所得的现金收入。

⑥所得税效应，即在更新改造项目中，固定资产重置时变价收入的税负损益。按规定，出售资产（如旧设备）时，如果出售价高于原价或账面净值，则应缴纳所得税，

多缴的所得税构成现金流出量；如果出售价低于原价或账面净值，则出售资产产生的损失可以抵减当年的所得税支出，少缴的所得税构成现金流入量。

（2）营业现金流量。营业现金流量是指项目建成投产后，在整个经营期间内，因生产经营活动而产生的现金流入和流出的数量。营业现金流量通常按年计算。营业现金流入量主要是指因生产经营而使企业增加的营业收入，营业现金流出量则主要由付现成本和所得税构成。

（3）终结现金流量。终结现金流量是指项目终结（报废或转让）时发生的各种现金流量。其主要包括以下几点：

①固定资产变价净收入或残值收入以及出售时的税负损益。固定资产出售时，如果预计固定资产残值收入大于税法规定的数额，则应上缴所得税，多缴的所得税形成现金流出量；反之，则可抵减所得税，少缴的所得税形成现金流入量。

②收回投资时垫支的营运资金。

（四）完整工业长期投资项目现金流量的估算

1. 现金流入量的估算

（1）营业收入的估算。营业收入应按项目在运营期内有关产品的各年预计单价和预测销售量估算。营业收入作为现金收入本应按照当期现销收入额与回收以前年度应收账款合计数确认，但为了简化核算，可假定正常经营年度内每期发生的赊销额与回收的应收账款大体相同，直接用营业收入作为现金流入。

（2）补贴收入的估算。补贴收入是与运营期收益有关的政府补贴，可根据按政策退还的增值税、按销量或工作量分期计算的定额补贴和财政补贴等予以估算。

（3）固定资产余值的估算。一般用固定资产的原值乘以法定净残值率估算终结点发生的固定资产余值。

（4）流动资金回收额的估算。假定在运营期不发生提前回收流动资金，在终结点一次性回收的流动资金等于各年垫支的流动资金投资额的合计数。

2. 现金流出量的估算

（1）建设投资的估算。建设投资包括固定资产投资、无形资产投资和其他资产投资三项内容。固定资产投资是所有类型的项目投资在建设期必然会发生的现金流出量项目，应按项目规模和投资计划所确定的各项建筑工程费用、设备购置成本、安装工程费用和其他费用来估算。无形资产投资和其他资产投资，应根据需要和可能，逐项按有关资产的评估方法和计价标准进行估算。

（2）流动资金投资的估算。流动资金是指在运营期内长期占用并周转使用的营运资金。流动资金投资的估算可按下式进行：

某年流动资金投资额（垫支数）= 本年流动资金需用数 − 截至上年的流动资金投资额

= 本年流动资金需用数 − 上年流动资金需用数

本年流动资金需用数 = 该年流动资产需用数 − 该年流动负债可用数　　（8.28）

式（8.28）中的流动资产只考虑存货、货币资金、应收账款和预付账款等项内容，流动负债只考虑应付账款和预收款项。

为了简化计算，我国有关建设项目的评估，假定流动资金投资可以从投产第 1 年开始安排。

【例 8 - 19】某企业完整工业长期投资项目投产第 1 年预计流动资产需用额为 30 万元，流动负债可用额为 15 万元，假定该项投资发生在建设期末；投产第 2 年预计流动资产需用额为 40 万元，流动负债可用额为 20 万元，假定该项投资发生在投产后第 2 年年末。根据上述资料估算下列指标：

①每次发生的流动资金投资额。

②终结点回收的流动资金。

解析：

①投产第 1 年的流动资金需用额 = 30 - 15 = 15（万元）

第 1 年流动资金投资额 = 15 - 0 = 15（万元）

投产第 2 年的流动资金需用额 = 40 - 20 = 20（万元）

第 2 年流动资金投资额 = 20 - 15 = 5（万元）

②终结点回收流动资金 = 15 + 5 = 20（万元）

（3）经营成本的估算。经营成本是所有类型的项目投资在运营期都要发生的主要现金流出量项目，它与融资方案无关。

净现金流量具有以下两个特征：第一，无论是在运营期内还是在建设期内，都存在净现金流量的范畴；第二，由于项目计算期不同阶段的现金流入量和现金流出量发生的可能性不同，因此各阶段的净现金流量在数值上表现出不同的特点。例如，建设期内的净现金流量一般小于或等于零；运营期内的净现金流量则多为正值。

（五）净现金流量的计算

1. 净现金流量的含义

净现金流量又称现金净流量（Net Cash Flow，*NCF*），是现金流量表中的一个指标，是指一定时期内，现金及现金等价物的流入（收入）减去流出（支出）的余额（净收入或净支出），反映了企业本期内净增加或净减少的现金及现金等价物数额。

根据净现金流量的定义，可将其理论计算公式归纳为：

$$\text{净现金流量} = \text{现金流入量} - \text{现金流出量} \quad (8.29)$$

$$\text{或 } NCF_t = CI_t - CO_t \quad (t = 0, 1, 2, 3 \cdots, n)$$

式中：NCF_t 为第 t 年净现金流量；CI_t 为第 t 年现金流入量；CO_t 为第 t 年现金流出量。由于现金流入流出在项目计算内的不同阶段上的内容不同，使得各阶段上的净现金流量表现出不同的特点。如在建设期内，净现金流量一般小于或等于零，在经营期内净现金流量则多为正值。

2. 净现金流量的简化计算公式

（1）建设期净现金流量的简化计算公式。若原始投资均在建设期内投入，则建设期净现金流量按以下简化公式计算：

$$\text{建设期净现金流量}（NCF_t）= -\text{原始投资} = -I_t \quad (t = 0, 1, \cdots, S, S \geqslant 0) \quad (8.30)$$

式中：I_t 为第 t 年的原始投资额；S 为建设期年数。

由式（8.30）可知，当建设期不为零时，建设期净现金流量特征取决于其投资方式是分次投入还是一次投入。

（2）经营期净现金流量的简化计算公式。经营期净现金流量可按以下简化计算公式：

经营期某年净现金流量（NCF_t）=该年营业收入－该年付现成本－该年缴纳所得税税金
=该年税后利润＋该年折旧＋该年摊销额＋该年回收额
=该年营业收入×（1－所得税率）－该年付现成本×（1－所得税率）＋该年折旧×所得税率　（8.31）

3. 现金流量估算举例

【例8－20】某公司准备投资一个新项目，经测算，有关资料如下：

（1）该项目的固定资产投资为160万元，在建设起点投入，建设期1年；在第1年年末垫支流动资产40万元，以便进行生产经营活动，垫支的流动资产在项目终结点收回。

（2）预计该固定资产完工后可使用8年，期满预计净残值为8万元，按直线法计提折旧。

（3）固定资产完工后第一年的营业收入为80万元，付现成本为40万元；以后7年的营业收入为120万元，付现成本为60万元。假定每年的营业收入均于当年收到。

（4）假定该公司适用的所得税税率为25%。

该项目的各年的净现金流量计算如下：

表8－5　项目各年净现金流量计算表　单位：万元

年度	0	1	2	3～8	9
现金流入量					
营业收入			80	120	120
固定资产回收额					8
流动资产回收额					40
小计	0	0	80	120	168
现金流出量					
固定资产投资	160				
流动资产投资		40			
经营成本			40	60	60
所得税			5.25	10.25	10.25
小计	160	40	45.25	70.25	70.25
净现金流量	－160	－40	34.75	49.75	97.75

具体计算过程如下：

$$固定资产每年折旧额=\frac{160-8}{8}=19（万元）$$

$NCF_0=-160$（万元）

$NCF_1=-40$（万元）

$NCF_2=(80-40-19)\times(1-25\%)+19=34.75$（万元）

$NCF_{3\sim8}=(120-60-19)\times(1-25\%)+19=49.75$（万元）

$NCF_9=(120-60-19)\times(1-25\%)+19+40+8=97.75$（万元）

该题中，$n=0$ 以及 $n=1$ 时的总支出200万元为初始净现金流量，$n=9$ 时发生的固定资产和流动资产回收额共48万元为终结净现金流量，其他的发生额为营业现金流量。

【例8－21】某企业计划变卖一套尚可使用5年的旧设备，另行购置一套新设备来替换它，取得新设备的投资额为180 000元，旧设备的折余价值为90 151元，目前变价净收入为80 000元，到第5年年末，新设备与继续使用旧设备的预计净残值相等。新旧设备的替换将在当年内完成，使用新设备可使企业在5年内每年增加营业收入60 000元，增加经营成本30 000元；该企业采用直线法计提折旧，所得税税率为25%。假定不考虑增加的营业税金及附加因素。

要求：计算更新设备项目计算期内各年的差量净现金流量（ΔNCF_t）。

解：

（1）使用新设备比旧设备增加的投资额＝180 000－80 000＝100 000（元）

（2）经营期每年折旧变动额＝100 000/5＝20 000（元）

（3）经营期每年总成本变动额＝30 000＋20 000＝50 000（元）

（4）经营期每年利润变动额＝60 000－50 000＝10 000（元）

（5）经营期每年所得税变动额＝10 000×25%＝2 500（元）

（6）经营期每年净利润变动额＝10 000－2 500＝7 500（元）

（7）因旧设备提前报废发生的处理固定资产净损失＝旧设备的折余价值－变价净收入＝90 151－80 000＝10 151（元）

（8）因旧设备提前报废发生净损失而抵减的所得税税额＝10 151×25%＝2 538（元）

（9）建设期第1年年初差额净现金流量

$\Delta NCF_0=-(180\,000-80\,000)=-100\,000$（元）

（10）经营期第1年年末差量净现金流量 $\Delta NCF_{1\sim5}=7\,500+20\,000+2\,538=30\,038$（元）

（11）经营期第2年年末到第5年年末差量净现金流量 $\Delta NCF_{2\sim5}=7\,500+20\,000=27\,500$（元）

第三节　长期投资决策评价指标及其计算

长期投资决策评价指标是指用于衡量和比较长期投资项目可行性优劣、以便据以进行方案决策的定量化标准与尺度，是由一系列综合反映投资效益、投入产出关系的量化指标构成的。

一、投资决策评价指标的分类

1. 按是否考虑货币时间价值，可分为静态评价指标和动态评价指标

静态评价指标是指在计算过程中不考虑货币时间价值因素的指标，又称为非贴现

的评价指标，包括投资收益率和静态投资回收期；动态评价指标是指在指标计算过程中充分考虑和利用货币时间价值的指标，又称为贴现评价指标，主要包括净现值、净现值率、获利指数和内含报酬率。

2. 按指标性质的不同，可分为正指标和反指标

在一定范围内越大越好的指标是正指标，越小越好的指标是反指标。所有指标中只有静态投资回收期为反指标。

3. 按指标在决策中的重要性的不同，可分为主要指标、次要指标和辅助指标

净现值、内含报酬率等为主要指标；静态投资回收期为次要指标；投资收益率为辅助指标。

二、静态评价指标

（一）静态投资回收期

1. 静态投资回收期的含义

静态投资回收期（*PP*），简称回收期，是指在不考虑货币时间价值的情况下，以投资项目经营净现金流量抵偿原始总投资所需要的全部时间。

2. 静态投资回收期的种类

静态投资回收期可分为包括建设期的回收期和不包括建设期的回收期。

$$\text{包括建设期的回收期}（PP）=\text{不包括建设期的回收期}（PP'）+\text{建设期} \quad (8.32)$$

3. 静态投资回收期的计算公式

（1）当某一项目的投资全部发生在建设期内，投产后一定期间内每年经营净现金流量相等，且其合计大于或等于原始投资额，可按如下简化公式计算投资回收期：

$$\text{不包括建设期的回收期}（PP'）=\frac{\text{原始投资合计}}{\text{运营期每年相等的净现金流量}} \quad (8.33)$$

（2）如果每年净现金流量不相等，或原始投资是分几年投入的，其计算公式如下：

$$\text{包括建设期的回收期}（PP'）=\text{累计净现金流量最后出现负数的年份数}+\frac{\text{该年尚未收回的投资额}}{\text{次年的净现金流量}} \quad (8.34)$$

【例 8－22】假设某企业有三个投资项目，有关数据见表 8－6，计算三个投资项目的静态投资回收期。

表 8－6　三个投资项目的现金流量表　单位：万元

年份	项目甲	项目乙	项目丙
第 0 年	－20 000	－9 000	－12 000
第 1 年	11 800	1 200	4 600
第 2 年	13 240	6 000	4 600
第 3 年		6 000	4 600

解析：三个投资项目静态投资回收期的计算见表 8－7。

表 8－7　　三个投资项目静态投资回收期的计算表　　单位：万元

项目	年份	现金流量	累计回收金额	未回收金额
项目甲	第 0 年	－20 000	0	20 000
	第 1 年	11 800	11 800	8 200
	第 2 年	13 240	25 040	0
项目甲的静态投资回收期＝1＋（8 200÷13 240）＝1.62（年）				
项目乙	第 0 年	－9 000	0	9 000
	第 1 年	1 200	1 200	7 800
	第 2 年	6 000	7 200	1 800
	第 3 年	6 000	13 200	0
项目乙的静态投资回收期＝2＋（1 800÷6 000）＝2.30（年）				
项目丙的静态投资回收期＝12 000÷4 600＝2.61（年）				

4. 静态投资回收期法的优缺点

静态投资回收期法的优点：①能够直观地反映原始投资的返本期限。②便于理解，计算比较简单。③可以直接利用回收期之前的净现金流量信息。

静态投资回收期法的缺点：①没有考虑货币时间价值因素。②不能正确反映投资方式的不同对项目的影响。③没有考虑回收期满后发生的净现金流量，可能会导致投资者优先考虑急功近利的投资项目。

5. 静态投资回收期法的决策原则

只有静态投资回收期指标小于或等于基准投资回收期（通常由企业自行确定或根据行业标准确定）的投资项目，才具有财务可行性。

在实务分析中，独立项目比较时，包括建设期的回收期≤计算期的 1/2，不包括建设期的回收期≤运营期的 1/2，方案可行；互斥项目比较时，应选择回收期最短的方案。

（二）投资收益率

1. 投资收益率的含义

投资收益率又称投资报酬率，是指达产期正常年份的年息税前利润或运营期年均息税前利润占项目总投资的百分比，记作 *ROI*。

2. 投资收益率的计算公式

$$\text{投资收益率}（ROI）=\frac{\text{年息税前利润或年均息税前利润}}{\text{项目投资}}\times 100\% \tag{8.35}$$

【例 8－23】接【例 8－22】，项目甲、乙、丙的年息税前利润见表 8－8，计算三个投资项目的投资收益率。

表 8－8　　三个投资项目的年息税前利润表　　单位：万元

年份	项目甲	项目乙	项目丙
第 1 年	1 800	－1 800	600
第 2 年	3 240	3 000	600
第 3 年		3 000	600

解析：

$$项目甲的投资收益率=\frac{(1\ 800+3\ 240)\div 2}{20\ 000}\times 100\%=12.6\%$$

$$项目乙的投资收益率=\frac{(-1\ 800+3\ 000+3\ 000)\div 3}{9\ 000}\times 100\%=15.6\%$$

$$项目丙的投资收益率=\frac{(600+600+600)\div 3}{12\ 000}\times 100\%=5\%$$

【例 8－24】某工业项目的原始投资为 800 万元，建设期为 2 年，建设期发生的与购建固定资产有关的资本化利息为 200 万元，项目运营期为 5 年，项目投产后每年获得的息税前利润分别为 100 万元、200 万元、250 万元、300 万元、250 万元，计算该项目的投资收益率指标。

解析：

$$投资收益率=\frac{(100+200+250+300+250)\div 5}{800+200}\times 100\%=22\%$$

3. 投资收益率法的优缺点

投资收益率法的优点：计算公式简单。

投资收益率法的缺点：①没有考虑货币时间价值因素，也不能说明投资项目的可能风险。②不能正确反映建设期的长短、投资方式的不同和回收额的有无等条件对项目的影响。③分子、分母的时间特征不一样，计算口径的可比性较差。④计算时使用会计上的数据，无法直接利用净现金流量信息。

4. 投资收益率法的决策原则

只有投资收益率指标大于或等于基准投资收益率指标（通常由企业自行确定或根据行业标准确定）的投资项目，才具有财务可行性。在多个投资项目的互斥性决策中，项目的投资收益率越高，说明该项目的投资效果越好，因此应该选择投资收益率最高的投资项目。

三、动态评价指标

动态评价指标需要考虑货币时间价值的因素，指标主要包括四个：净现值、现值指数、净现值率和内含报酬率。

（一）净现值

净现值（*NPV*）是指在项目计算期内，按行业基准折现率或其他设定折现率计算的各年净现金流量现值的代数和。其实质就是将所有的未来现金流入量和流出量都贴现为现值，然后计算它们的差，若差额为正值，说明该方案盈利，若为负值或等于零，则说明企业实行该方案将亏损或只能保本，应舍弃该方案。该指标是一个贴现的绝对值正指标，其值越大，方案越优。净现值的计算公式如下：

$$NPV=\sum_{k=1}^{n}\frac{I_k}{(1+i)^k}-\sum_{k=1}^{n}\frac{A_k}{(1+i)^k} \tag{8.36}$$

其中，用 k 代表投资涉及的年限，I_k 代表第 k 年的现金流入量，A_k 代表第 k 年的现金流出量，i 为预定的折现率或资金成本，NPV 代表净现值。

在具体应用净现值指标时，可以分三个步骤来计算：

（1）对未来各年的现金净流量进行预测，将其折算成现值，若有固定资产期末残值或中途的变价收入及期末回收的流动资金等一些特殊的相关现金流量，也应一一折现。

（2）然后将以上所有现值分别代数相加，就是投资方案未来报酬的总现值。

（3）确定并计算原始投资额的现值；最后，从未来报酬的总现值中减去原投资额的现值，就是净现值。

【例8-25】某公司现有两个长期投资项目可供选择，若两个长期投资项目的固定资产投资均为50万元，且均在建设起点投入，建设期0年。两个长期投资项目的寿命周期均为5年，期末无残值，采用直线法计提折旧。假设折现率为8%，其他有关资料如表8-9所示。

表8-9　净现金流量计算表　　单位：元

年度	甲项目			乙项目		
	净利	折旧	*NCF*	净利	折旧	*NCF*
1	200 000	100 000	300 000	140 000	100 000	240 000
2	200 000	100 000	300 000	180 000	100 000	280 000
3	200 000	100 000	300 000	220 000	100 000	320 000
4	200 000	100 000	300 000	240 000	100 000	340 000
5	200 000	100 000	300 000	220 000	100 000	320 000
合计	1 000 000	500 000	1 500 000	1 000 000	500 000	1 500 000

要求：分别计算甲、乙两个长期投资项目的净现值。

解：甲项目中，各年的净现金流量相等，可采用普通年金的公式进行计算，

$$\begin{aligned}NPV_{甲}&=(-500\,000)+300\,000\times(P/A,8\%,5)\\&=(-500\,000)+300\,000\times3.993\\&=697\,900（元）\end{aligned}$$

乙项目中，各年净现金流量不相等，故应分别按普通复利终值折现，然后加总，计算如表8-10所示。

表 8－10　　净现值计算表　　单位：元

年度	各年净现金流量	复利现值系数	复利现值
0	－500 000	1	－500 000
1	240 000	0.926	222 240
2	280 000	0.857	239 960
3	320 000	0.794	254 080
4	340 000	0.735	249 900
5	320 000	0.681	217 920
净现值（*NPV*）			684 100

由上述的计算可知，甲方案的净现值为 697 900 元，而乙方案的净现值为 684 100 元，甲方案的获利能力更强一些，按净现值指标的计算结果来看，甲方案更优。净现值指标的优点在于既综合考虑了货币时间价值的各种运算技巧，又运用了项目计算期的全部净现金流量。但是从该指标的结果中无法直接反映长期投资项目的实际收益率水平，且在原始投资额不同的情况下，净现值就缺乏可比性，要用现值指数法来反映。

（二）现值指数

现值指数又称获利指数（*PI*），一般认为就是指投产后按行业基准折现率或设定折现率折算的各年净现金流量的现值合计与原始投资的现值合计之比。该指标是折现的相对量的正指标，计算公式如下：

$$\text{现值指数}（PI）=\frac{\text{未来报酬的总现值}}{\text{原始投资额的现值}}=\sum_{k=1}^{n}\frac{I_k}{(1+i)^k}\Big/\sum_{k=1}^{n}\frac{A_k}{(1+i)^k} \tag{8.37}$$

现值指数法就是根据现值指数是否大于 1 及大于的程度来判断方案是否为优。通常，当净现值大于 0 且现值指数大于 1 时，说明项目的投资报酬率大于资金成本，方案可行，在决策中取大者为优。

【例 8－26】沿用【例 8－25】的资料，计算甲、乙两项目的现值指数。

解：

$PI_{\text{甲}}=300\ 000\times（P/A，8\%，5）/500\ 000=2.3958$

$PI_{\text{乙}}=［240\ 000\times（P/F，8\%，1）+280\ 000\times（P/F，8\%，2）+320\ 000\times（P/F，8\%，3）+340\ 000\times（P/F，8\%，4）+320\ 000\times（P/F，8\%，5）］/500\ 000=2.368\ 2$

由上述计算可知，甲项目的现值指数相对更大，所以从现值指数的指标来看，甲方案也较优。

现值指数克服了净现值的一个缺点，使不同投资方案间具有了可比性，如果说净现值指标是用一个绝对数指标来反映方案的投资效益，那么现值指数就是一个相对数指标，反映的是方案的投资效率，但仍然没有揭示每一投资方案实际可达到的报酬率，这就要计算内含报酬率。

（三）净现值率

净现值率（*NPVR*）又称净现值比、净现值指数，是指项目净现值与原始投资现值的比率。净现值率是一种动态投资收益指标，用于衡量不同投资方案的获利能力大小，说明某项目单位投资现值所能实现的净现值大小。净现值率小，单位投资的收益就低；净现值率大，单位投资的收益就高。

净现值率的经济含义是单位投资现值所能带来的净现值，是一个考察项目单位投资盈利能力的指标，常作为净现值的辅助评价指标，计算公式如下：

净现值率 = 投资项目的净现值/原始投资额的现值合计 ×100% (8.38)

【例 8-27】沿用【例 8-25】的资料，计算甲、乙两项目的净现值率。

甲项目净现值率 = 697 900/500 000 = 139.58%

乙项目净现值率 = 684 100/500 000 = 136.82%

由上述计算可知，甲项目的净现值率相对更大，所以从净现值率的指标来看，甲方案也较优。

净现值率是一个相对量正指标，在长期投资决策中是一个比较重要的指标，其优点是从动态角度反映项目投资的资金投入与净产出之间的关系，但缺点是无法直接反映投资项目的实际收益率水平。

（四）内含报酬率

内含报酬率（*IRR*）是指长期投资项目实际可望达到的报酬率，即能使长期投资项目的净现值等于零的折现率，又称内含报酬率。内含报酬率是一个折现的相对量正指标，它能从动态的角度直接反映长期投资项目的实际收益水平，又不受行业基准收益率高低的影响，比较客观。

内含报酬率的计算方法，视各年的净现金流量发生的具体情况的不同而有所不同，现分述如下。

1. 内含报酬率计算的特殊方法

当全部投资均于建设起点一次投入，建设期为零，无垫付流动资金，投产后每年净现金流量相等，期末无残值。建设起点即为 0 期的净现金流量等于原始投资的负值，第 1 期至 n 期每年净现金流量取得了普通年金的形式，依据内含报酬率的定义，则有：

（-原始投资额）+生产经营期净现金流量 ×（P/A，i，n）=0

经整理可得：

（P/A，i，n）=原始投资额/生产经营期年净现金流量

内含报酬率特殊计算方法的具体步骤：

（1）首先利用上式计算普通年金现值系数。

（2）根据计算出来的普通年金现值系数，查 n 年期的普通年金现值系数表。

（3）如果在普通年金现值系数表的 n 年序列上恰好能够找到上述公式计算出来的普通年金现值系数，则该系数所对应的折现率即为所求的内含报酬率。

（4）如果在普通年金现值系数表的 n 年序列上不能够找到上述公式计算出来的普通年金现值系数，则应该采用插值法求解。

【例 8-28】某公司有一投资项目，原始投资额为 4 000 000 元，全部在建设起点投入，建设期为 0 期，生产经营期为 12 年，经营期每年的净现金流量为 1 000 000 元，期

末无残值。

要求：计算该投资项目的内含报酬率。

解：$(P/A, i, 12) = 4\ 000\ 000/1\ 000\ 000 = 4$

查 12 年的普通年金现值系数表：

$\because (P/A, 22\%, 12) = 4.127 > 4$

$(P/A, 24\%, 12) = 3.851 < 4$

$\therefore 22\% < IRR < 24\%$，应采用插值法计算 IRR：

$$IRR = 22\% + (24\% - 22\%) \times (4.127 - 4) / (4.127 - 3.851) = 22.92\%$$

2. 内含报酬率计算的一般方法

若投资项目各年的净现金流量不符合上述特殊情况，就无法应用简便方法计算。在这种情况下，需采用逐次测试法，具体方法如下：

(1) 先自行设定一个折现率，并根据它来计算该投资项目的净现值。

(2) 根据计算的结果，进行如下判断：

① 若净现值 =0，则此次设定的折现率为内含报酬率，测试完成。

② 若净现值 >0，则说明原先设定的折现率过低。现值和折现率呈反向关系，即折现率越高，折算出来的现值就越小；反之折现率越低，折算出来的现值就越大。而内含报酬率是寻求使投资项目净现值等于零时的折现率，因此，当测算应用设定的折现率计算出来的净现值大于零时，下次测试设定的折现率就应该调高，应设定一个稍高一些的折现率，再次按上述步骤进行测试。

③ 若净现值 <0，则说明原先设定的折现率过高。应重新设定一个稍低的折现率，再次按上述步骤进行测试。

(3) 如果通过多次测试，始终找不到恰好使投资项目净现值等于零时的折现率，则利用最为接近零的两个净现值正负临界值及其相应的折现率，应用插值法计算近似的内含报酬率。

【例 8 - 29】某企业拟进行一项固定资产投资方案，现有甲、乙两个投资方案，投资额均发生在建设起点上。企业的资金成本为 9%，分别计算两个方案的内含报酬率。有关资料如表 8 - 11 所示。

表 8 - 11　　固定资产投资方案　　单位：元

项目	甲方案	乙方案
原始投资额	200 000	250 000
使用年限	5	5
现金净流量		
第 1 年	40 000	75 000
第 2 年	50 000	75 000
第 3 年	60 000	75 000
第 4 年	70 000	75 000
第 5 年	80 000	75 000

解：该题中，甲方案每年的现金净流量各不相同，需用插值法逐步测算。

表 8－12　　甲方案内含报酬率测算表　　单位：元

年度	NCF	测试 12%		测试 14%	
		折现系数	现金净流量现值	折现系数	现金净流量现值
第 1 年	40 000	0. 893	35 720	0. 877	35 080
第 2 年	50 000	0. 797	39 850	0. 769	38 450
第 3 年	60 000	0. 712	42 720	0. 675	40 500
第 4 年	70 000	0. 636	44 520	0. 592	41 440
第 5 年	80 000	0. 567	45 360	0. 519	41 520
合计			208 170		196 990
原始投资额			200 000		200 000
净现值			8 170		－3 010

因该企业的资金成本为 9%，初步估计方案的报酬率一般大于资金成本，所以先用 12% 进行测算，结果其净现值为正数，说明方案甲的内含报酬率大于 12%。再设折现率为 14%，并依次计算该方案的净现值，此时净现值为负数，说明方案甲的内含报酬率小于 14%，该投资方案的内含报酬率介于 12% 与 14%。根据插值法有：

$$IRR_{甲} = 12\% + (14\% - 12\%) \times \frac{8\ 170}{8\ 170 - (-3\ 010)} = 13.46\%$$

对于方案乙，由于其每年的净现金流量都相等，所以可以采用简便方法进行计算：

$$令\ NPV = \sum_{k=1}^{n} \frac{I_k}{(1+i)^k} - \sum_{k=1}^{n} \frac{A_k}{(1+i)^k} = 0,$$

$$即，NPV_{乙} = 75\ 000 \times (P/A,\ r,\ 5) - 250\ 000 = 0$$

所以 $(P/A,\ r,\ 5) = 250\ 000/75\ 000 = 3.333$，查"一元年金的现值表"，可知：当 $n = 5$ 时，与系数 3. 333 相邻的两个折现率分别是当 $i = 15\%$ 时为 3. 352，当 $i = 16\%$ 时为 3. 274。根据插值法有：

$$IRR_{乙} = 15\% + (16\% - 15\%) \times \frac{3.333 - 3.352}{3.274 - 3.352} = 15.24\%$$

投资方案甲与乙的内含报酬率均高于该企业的资金成本，因而都为可行方案。由于乙方案的内含报酬率高于甲方案，故乙方案为最佳投资方案。内含报酬率实际上反映了长期投资项目的真实报酬，目前已经被越来越多的企业所使用。

（五）动态指标之间的关系

净现值、净现值率、现值指数和内含报酬率指标之间存在同方向变动关系，即：

（1）当净现值 >0 时，净现值率 >0，现值指数 >1，内含报酬率 > 基准收益率。

（2）当净现值 =0 时，净现值率 =0，现值指数 =1，内含报酬率 = 基准收益率。

（3）当净现值 <0 时，净现值率 <0，现值指数 <1，内含报酬率 < 基准收益率。

此外，净现值率的计算需要在已知净现值的基础上进行，内含报酬率的计算也需要利用净现值。这些指标都会受到建设期的长短、投资方式以及各年净现金流量的数量特征的影响。所不同的是，净现值为绝对数指标，其余为相对数指标，计算净现值、净现值率和现值指数所依据的折现率都是事先设定的行业基准收益率（或企业确定的折现率），而内含报酬率的计算本身与项目设定的折现率的高低无关。

四、长期投资决策评价指标的运用

项目投资决策的关键就是选择适当的投资决策方法，将投资决策评价指标作为决策的标准，得出最终的投资决策方案。

（一）独立方案财务可行性评价及投资决策

1. 独立方案的含义

在项目投资决策中，独立方案是指一组互相分离、互不排斥、各不相关的方案或单一方案。在独立方案中，选择某一方案并不排斥选择另一方案。就一组完全独立的方案而言，其存在的前提条件是：

（1）投资资金来源无限制。

（2）投资资金无优先使用的排列。

（3）各投资方案所需人力、物力均能得到满足。

（4）不考虑地区、行业之间的相互关系及其影响。

（5）每一投资方案是否可行，仅取决于本方案的经济效益，与其他方案无关。

例如，某企业拟进行几项投资活动，这一组投资方案有：扩建某生产车间；购置一辆运输车辆；新建办公楼等。这一组投资方案之间没有什么关联，互相独立，并不存在相互比较和选择的问题。企业可以全部不接受，也可以接受其中一个，还可以接受多个或全部接受。

2. 独立方案财务可行性评价

（1）独立方案财务可行性评价指标。

①主要评价指标，主要包括净现值、净现值率、现值指数、内含报酬率。

②次要评价指标，主要包括静态投资回收期。

③辅助评价指标，主要包括投资收益率。

（2）决策标准。不同的评价指标，评价结果可能会不一致，这样就会出现评价的财务可行性程度的差异。根据差异的程度，方案的财务可行性可分为四种情况，即完全具备财务可行性、基本具备财务可行性、基本不具备财务可行性和完全不具备财务可行性。

①完全具备财务可行性。如果某一投资项目的所有评价指标均处于可行区间，即同时满足以下条件，则可以断定该投资项目无论从哪个方面看，都完全具备财务可行性，应当接受此投资项目。这些条件是：净现值 $NPV \geqslant 0$；净现值率 $NPVR \geqslant 0$；现值指数 $PI \geqslant 1$；内含报酬率 $IRR \geqslant$ 行业基准折现率 i_c；包括建设期的静态投资回收期 $PP \leqslant n/2$（项目计算期的一半）；不包括建设期的静态投资回收期 $PP' \leqslant P/2$（运营期的一半）；投资收益率 $ROI \geqslant$ 基准投资收益率 i（事先给定）。

②完全不具备财务可行性。独立方案的主要评价指标、次要评价指标和辅助评价指标都处于不可行区间，即 $NPV<0$，$NPVR<0$，$PI<1$，$IRR<i_c$，$PP>n/2$，$PP'>P/2$，$ROI<i$，则可以断定该投资项目无论从哪个方面看都不具备财务可行性，应当彻底放弃该投资项目。

③基本具备财务可行性。独立方案的主要评价指标处于可行区间（即 $NPV\geqslant0$，$NPVR\geqslant0$，$PI\geqslant1$，$IRR\geqslant i_c$），但次要或辅助评价指标处于不可行区间（即 $PP>n/2$，$PP'>P/2$，$ROI<i$），则该投资项目基本具备财务可行性。

④基本不具备财务可行性。独立方案的主要评价指标处于不可行区间（即 $NPV<0$，$NPVR<0$，$PI<1$，$IRR<i_c$），次要或辅助评价指标处于可行区间（即 $PP\leqslant n/2$，$PP'\leqslant P/2$，$ROI\geqslant i$），则可断定该投资项目基本不具备财务可行性。

3. 在对独立方案进行财务可行性评价时需要注意的问题

（1）当次要评价指标（静态投资回收期）或辅助评价指标（投资收益率）的评价结论与主要评价指标（净现值、内含报酬率等）的评价结论发生矛盾时，应当以主要评价指标的结论为准。

如果在评价过程中发现某项目的主要评价指标 $NPV\geqslant0$，$NPVR\geqslant0$，$PI\geqslant1$，$IRR\geqslant i_c$，但次要或辅助评价指标 $PP>n/2$，$PP'>P/2$，$ROI<i$，则可以判断该项目基本上具有财务可行性；相反，如果出现 $NPV<0$，$NPVR<0$，$PI<1$，$IRR<i_c$ 的情况，即使 $PP\leqslant n/2$，$PP'\leqslant P/2$，$ROI\geqslant i$，也可基本判断该项目不具有财务可行性。

（2）利用动态指标（净现值、净现值率、现值指数和内含报酬率）对同一个投资项目进行评价和决策，会得出完全相同的结论。

4. 独立方案的财务可行性与投资决策的关系

对于独立方案而言，评价其财务可行性也就是对其作出最终决策的过程，因为对于一组独立方案中的任何一个方案，都存在着“接受”或“拒绝”的选择。只有完全具备或基本具备财务可行性的方案，才可以被接受；完全不具备或基本不具备财务可行性的方案，应予拒绝。

（二）互斥方案的对比与投资决策

1. 互斥方案的含义

互斥方案是指互相关联、互相排斥的方案，即一组方案中的各个方案彼此可以相互代替，如果采纳方案组中的某一方案，就会自动排斥这组方案中的其他方案。因此，互斥方案具有排他性。例如，某企业拟投资增加一条生产线（购置设备），既可以自行生产制造，也可以向国内其他厂家订购，还可以向某外商订货，这一组设备的购置方案即为互斥方案，因为在这三个方案中，只能选择其中一个方案。多个互斥方案的比较决策，是指在每一个入选方案已具备财务可行性的前提下，利用具体决策方法比较各个方案的优劣，利用评价指标从各个备选方案中选出一个最优方案的过程。

2. 多个互斥方案的投资决策

（1）原始投资相同且项目计算期相等时，选择净现值最大的方案。

【例 8－30】某个固定资产投资项目需要原始投资 1 000 万元，现有甲、乙、丙、丁四个互相排斥的方案可供选择，各方案的净现值指标分别为228.91万元、117.19万元、206.02万元和162.64万元。甲、乙、丙、丁四个方案的项目计算期相同。要求：①评价每一个方案的财务可行性。②按净现值法进行比较决策。

解析：

①因为甲、乙、丙、丁四个备选方案的 *NPV* 均大于零，所以这四个方案均具有财务可行性。

②对这四个方案的净现值进行排序，因为228.91万元 > 206.02万元 > 162.64万元 > 117.19万元，所以甲方案最优，其次为丙方案，再次为丁方案，乙方案最差。

（2）原始投资不同，但项目计算期相同的互斥方案或更新改造项目的投资决策，利用差额投资内含报酬率法。

所谓差额投资内含报酬率法，是指在两个原始投资额不同的方案的差量净现金流量（记作 ΔNCF）的基础上，计算出差额投资内含报酬率（记作 ΔIRR），并与行业基准贴现率进行比较，进而判断方案优劣的方法。

采用此法时，当差额内含报酬率指标大于或等于基准收益率或设定贴现率时，选择被减数所对应的方案；反之，则选择减数所对应的方案。差额内含报酬率与内含报酬率的计算过程和技巧一样，只是所依据的是差量现金净流量 ΔNCF。

该方法经常被用于更新改造项目的投资决策中（假定所有计算时更新作为被减数），当差额投资内含报酬率大于或等于基准贴现率或设定贴现率时，应当进行更新改造；反之，就不应当进行更新改造。

【例8-31】甲项目的原始投资额为150万元，1~10年的净现金流量为29.29万元；乙项目的原始投资额为100万元，1~10年的净现金流量为20.18万元。行业基准贴现率为10%。要求：①计算差量净现金流量 ΔNCF。②计算差额内含报酬率 ΔIRR。③用差额投资内含报酬率作出比较投资决策。

解析：①计算差量净现金流量 ΔNCF。

$$\Delta NCF_0 = -150-(-100) = -50\text{（万元）}$$

$$\Delta NCF_{1\sim10} = 29.29-20.18 = 9.11\text{（万元）}$$

②计算差额内含报酬率 ΔIRR。

$$(P/A,\ \Delta IRR,\ 10) = 50 \div 9.11 \approx 5.4885$$

查“年金现值系数表”，找出最接近系数5.4885的贴现率：

$$(P/A,\ 12\%,\ 10) = 5.6502$$

$$(P/A,\ 14\%,\ 10) = 5.2161$$

由于 $12\% < \Delta IRR < 14\%$，应用插值法得：

$$\frac{\Delta IRR - 12\%}{14\% - 12\%} = \frac{5.4885 - 5.6502}{5.2161 - 5.6502}$$

解得：$\Delta IRR = 12.74\%$

③用差额投资内含报酬率法决策。

$$\Delta IRR = 12.74\% > i_c = 10\%$$

因此，应当投资甲项目。

【例 8－32】某更新改造项目的差量净现金流量 ΔNCF_0 为 －100 000 元，$\Delta NCF_{1\sim5}$ 为 26 700 元。要求：①计算该项目的差额内含报酬率指标。②分别就该企业的基准贴现率为 8% 和 12% 两种不相关的情况为企业作出是否更新设备的决策。

解析：①计算该项目的差额内含报酬率 ΔIRR。

$$(P/A, \Delta IRR, 5) = 100\,000 \div 26\,700 = 3.745\,3$$

查“年金现值系数表”，找出最接近系数 3.745 3 的贴现率：

$$(P/A, 10\%, 5) = 3.790\,8$$

$$(P/A, 12\%, 5) = 3.604\,8$$

$10\% < \Delta IRR < 12\%$，应用内插法得：

$$\frac{\Delta IRR - 10\%}{12\% - 10\%} = \frac{3.745\,3 - 3.790\,8}{3.604\,8 - 3.790\,8}$$

解得：$\Delta IRR = 10.49\%$

②比较决策。

在基准贴现率为 8% 的情况下，$\Delta IRR = 10.49\% > i_c = 8\%$，结论是应当更新改造。

在基准贴现率为 12% 的情况下，$\Delta IRR = 10.49\% < i_c = 12\%$，结论是不应当更新改造。

（3）原始投资额不同且项目计算期不等的互斥方案的决策，利用年等额净回收额法。

所谓年等额净回收额法，是指通过比较所有投资方案的年等额净回收额（NA）指标的大小来选择最优方案的方法。在所有备选方案中，年等额净回收额最大的方案为最优方案。在备选方案超过两个时，采用年等额净回收额法优于差额内含报酬率法，年等额净回收额法的计算步骤为：

第一步，分别计算各个方案的净现值 NPV。

第二步，将第一步计算出来的净现值 NPV 视作各个备选方案的普通年金现值 P，按照规定的折现率 i 和各投资项目建设期 n，分别计算各个备选方案的年等额净回收额 A，计算公式为：

$$\text{某方案的年等额净回收额}(A) = NPV/(P/A, i, n)$$

第三步，比较各备选方案的年等额净回收额，选取年等额净回收额最大的方案。

【例 8－33】某企业拟投资建设一条新生产线。现有三个方案可供选择：甲方案的原始投资额为 1 250 万元，项目计算期为 10 年，净现值为 850 万元；乙方案的原始投资额为 1 000 万元，项目计算期为 9 年，净现值为 700 万元；丙方案的原始投资额为 1 100万元，项目计算期为 8 年，净现值为 －12.5 万元。行业基准贴现率为 10%。要求：①判断每个方案的财务可行性。②用年等额净回收额法作出最终的投资决策。

解析：

①判断方案的财务可行性。

甲方案和乙方案的净现值均大于零，因此这两个方案都具有财务可行性；丙方案的净现值小于零，因此该方案不具有财务可行性。

②比较决策。

甲方案的年等额净回收额 = 850 ÷（P/A，10%，10）= 850 ÷ 6.1446 = 138.33（万元）

乙方案的年等额净回收额 = 700 ÷（P/A，10%，9）= 700 ÷ 5.7590 = 121.55（万元）

因为 138.33 > 121.55，所以甲方案优于乙方案。

要点总结

本章主要介绍了长期投资决策分析的相关内容。长期投资决策主要是对固定资产的增加、更新改造等投资决策，它是管理会计中一个非常重要的内容，是关系到企业经营战略的大问题，是使企业保持良好的经营状态和盈利能力的关键，必须运用科学的方法，以保证决策的准确性。有关货币时间价值、风险价值的确定是投资决策评价指标计算的基础。长期投资决策常用的分析方法有静态指标分析方法和动态分析方法两种。

复习思考题

一、单项选择题

1. 收入或支出发生在每期末的年金称为（　）。

A. 即时年金　B. 递延年金　C. 永续年金　D. 普通年金

2. 下列不属于现金流量假设的是（　）。

A. 全投资假设　B. 时点指标假设

C. 确定性假设　D. 时期指标假设

3. 下列项目中，属于现金流入的是（　）。

A. 回收的流动资金　B. 建设投资

C. 垫付的流动资金　D. 付现的营运成本

4. 长期投资是一种（　）。

A. 负债　B. 所有者权益

C. 资本性支出　D. 收益性支出

5. 下列投资属于长期投资的是（　）。

A. 购买材料　B. 购买低值易耗品

C. 购买包装物　D. 购买固定资产

6. 投资者甘愿冒风险进行投资的诱因是（　）。

A. 可获得报酬　B. 可获得利润

C. 可获得等同于时间价值的报酬率　D. 可获得风险报酬率

7. 净现值指标为正值时，该指标越大说明投资方案的（　）。

A. 经济效益越好　　B. 经济效益越差

C. 经济效益为零　　D. 风险越大

8. 投资报酬率指标越高，说明投资方案的（　）。

A. 获利能力越强　　B. 风险越大

C. 货币时间价值越大　　D. 回收期越长

9. 采用净现值法进行决策分析时，选择方案的标准是净现值（　）。

A. 大于资金成本　　B. 小于资金成本

C. 大于零　　D. 小于零

10. 下列长期投资决策分析法中，没有考虑货币时间价值的是（　）。

A. 净现值法　　B. 内含报酬率法

C. 投资报酬率法　　D. 现值指数法

11. 能使投资方案的净现值等于零的折现率叫（　）。

A. 现值指数　　B. 资金成本率

C. 内含报酬率　　D. 平均报酬率

12. 净现值、净现值率和获利指数指标共同的缺点是（　）。

A. 不能直接反映投资项目的实际收益率

B. 不能反映投入与产出的关系

C. 没有考虑货币时间价值

D. 无法利用净现金流量的信息

13. 某投资项目的净现金流量的现值为 10 万元，原投资额现值为 100 万元，则现值指数为（　）。

A. 10%　　B. 1.1　　C. 100%　　D. 0.1

14. 净现值等于零，下列说法正确的是（　）。

A. 现值指数大于 1　　B. 内含报酬率大于零

C. 现值指数等于零　　D. 现值指数小于 1

15. 某企业投入一台生产设备，价款为 10 万元，年折旧率为 10%。预计投产后每年可获净利利润 1.5 万元，则静态投资回收期为（　）年。

A. 3　　B. 4　　C. 5　　D. 6

二、多项选择题

1. 递延年金具有特点是（　）。

A. 终值大小与递延期有关　　B. 计算终值的方法与普通年金相同

C. 计算现值的方法与普通年金相同　　D. 第一期没有支付额

E. 最后一期没有收支额

2. 下列投资属于长期投资的是（　）。

A. 企业为生产购入的各种原材料

B. 企业为生产购入的各种固定资产

C. 企业为扩大经营购入的无形资产
D. 购入的3年后到期的债券
E. 购入的不准备变现的股票

3. 年金有多种形式，它们是（　）。
A. 普通年金　　B. 先付年金
C. 递延年金　　D. 永续年金
E. 以上都是

4. 在长期投资决策分析中，考虑货币时间价值的分析方法有（　）。
A. 静态回收期法　　B. 简单计算法
C. 净现值法　　D. 内含报酬率法
E. 获利指数法

5. 现金流入的内容有（　）。
A. 营业收入额　　B. 经营成本
C. 项目终止收回的流动资金　　D. 固定资产报废时的残值收入
E. 固定资产中途转让的变价收入

6. 现金流出的内容有（　）。
A. 折旧费　　B. 购入固定资产投资
C. 购入存货等流动资产的投资　　D. 制造成本所支出的付现成本
E. 销售产品所发生的付现成本

7. 在下列长期投资决策评价指标中，数值越大越好的指标是（　）。
A. 净现值　　B. 内含报酬率
C. 投资回收期　　D. 获利指数
E. 平均报酬率

8. 下列属于净现值指标的缺点的选项有（　）。
A. 没有考虑投资的风险性
B. 当各项目投资额不等时，仅用净现值无法确定独立投资方案的优劣
C. 净现金流量的确定和折现率的确定有一定难度
D. 不能直接反映投资项目的实际收益水平

9. 在单一方案决策过程中，运用下述哪些投资指标可得出相同的结论（　）。
A. 静态回收期　　B. 净现值
C. 净现值率　　D. 内含报酬率
E. 以上说法都对

10. 货币的时间价值是指（　）。
A. 货币随着时间自行增值的特性
B. 货币经过一段时间的投资和再投资所增加的价值
C. 现在的1元钱与几年后的1元钱的经济效用不同
D. 没有通货膨胀条件下的社会平均资金利润率

三、思考题

1. 在长期投资决策中为什么要考虑货币时间价值因素？

2. 简述现金流量及内容。

3. 净现值、净现值率、现值指数和内含报酬率之间的关系如何？

4. 如何运用各项长期投资指标进行单一、独立投资项目的决策分析？

四、计算分析题

1. 大华公司为了准备六年后购置一台新的生产设备，现在从留存收益中提出30 000元一次存入银行。若银行六年期的存款利率为12%（复利）。要求：计算大华公司六年后可向银行取得多少款项来购买新设备。

2. 某公司拟购置一处房屋，房主提出两种付款方案可供选择：第一种方案为从现在起，每年年初支付20 万元，连续支付10 次，共200 万元；第二种方案为从第4 年起，每年年初支付25 万元，连续支付10 次，共250 万元。假定该公司的最低报酬率为10%，你认为应选择哪个方案。

3. 时代公司有一项付款业务，有 A、B 两种方案可供选择：A 方案为现在支付 10 万元，一次性结清；B 方案为分 3 年付款，1 ~ 3 年各年初的付款额分别为 3 万元、4 万元和 4 万元，假定年利率为 10%，按现值计算，从 A、B 两方案中选优。

4. 某公司计划年度拟购置一台自动化设备需付款 12 万元。该设备可使用六年，期满有残值 6 000 元，每年按直线法计提折旧。使用该项自动化设备可使该公司每年增加税后净利 13 000 元。若该公司的资金成本为 14%。要求用净现值法、现值指数法、内含报酬率法、回收期法和投资报酬率法分别评价设备的购置方案是否可行。

5. 某企业使用现有生产设备每年实现销售收入 3 500 万元，每年发生营业总成本2 900万元（含折旧 10 万元）。该企业拟购置一套新设备进行技术改造以便实现扩大再生产。若发行实现，每年的销售收入预计可以增加 1 000 万元，每年的成本预计增加600 万元（含折旧 62 万元）。根据预测，新设备投产后所产产品可以在市场销售 10 年。10 年后设备的预计残值为 30 万元。

另外，现有设备可以以 100 万元对外出售。新设备价值 650 万元，购置新设备的价款与出售旧设备的所得其差额部分需通过银行贷款来解决，银行贷款的年利率为 8%，按复利计息。银行要求此项贷款必须 8 年内还清。该企业的资金成本为 10%。

要求：（1）用净现值分析评价该项技术改造方案是否可行。

（2）如果可行的话，平均每年需还款多少？

第九章 全面预算

学习目标

1. 掌握全面预算的基本概念
2. 掌握全面预算的编制
3. 掌握预算编制的改进方法

第一节 全面预算概述

一、全面预算的意义

“安达信全球最佳实务数据库”认为：“预算是一种系统的方法，用来分配企业的财务、实务及人力资源，以实现企业既定的战略目标，企业可以通过预算来监控战略目标的实施进度，有助于控制开支，并预测企业的现金流量与利润。”

全面预算是指通过有关的数据将企业全部经营活动的各项目标具体、系统地反映出来。企业通过预测分析和决策分析，确定了企业未来经济活动各方面的主要目标，但要实现这些目标，还须找出实现目标的途径和方法。这就需要企业所有有关部门相互配合、协调行动。“凡事预则立，不预则废”，我国《企业财务通则》规定：“企业应当建立财务预算管理制度，以现金流为核心，按照实现企业价值最大化等财务目标的要求，对资金筹集、资产运营、成本控制、收益分配、重组清算等财务活动，实施全面预算管理。”

二、全面预算的特点

全面预算管理必须以客观存在的市场为基础和导向，以服务顾客为出发点，离开市场的计划将是无本之木、无源之水。全面预算主要具有预期性、全面性、目标性和指令性等特点。

1. 预期性

全面预算反映的是企业在未来预算期内经过努力运营可以实现的状况或可以实现的经营成果，是在预算年度开始之前根据调查、分析、预测所制定的。

2. 全面性

（1）全方位。全面预算企业的销售、生产、营运收支、财务等各个方面，它既能反映企业某一方面经济活动的预算，也能反映企业预算期间的财务状况、经营成果的预测数据等。

（2）全过程。全面预算涉及企业研发与产品设计过程、供应过程、生产过程、销售过程、投资和融资过程等。

3. 目标性

全面预算是企业各个部门在整个预算年度内的具体工作目标。

4. 指令性

企业预算一旦敲定，由预算委员会批准，将作为部门和员工考核的依据，没有特别原因不能轻易调整。

三、全面预算编制的原则

（1）以明确的经营目标为前提。企业通过科学的预测制定目标利润，再确定收入目标和成本目标，以此激励销售部门完成业绩，控制企业各方面的费用开支。

（2）以销售预算为中心。企业首先确定各种产品的销售量，编制销售预算，由此确定生产量、采购量等，这样可以协调企业的供、产、销。

（3）以科学的方法为手段。编制预算时，既要全面、系统地反映企业各个部门的预算目标，又要考虑发生的各种情况，采用弹性预算、不确定预算等编制方法，既有统一性又有灵活性，更好地保证预算目标的实现。

四、全面预算编制的程序

1. 全面预算编制程序的分类

全面预算的编制程序，通常有自上而下、自下而上、上下结合三种。从理论上看，小规模、集权管理的企业，选择自上而下的程序，更有利于保证企业目标的实现，提高预算的编制效率；大规模、分权管理为主的企业，应选择有利于提高预算可执行性的自下而上的程序，保证预算的顺利实施。然而在实际管理中，完全选择自上而下或自下而上预算程序的企业并不多，大多数企业会选择将两种方法融合起来，称为上下结合式，避免单纯自上而下式会出现的上级部门以自我为中心、留有很大余地的局部性规划，影响企业利益最大化的实现。

公司预算管理委员会依据预算年度工作要求，结合企业发展战略及其要求，提出公司预算年度的预算总目标，并报最高决策机构批准。

2. 全面预算编制程序

企业预算管理委员会根据预算总目标和目标分解方案，计算、确定各部门的分目标。各部门依据分目标的要求预测预算年度业务进行，寻求实现目标的具体途径，形成预算草案并报预算管理委员会。预算管理委员会综合各部门的预算初稿并提出修改意见，讨论通过或驳回重编后汇总形成公司预算初稿并报最高决策机构。最高决策机构审议、批准预算，下发执行。各部门要将预算传达到企业的每个员工，让他们了解预算，更好地推进预算的执行。

良好的预算能够有效保证企业总目标的实现，体现公平、公正的原则，避免挫伤“先进”，保护“后进”；避免预算编制过程中的讨价还价、“宽打窄用”，提高预算编制效率；参与对象涉及各个部门，编制程序民主，有利于发挥每个人的主观能动性，为后期预算的执行打下基础。

第二节　全面预算的内容

一、全面预算的内容

1. 经营预算

经营预算主要包括销售预算、生产预算、直接材料预算、直接人工预算、制造费用预算、单位生产成本和期末存货预算、销售及管理费用预算等与企业日常经营活动有关的预算。

2. 财务预算

财务预算主要包括现金收支预算、预计利润表、预计资产负债表等与企业现金收支、经营成果和财务状况有关的预算。

3. 专门决策预算

专门决策预算又称为资本支出预算，涉及的是与企业固定资产投资有关的预算。

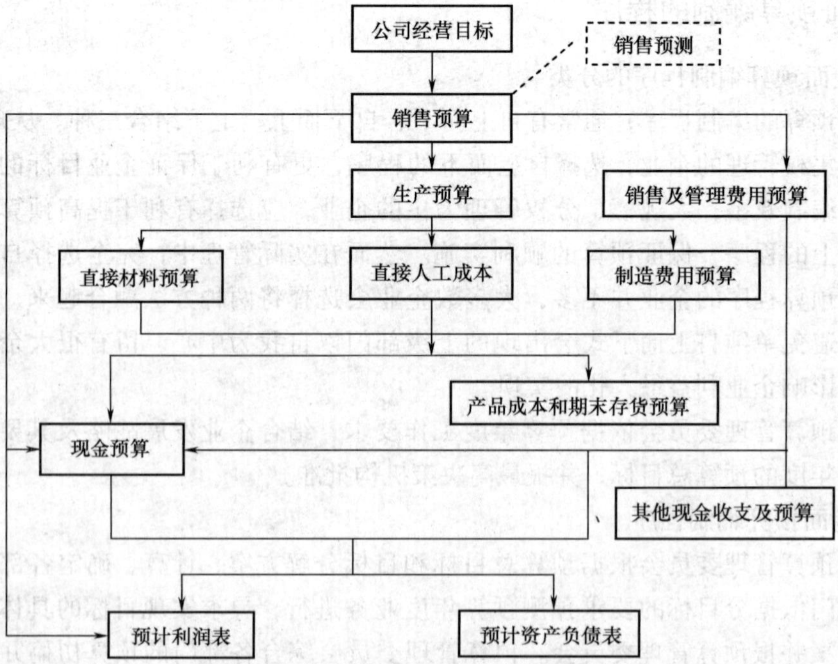

图9-1　全面预算体系图

二、全面预算的编制方法

（一）经营预算

1. 销售预算的编制

在当今的市场环境下竞争日趋激烈，大多数企业都是以销定产，因此销售预算是所有预算的起点。如果有赊销政策的企业，在编制销售预算的同时，还应该根据历史经验和销售预测水平编制应收账款收入预算，反映预算期间销售款项的收回情况，这是后面现金预算编制的重要依据之一。

【例9－1】F公司2016年各季度的销售预算如表9－1所示，假设各季度当季可收到70%的销货款，下一个季度收到余下30%的销货款。

表9－1　　F公司销售预算

2016年度　　单位：元

摘要		1季度	2季度	3季度	4季度	全年
预计销售量/件		2 000	2 500	2 000	2 000	8 500
预计销售单价/元		300	300	300	300	300
预计销售收入/元		600 000	750 000	600 000	600 000	2 550 000
预计现金收入	应收账款期初余额	180 000				180 000
	一季度	420 000	180 000			600 000
	二季度		525 000	225 000		750 000
	三季度			420 000	180 000	600 000
	四季度				420 000	420 000
	应收账款期末余额	180 000	225 000	180 000	180 000	180 000
	合计	600 000	705 000	645 000	600 000	2 550 000

2. 生产预算的编制

销售预算完成后，企业就可以根据预计销售情况、期初库存情况和预计期末库存情况安排生产了。

预计生产量＝预计销售量＋预计期末存货－期初存货

【例9－2】承前例，假设各季度末留存的存货为下季度销量的5%。

根据条件，编制2016年的生产预算。

表9－2　　F公司生产预算

2016年度　　单位：件

摘要	1季度	2季度	3季度	4季度	全年
预计销售量/件	2 000	2 500	2 000	2 000	8 500
加：期末存货量	125	100	100	125（预估）	450（含预估）
合计	2 125	2 600	2 100	2125	8 950
减：期初存货	100	125	100	100	425
预计生产量/件	2 025	2 475	2 000	2 025	8 525

3. 直接材料预算的编制

直接材料预算要求在生产预算的基础上，考虑原材料的期初、期末库存水平进行编制。

预计材料采购量 = 预计生产量 × 单位产品消耗定额 + 预计期末材料库存量 − 期初材料库存量

在编制直接材料预算的同时，还需要编制应付购货款的支出预算以及应付购货款的应付数和实付数。

【例 9 − 3】承前例，假定 F 公司每件产品需要材料 5 千克，计划单价 10 元/千克。每季度末的材料库存按下季度材料消耗量的 20% 计算，年末预计库存量为 2 000 千克。每季度的采购量当季付 70%，下季度付剩余 30%。

编制 F 公司直接材料预算。

表 9 − 3　　F 公司直接材料预算

2016 年度　　单位：元

摘要		1 季度	2 季度	3 季度	4 季度	全年
预计生产量/件（表 9 − 2）		2 025	2 475	2 000	2 025	8 525
单位产品材料消耗定额/千克		5	5	5	5	5
预计材料耗用量		10 125	12 375	10 000	10 125	42 625
加：期末库存量		2 475	2 000	2 025	2 000	2 000
合计		12 600	14 375	12 025	12 125	51 125
减：期初库存量		2 025	2 475	2 000	2 025	2 025
预计材料采购量		10 575	11 900	10 025	10 100	42 600
单价		10	10	10	10	10
预计购料金额		105 750	119 000	100 250	101 000	426 000
预计现金支出	应付账款期初余额	31 725				31 725
	1 季度购料款	74 025	31 725			105 750
	2 季度购料款		83 300	35 700		119 000
	3 季度购料款			70 175	30 075	100250
	4 季度购料款				70 700	70 700
	应付账款期末余额	31 725	35 700	30075	303 00	30 300
	合计	105 750	115 025	105 875	100775	427 425

4. 直接人工预算的编制

预计直接人工成本 = 预计生产量 × 单位产品工时定额 × 单位小时工资率

【例 9 − 4】承前例，假设该公司预算期内单位产品工时定额为 4 小时，单位小时的工资为 8 元，直接人工预算表如表 9 − 4 所示。

表 9 –4　　F 公司直接人工预算表

2016 年度

单位：元

摘要	1 季度	2 季度	3 季度	4 季度	全年
预计生产量/件	2 025	2 475	2 000	2 025	8 525
单位产品工时定额	4	4	4	4	4
预计产品工时定额	8 100	9 900	8 000	8 100	34 100
单位小时工资率	8	8	8	8	8
预计直接人工成本	64 800	79 200	64 000	64 800	272 800

5. 制造费用预算

制造费用由变动制造费用和固定制造费用两部分构成，其中变动制造费用与产品的产量相关，需根据生产预算编制。而固定制造费用与产量无关，可以通过逐项测试的方式确认。制造费用中需要现金支付的部分必须注明，便于后面编制现金预算。

【例 9 –5】承前例，编制制造费用预算表。

表 9 –5　　F 公司制造费用预算表

2016 年度

单位：元

摘要		1 季度	2 季度	3 季度	4 季度	全年
变动费用	预计产品工时总数	8 100	9 900	8 000	8 100	34 100
	费用分配率	1.5	1.5	1.5	1.5	1.5
	变动费用总额	12 150	14 850	12 000	12 150	51 150
固定制造费用		40 000	40 000	40 000	40 000	160 000
合计		52 150	54 850	52 000	52 150	211 150
减：折旧费		7 200	7 2 00	7 200	7 200	28 800
预计现金支出数		44 950	47 650	44 800	44 950	182 350

6. 单位生产成本和期末存货预算

直接材料、直接人工和制造费用是产品生产成本的三个构成部分。在变动成本法下，应当剔除固定成本，只考虑产品生产成本和存货中的变动成本。

【例 9 –6】编制 F 公司生产成本和期末存货预算。

表 9 –6　　F 公司生产成本和期末存货预算

2016 年度

成本项目	单耗定额	分配率	单位成本
直接材料	5 千克	10 元/千克	50
直接人工	4 工时	8.5 元/工时	32
变动制造费用	4 工时	1 元/工时	4
单位产品生产成本	—		86
期末存货预算	期末存货数量 × 单位产品生产成本 = 450 × 86 = 38 700（元）		

7. 销售及管理费用预算

销售及管理费用预算的编制方法与制造费用相似，包括预算年度除制造费用以外的预计发生的各项费用。该预算应由负责销售及管理的成本控制人员分别编制，如果两项内容不多，也可以合并在一张预算表里，分变动费用和固定费用列示。

【例9－7】编制F公司销售费用和管理费用预算表。

表9－7 F公司销售费用和管理费用预算表

2016年度

单位：元

摘要	1季度	2季度	3季度	4季度	全年
预计销售量/件	2 000	2 500	2 000	2 000	8 500
单位变动成本	6	6	6	6	6
变动费用	12 000	15 000	12 000	12 000	51 000
固定费用	24 000	24 000	24 000	24 000	96 000
合计	36 000	39 000	36 000	36 000	147 000

（二）资本支出预算

资本支出预算在经营决策编制完成后就可以开始了，包括资本支出预算和一次性专门业务预算两种。

资本支出预算是企业为了购置固定资产、无形资产以及企业技术改造等长期投资决策编制的预算。资本支出预算需要详细列出该项目在寿命周期内各个年度的现金流量资料，但每一预算年度只需列出该年度与项目有关的现金支出。在预算年度内因长期投资项目发生的直接材料、直接人工等支出作为直接材料预算和直接人工预算的内容核算。

【例9－8】F公司在预算期的第一季度以自有资金购入了一条新的生产线，价值120 000元，预计可使用12年，无残值。购入后，预计每年可为公司创造30 000元净现金流量。

编制资本支出预算如表9－8所示。

表9－8 资本支出预算

2016年度

项目	购置时间	价值	估计使用年限	期满残值	资金来源	资金成本	每年回收额	回收期
购入生产线	一季度	120 000	10年	0	自有	10%	30 000	4年

（三）财务预算

对企业在预算期内的现金收入和现金支出、经营成果和财务状况的预算称为财务预算。

1. 其他现金收支预算的编制

在企业经营过程中，财务部门会遇到资金筹措、贷款偿还、股利发放、税金缴纳等资金支付问题，需要持有一定数量的现金。现金的持有数过多，会降低资金的营运效率，造成资金闲置；过少又无法应对日常使用，资金短缺会带来额外成本。因此，为了保证企业的正常运营，应持有合理数量的现金，以应对各项税金的支付和到期债务的偿还等情况。

【例9－9】编制其他现金收支预算。

表9－9　其他现金收支预算

2016年度　　单位：元

摘要	1季度	2季度	3季度	4季度	全年
预付所得税	60 000	120 000	270 000	300 000	750 000
支付股利	5 000	4 000	9 000	19 000	37 000

2. 现金预算

现金预算是反映企业在预算期内现金收支详情，根据经营预算和专门预算编制的预算。一般由四个部分组成：

（1）现金收入。指预算期期初的现金余额和预算期内可能发生的现金增加数，如销售收到的现金，收回前期的应收账款。

（2）现金支出。指预算期内发生的现金减少数，如采购材料用现金付款、支付直接人工、制造费用和销售及管理费用，支付前欠货款，购买设备，支付税金和股利等。

（3）现金的多余或不足。预算期如果现金收入大于现金支出，可以用剩余部分进行投资，提高现金的适用效率；如果现金收入小于现金支出，需要想办法筹集资金，避免出现现金短缺的情况。

（4）现金的期末余额。

【例9－10】该公司预算期内每季度现金的最低库存金额为18 000元，假设银行借款利率为年利率12%，季初借入，季末归还。试编制现金预算。

表9－10　现金预算

2016年度　　单位：元

摘要	计算方法	资料来源	1季度	2季度	3季度	4季度	全年
期初余额	①	表9－12	30 000	193 500	493 625	608 950	30 000
现金收入： 销售收入及应收账款收回	②	表9－1	600 000	705 000	645 000	600 000	2 550 000
可动用现金合计	③＝①＋②		630 000	898 500	1138625		2 580 000

续表

摘要	计算方法	资料来源	1 季度	2 季度	3 季度	4 季度	全年
现金支出：							
购买直接材料		表 9－3	105 750	115 025	105 875	100 775	427 425
支付直接人工		表 9－4	64 800	79 200	64 000	64 800	272 800
制造费用		表 9－5	44 950	47 650	44 800	44 950	182 350
销售和管理费用		表 9－7	36 000	39 000	36 000	36 000	147 000
购置设备		表 9－8	120 000				120 000
预交所得税		表 9－9	60 000	120 000	270 000	300 000	750 000
支付股利		表 9－9	5 000	4 000	9 000	190 00	37 000
现金支出合计	④		436 500	404 875	529 675	565 525	1 936 575
现金多余或不足	⑤＝③－④		193 500	493 625	608 950	643 425	643 425
银行借款	⑥						
偿还银行借款	⑦						
支付利息	⑧						
小计	⑨＝⑥－⑦－⑧						
期末现金余额	⑩＝⑤＋⑨		193 500	493 625	608 950	643 425	643 425

3. 预期利润表

预期利润表是根据前面各项预测编制的，用于反映企业预算期内的经营成果。

【例 9－11】编制 F 公司的预期利润表。

表 9－11　　预期利润表

2016 年度

单位：元

销售收入（8 500×300）	2 550 000
变动成本：	
制造成本（8 500×86）	731 000
销售及管理费用	51 000
边际贡献	1 768 000
固定成本：	
制造成本	160 000
销售及管理费用	96 000
营业利润	1 512 000
利息支出	
税前利润	1 512 000
所得税	750 000
税后净利润	762 000

4. 预计资产负债表

预计资产负债表是用来反映企业在预算期内财务状况而编制的，用来判断企业的财务状况是否稳定。编制基础包括期初的资产负债表、现金预算和经营预算。

【例 9 - 12】编制 F 公司的预计资产负债表。

表 9 - 12　　预计资产负债表
2016 年度
单位：元

资产			负债及所有者权		
流动资产	年初数①	年末数	负债	年初数	年末数
现金	30 000	643 425②	流动负债：		
应收账款	180 000	180 000③	应付账款	31 725	30 300⑨
原材料	20 250	20 000④	合计	31 725	30 300
库存商品	8 600	10 750⑤	所有者权益：		
合计	238 850	854 175	股本	200 000	200 000
固定资产：			留存收益	207 125	932 125
厂房及建筑物	270 000	270 000⑥	合计		
机器设备	20 000	140 000⑦			
减：累计折旧	72 950	101 750⑧			
合计	200 000	291 200			
资产总计	438 850	1 162 425	负债及所有者权益总计	438 850	1 162 425

①数据来源于上年末资产负债表。

②见表 9 - 10 现金预算。

③见表 9 - 1 销售预算。

④见表 9 - 3 直接材料预算。

⑤见表 9 - 2 生产预算和表 9 - 6 单位生产成本和期末存货预算。

⑥见年初数，预计本年度内无变化。

⑦预计该年度新购入生产线价值 120 000 元，加上期初余额。

⑧预计该年度折旧 28 800 元，加上期初余额。

⑨见表 9 - 3 直接材料预算。

⑩数据来源：

年初累计盈余	207 125
加：预计净利润（表 9 - 11）	762 000
合计	969 125
减：支付股利（表 9 - 9）	37 000
年末累计盈余	932 125

第三节　预算编制方法的改进

面对日益复杂的经济环境，基本的预算方法有时候会遇到超出计划和控制的情况，为了弥补这方面的不足，出现了一些改进的预算方法，比如弹性预算、滚动预算、零基预算、概率预算和E－预算。

一、弹性预算

弹性预算是相对固定预算而言的。传统预算中运用的固定预算又称为静态预算，在预测时假定企业在未来期间业务量水平固定不变。一般非盈利组织或业务量较为稳定的企业会考虑用固定预算考核。但目前业务量经常变动是多数企业面临的问题，弹性预算恰好能弥补固定预算编制方法的不足，因此应运而生。

弹性预算又称为变动预算或动态预算，是将各种费用按照成本性态划分为变动费用和固定费用，依据量、本、利之间的关系，按照业务量水平的变动而编制的预算。弹性预算是按一系列业务量水平编制的，扩大了预算的适用范围。在企业的生产规模和业务量不断变化时，预算数额能够随着业务量的变化而做机动的调整。

1. 弹性预算的编制

由于固定费用一般不随业务量的变动而变动，在编制弹性预算时，只需将变动费用部分按业务量的变动加以调整，根据预测的不同业务量水平，计算出不同的变动成本预算即可。

编制弹性预算的基本步骤是：①选择正确反映业务量特征的计量单位；②确定业务量的变动范围；③逐项研究并确定各项成本与业务量之间的数量关系；④计算各项预算成本。

弹性预算主要包括成本弹性预算和利润弹性预算。

2. 弹性预算的特点

（1）预算范围较宽。弹性预算不再只适应一个业务量水平，能够反映预算期内一定相关范围内的可预见的多种业务量水平对应的预算额，扩大了预算范围，便于预算指标的调整，克服了固定预算的机械呆板。

（2）可比性较强。当预算期实际业务量变化时，可以将实际指标与实际业务量相对应的预算额进行对比，这样预算的执行和考核更加可比，有利于发挥预算的控制作用。

相对而言，弹性预算最大的不足就是增大了工作量，需要建立预算中每一费用项目的成本性态模型，分清每个单位作业的变动成本和每个项目的固定成本。

二、滚动预算

滚动预算又称连续预算，是随着时间的推移而自行延伸并始终保持一定期限（通常为1年）的一种连续预算。以年预算为例，滚动预算的预算期永远是12个月，每过一个月，立即在期末增加一个月的预算，逐期向后滚动，又称“永续预算”。

滚动预算是相对定期预算的概念提出的。传统的预算以一个会计年度（我国为公历的1月1日至12月31日）作为预算编制期，因而也称为定期预算。定期预算便于将实际执行结果（以财务会计核算资料为基础）与预算数进行对比分析，来评价预算执行情况。

1. 滚动预算的编制

企业的生产经营大多是连续的，滚动预算方法与这个过程相适应；企业的生产经营活动是复杂的，易于变化的，因此滚动预算在编制时第一个季度或前几个季度的数据尽量详细完整，后面的数据可以粗略些，避免预算与实际出现较大出入。在编制过程中，先按年度分季度，第一季度再分月份，列出各月的详细预算数据，以便控制实际成本的发生，后三季度可以只列季度总数。第一个季度结束，增加一个季度，并将原第二季度的预算按月细分补充细化，依此类推。

2. 滚动预算的特点

(1) 准确性较高。定期预算由于预算期较长，难以预测未来特别是预算期后半阶段的某些活动，预算缺乏准确性。而滚动预算的编制不再是预算年度开始之前几个月的事情，与日常管理紧密衔接，管理人员可以从动态的角度把握企业近期的目标和远期的战略布局，预算的准确性较高。

(2) 灵活性较强。在瞬息万变的市场环境中，定期预算难以及时调整原有预算，原有预算会不适应变化后的实际状况。滚动预算能根据前期预算的执行情况，结合各种变动因素的影响，及时调整和修订预算，更加贴合实际，充分发挥预算的指导和控制作用。

(3) 预算年度完整。滚动预算在时间上不再受日历年度的限制，能够连续不断了解未来12个月内企业的总体规划与近期目标。而固定预算由于预算期固定，管理人员的决策视野局限于剩余的预算期间的活动，与滚动预算相比较缺乏长远的打算，不利于企业的长期稳定与有序发展。

滚动预算也有不足之处，比如编制工作比较繁重，需要耗费大量的人力、物力和财力。企业应当根据实际情况选择是否采用这种预算方法，按月还是按季滚动（图9-2）。

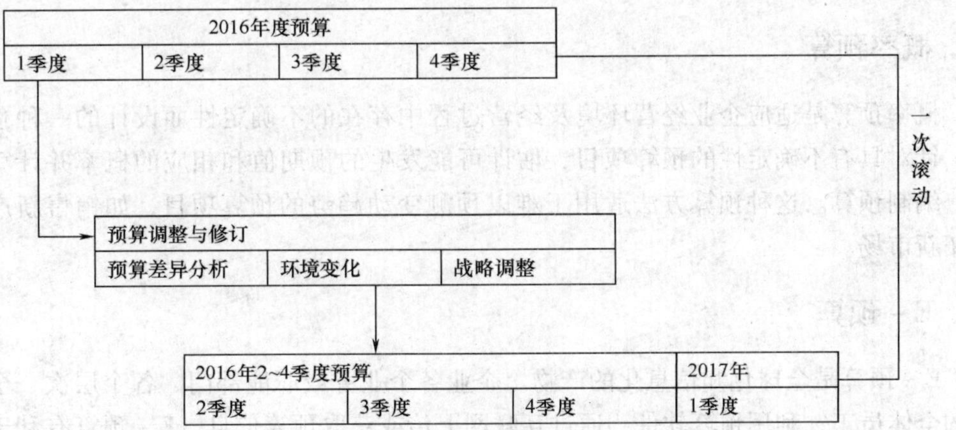

图9-2 滚动预算示意图

三、零基预算

零基预算又称零底预算，不以现有费用水平为基础，对于所有的预算支出均以零为基础，对每项费用开支的大小及必要性进行认真反复分析、权衡，并进行评定分级，据以判定其开支的必要性、合理性和优先顺序，从而提高资金的使用效益、节约费用开支。

零基预算在美国20世纪70年代极为流行，吉米·卡特就任美国总统就指示所有联邦政府机关一律采用零基预算。

1. 零基预算的编制

第一步，确定任务。高层管理人员必须首先确定预算期内各部门需要完成的任务和工作，详细分析采用哪些方式完成这些任务，并从中选择成本最低的方案。部门经理需要考虑本部门应完成的业务量及相应的成本支出，提出降低成本的对策和措施。

第二步，评价方案。由企业领导、总会计师等参加的预算委员会应对每一项需完成的任务进行成本收益分析，将有关的费用与收益进行对比，对费用开支方案进行评价。成本超过收益的方案舍弃不用。然后，把收益超过成本的各个方案，按照收益率高低排序，从中选择可行的费用开支方案，并按照轻重缓急，排列所有预算项目的顺序。

第三步，择优分配。根据成本效益分析结果和轻重缓急的先后顺序将企业经济资源按照选出的方案在各部门之间进行合理分配。资源分配需考虑不同业务量的成本收益计算结果，尽可能减少完成每项任务的预算支出，以使企业的效益最大化。

2. 零基预算的特点

（1）不受原有费用项目的限制。

（2）有利于调动各方面执行预算的积极性。

该方法的不足之处就是一切从零开始，工作量较大，耗费的时间也比较长。

四、概率预算

概率预算是适应企业经营环境及经营过程中存在的不确定性而设计的一种预算方法。针对具有不确定性的预算项目，估计可能发生的预期值和相应的概率并计算期望值，编制预算。这种预算方法适用于难以预测变动趋势的预算项目，如销售新产品或开拓新市场。

五、E－预算

E－预算是全球化和信息化的产物。企业各个业务或职能部门、各个层次、全球各地的全体员工，利用预算软件，通过互联网上传或获取预算信息。E－预算有利于企业的预算管理过程更加方便、顺畅、快捷，省去了会计部门搜集并整理各个责任单位预算报表，并将这些表格汇总成总预算的繁重工作。预算信息的上交和汇总都可以自动通过网络上的预算软件完成，实现预算的在线编制、实时查询和监控，事后分析也很便捷。E－预算还可以和企业的供应链、现金流量管理结合起来。

由于大量工作通过计算机在网络上完成，所以采用E－预算对企业的网络安全提出了很高的要求。另外，预算属于企业的重要信息，所以在人员权限上要有严格设置，限制解除特殊预算信息的人员，保证信息安全。

要点总结

全面预算是企业内部管理控制的一种方法。该方法有利于明确企业各部门的工作目标、控制企业的经济活动、评价企业的工作业绩、将企业的战略落实到操作。本章介绍了全面预算的编制以及随着市场环境变化出现的弹性预算、零基预算等改进了的预算方法。

复习思考题

一、单项选择题

1. 编制全面预算的基础是（ ）。

A. 直接材料预算　　B. 直接人工预算

C. 生产预算　　D. 销售预算

2. 资本支出预算是（ ）。

A. 财务预算　　B. 生产预算

C. 专门决策预算　　D. 业务预算

3. 随着业务量的变动作机动调整的预算是（ ）。

A. 滚动预算　　B. 弹性预算

C. 增量预算　　D. 零基预算

4. 滚动预算的基本特点是（ ）。

A. 预算期是相对固定的　　B. 预算期是连续不断的

C. 预算期与会计年度一致　　D. 预算期不可随意变动

5. 在管理会计中，构成全面预算内容的有（ ）。

A. 业务预算　　B. 财务预算

C. 专门决策预算　　D. 以上三项

6. 以下不属于财务预算内容的是（ ）。

A. 现金预算　　B. 预计利润表和预计资产负债表

C. 投资决策预算　　D. 销售预算

7. 可以概括了解企业在预算期间盈利能力的预算是（ ）。

A. 专门决策预算　　B. 现金预算

C. 预计利润表　　D. 预计资产负债表

8. 下列项目中，能够克服定期预算缺点的是（　）。

A. 固定预算　　B. 弹性预算

C. 滚动预算　　D. 零基预算

9. 编制弹性成本预算的关键在于（　）。

A. 分解制造费用

B. 确定材料标准耗用量

C. 选择业务量计量单位

D. 将所有成本划分为固定成本与变动成本两大类

10. 零基预算的编制基础是（　）。

A. 零　　B. 基期的费用水平

C. 国内外同行业费用水平　　D. 历史上费用的最好水平

二、简答题

1. 什么是全面预算？全面预算包括哪些内容？

2. 简述现金预算的编制基础，并说明现金预算编制的目的。

3. 什么叫弹性预算？简述弹性预算的特点和适用范围。

4. 什么叫滚动预算？简述滚动预算的特点。

5. 什么叫 E－运算？简述 E－预算的特点。

三、计算

设 A 公司 2017 年的生产经营计划是生产和销售甲产品。有关数据见下列表格。

要求：根据各表格内的信息编制固定预算法下的各预算。

销售预算

项目	一	二	三	四	合计
预计销售量/件	100	200	200	100	
销售单价/元	50	50	50	50	50
销售收入/元					

应收账款预算（当期销售当期收回 50%，余数下期收回）

摘要	本期发生数	收到数			
		一	二	三	四
期初余额	2 000				
第一季度					
第二季度					
第三季度					
第四季度					
期末余额					
合计					

生产预算

项目	一	二	三	四	合计
预计销售量/件					
期初存货	10				
期末存货	20	20	20	20	
预计生产量					

直接材料预算

项目	一	二	三	四	合计
预计生产量					
单位耗油量/千克	2	2	2	2	
总耗油量					
期初存货	40				
期末存货	60	60	60	60	
预计采购量					
单价/元	5	5	5	5	
预计采购成本/元					

应付账款预算（当期付20%，余数下期付清）

摘要	本期发生数	支付数			
		一	二	三	四
期初余额	（500）				
第一季度					
第二季度					
第三季度					
第四季度					
期末余额					
合计					

直接人工预算

项目	一	二	三	四	合计
预计生产量					
单位工时/小时	10	10	10	10	
总工时					
平均工资率	1	1	1	1	
直接人工成本					

制造费用预算（变动费用按直接工时分配）

项目	一	二	三	四	合计
变动费用率	0.8	0.8	0.8	0.8	
变动费用小计					
固定费用小计	500	500	500	500	
合计					
其中：折旧	200	200	200	200	
现金支付数					

销售及管理费用（变动销售费用按直接工时分配）

项目	一	二	三	四	合计
单位销售费/元	1	1	1	1	
变动费用小计					
固定费用小计	200	200	200	200	
合计					
其中：折旧	50	50	50	50	
现金支付数					

现金预算

项目		第一季度	第二季度	第三季度	第四季度	全年
期初余额		1000				
本期收入收回	销售收入合计					
本期支出	采购材料					
	直接人工					
	制造费用					
	销售及管理费用					
	预付所得税					
	支付股利	300	400	400	400	
	购买设备		3 000			
	合计		2 800			
现金余缺	多余或不足					
	银行借款		5 000			
	归还借款			3 000		
	利息支出			50	30	
	期末余额					

预计利润表

项目	金额
销售收入	
变动成本	
生产成本	
销售成本	
小计	
边际贡献	
固定成本	
生产成本	
销售及管理费用	
营业利润	
利息支出	
纳税前利润	
所得税	
净利润	

预计资产负债表

项目	金额	
	年初数	年末数
资产		
现金		
应收账款		
存货——材料		
存货——产成品		
流动资产小计		
房屋及设备	30 000	
累计折旧	2 000	
固定资产小计		
资产合计		
负债及资本		
应付账款		
负债小计		
普通股股本	24 400	
留存盈利	8 000	
资本小计		
负债及资本合计		

注：其中资产负债表可能出现借贷不平的情况，请调整一项期初额。

第十章 责任会计

学习目标

1. 掌握责任中心的种类、特征和考核指标
2. 掌握责任会计的内容及建立责任会计制度应遵循的原则
3. 熟悉内部转移价格的类型、制定方法和适用范围
4. 了解责任会计的概念

第一节 责任会计理论

一、责任会计制度的含义

责任会计制度是现代分权管理模式的产物，它通过在企业内部建立若干个责任中心，并对其分工负责的经济业务进行计划与控制，以实现业绩考核与评价的一种内部控制制度。

责任会计是20世纪20年代产生并逐渐发展起来的，随着国际经济大市场的形成，竞争日趋激烈，企业向大规模集团化发展，相应的管理层和管理机构日趋复杂，生产经营的决策权、经济责任的管理层次之间，不同的管理人员之间进行适当的分配、合理的分解从而摆脱了传统的管理模式，实现了现代化的分权管理模式。

分权管理企业将一定的日常管理决策权下放给下属单位。在分权管理条件下，企业把生产经营决策权在不同层次的管理人员之间进行适当的划分，并将决策权随同相应的经济责任下放给不同层次的管理人员，使其能对日常的经营活动及时做出有效的决策，以迅速适应市场变化的需求。

分权管理的主要表现形式是决策权部门化，即在企业中建立一种具有半自主权的内部组织机构。企业通过向下层层授权，使每一部门都拥有一定的权力和责任。应该说分权管理的主要目的是提高管理效率，而分权与效率的结合点就是企业整体经营管理目标。在企业整体目标的制约下，高层管理机构把一些日常的经营决策权直接授予负责该经营活动的责任中心，使其能针对具体情况及时做出处理，避免逐级汇报延误决策时机而造成损失，并充分调动各单位经营管理的积极性和创造性。

分权管理使得集团内部的管理权限分散于各子公司，子公司在人、财、物、供、产、销等方面有决定权。分权管理的优点是：由于子公司负责人有权对影响经营成果的因素进行控制，加之身在基层，了解情况，有利于针对企业问题及时做出有效决策，因地制宜地搞好各项业务，也有利于分散经营风险，促进子公司管理人员及财务人员的成长。分权管理的缺点是：各子公司大都从本位利益出发安排财务活动，缺乏全局观念和整体意识，从而导致资金管理分散、资金成本增大、费用失控、利润分配无序。

企业实行分权管理程度越高，加强内部控制越重要。按内部控制的要求，各分权单位和部门编制相应的责任预算，以控制经营过程，记录预算执行情况，并通过反馈的信息对各分权单位的业绩考核，及时调整经营活动，实现企业整体目标。这种将会计信息与相应责任单位联系起来，通过信息的积累、加工和反馈而形成的企业内部控制系统，即责任会计制度。

二、责任会计制度的内容

责任会计制是在分权管理的条件下，为适应经济责任制的要求，在企业内部建立若干责任单位，并对它们分工负责的经济活动进行规划、控制考核和业绩评价的一整套会计制度，主要内容包括以下几个方面。

1. 设置责任中心，明确权责范围

依据各部门经营活动的特点，将其划分为若干责任中心，明确职责范围，使其能在权限范围内独立自主地履行职责。

2. 编制责任预算，确定考核标准

将企业的总体目标层层分解，具体落实到每一个责任中心，作为其开展经营活动、评价工作成果的基本标准和主要依据。

3. 建立跟踪系统，进行反馈控制

对每一个责任中心建立起预算执行情况的跟踪系统，定期将实际数与预算数对比，找出差异，分析原因，控制和调节经营活动。

4. 分析评价业绩，建立奖罚制度

通过定期编制业绩报告，对各责任中心的工作成果进行分析和评价，以实际成果的好坏进行奖惩，从而最大限度调动各责任中心的积极性，促使其相互协调，提高生产经营效率。

三、责任会计制度设计原则

（一）责任主体原则

使各级管理部门在充分享有经营决策权的同时，也对其经营管理的有效性承担相应的经济责任。按各级管理部门设置相应的责任中心建立责任会计的核算。

（二）可控性原则

对各责任中心的业绩考核与评价，必须以责任中心自身能够控制为原则。如果一个责任中心，自身不能有效地控制其可实现的收入或发生的费用，也就很难合理地反映其实际工作业绩，从而也无法做出相应的评价与奖惩。

（三）目标一致原则

当经营决策权授予各级管理部门时，实际上就是将企业的整体目标分解成各责任中心的具体目标。必须始终注意与企业的整体目标保持一致，避免因片面追求局部利益而损害整体利益。

（四）激励原则

要求对各责任中心的责任目标、责任预算的确定相对合理。它包括两个方面：一是目标合理、切实可行；二是经过努力完成目标后所得到的奖励与所付出的努力相适应。

（五）反馈原则

必须保证以下两个信息反馈渠道的畅通：一是信息向各责任中心的反馈，使其能够及时了解预算的执行情况，以便采取有效措施调整偏离目标或预算的差异；二是向责任中心的上级反馈，以便上级管理部门做出适当反应。

第二节　责任中心绩效考评

一、责任中心含义及特征

（一）责任中心含义

责任中心就是将企业分割成拥有独自产品或市场的几个绩效责任单位，然后将总合的管理责任授权给予这些单位之后，将他们处于市场竞争环境之下，透过客观性的利润计算，实施必要的业绩衡量与奖惩，以达成企业预期经营成果的一种管理制度。

（二）责任中心特征

1. 责任中心是一个责权利相结合的实体

责任中心作为责任会计的主体，负有完成一定财务指标的责任；同时责任中心应具有与其所承担的责任相适应的权力和相应的业绩考核标准及利益分配标准。

2. 责任中心具有承担责任的条件

责任中心具有承担责任的条件包含两个方面的含义：一是责任中心具有履行经济责任中各项条款的行为能力；二是当责任中心不履行经济责任时，能对此后果承担责任。

3. 责任中心承担的责任和行使的权利都可控

每个责任中心只能对其责任范围内可控的成本、收入、利润和投资等财务指标负责，在责任预算和业绩考核中也只能包括它们能控制的项目。

4. 责任中心有相对独立的经营业务和财务收支活动

独立经营业务和财务收支活动是确定经济责任的客观对象，是责任中心存在的其他条件。

5. 责任中心便于进行责任会计核算

责任中心既要能划清经济责任又要能够进行单独的责任核算。划清经济责任是进行单独的责任核算的前提，单独核算是保障。只有既划清经济责任又能够进行单独的责任核算的企业内部部门才能作为一个责任中心。

二、成本中心

（一）成本中心的含义

成本中心是对成本和费用承担控制、考核责任的中心，是对费用进行归集、分配，对成本加以控制、考核的责任单位，亦即对成本具有可控性的责任单位。

成本中心是指只对成本或费用负责的责任中心。成本中心的范围最广，只要有成本费用发生的地方，都可以建立成本中心，从而在企业形成逐级控制、层层负责的成本中心体系。大多是只负责产品生产的生产部门、劳务提供部门或给予一定费用指标的企业管理科室。成本中心只控制成本，无控制销售收入的职责。

（二）成本中心的类型

成本中心包括技术性成本中心和酌量性成本中心。技术性成本是指发生的数额通过技术分析可以相对可靠地估算出来的成本，如产品生产过程中发生的直接材料、直接人工、间接制造费用等。技术性成本在投入量与产出量之间有着密切联系，可以通过弹性预算予以控制。

酌量性成本是否发生以及发生数额的多少是由管理人员的决策所决定的，主要包括各种管理费用和某些间接成本项目，如研究开发费用、广告宣传费用、职工培训费等。酌量性成本在投入量与产出量之间没有直接关系，其控制应着重于预算总额的审批上。

（三）成本中心的特点

一个责任中心，如果不形成或者不考核其收入，而着重考核其所发生的成本和费用，这类中心称为成本中心。成本中心具有只考虑成本费用、只对可控成本承担责任、只对责任成本进行考核和控制的特点。

（1）成本中心的特点是这个中心往往没有收入，或者有少量收入，但不成为主要的考核内容。

（2）任何发生成本的责任领域，都可以确定为成本中心，大的成本中心可能是一个分公司、分厂，小的成本中心可以是车间、工段、班组。

责任成本是以具体的责任单位（部门、单位或个人）为对象，以其承担的责任为范围所归集的成本，也就是特定责任中心的全部可控成本。所谓可控成本指在责任中心内，能为该责任中心所控制，并为其工作好坏所影响的成本。确定责任成本的关键是可控性，它不受发生区域的影响。

从一般的意义上讲，责任成本应该具备以下四个条件：

第一，可预计性。也就是说，责任中心有办法知道它的发生以及发生什么样的成本。

第二，可计量性。责任中心有办法计量这一耗费的大小。

第三，可控制性。责任中心完全可以通过自己的行动为来对其加以控制与调节。

第四，可考核性。责任中心可以对耗费的执行过程及其结果进行评价与考核。

责任成本是按照谁负责谁承担的原则，以责任单位为计算对象来归集的，所反映的是责任单位与各种成本费用的关系。

（四）成本中心的考核指标

成本中心的业绩考核对象是责任成本而不是全部成本，确定责任成本的依据是成本是否可控。在成本中心的业绩报告中，应将责任成本从全部成本中区分出来，将实际发生额与预算额进行比较、分析，揭示产生差异的原因，据此对责任中心的工作成果进行评价。

成本中心的考核指标包括责任成本变动额和责任成本变动率两项指标。

责任成本变动额 = 实际责任成本（费用）- 预算责任成本（费用）

责任成本变动率 = 责任成本变动额/预算责任成本（费用）×100%

【例 10－1】某企业的 A 车间是一个成本中心，只生产甲产品。2016 年，预算产量为 4 000 件，单位标准材料成本为 100 元/件；实际产量为 5 000 件，实际材料成本为 96 元/件。甲产品材料计划耗用量为 10 千克/件，单价为 10 元 /千克，实际耗用量为 8 千克/件，单价为 12 元 /千克。假定其他成本忽略不计。

要求：计算该成本中心消耗的直接材料责任成本的变动额和变动率，并分析该成本中心的成本控制情况。

解：

责任成本变动额 = 96 × 5 000 - 100 × 5 000 = -20 000 元

责任成本变动率 = -20 000/（100 × 5 000） = -4%

计算结果表明，该成本中心的成本降低 20 000 元，成本下降了 4%。

原因分析如下：

材料价格上升对成本的影响：

（12 - 10）× 8 × 5 000 = 80 000 元

材料用量下降对成本的影响：

10 ×（8 × 5 000 - 10 × 5 000） = -100 000 元

该成本中心的成本节约 20 000 元。

原因分析与评价：

（1）材料采购价格上升使成本超支 80 000 元，这属于车间不可控成本，超支责任不应由车间承担。

（2）材料用量下降使得成本节约 100 000 元，属于该成本中心取得的业绩。

三、利润中心

（一）利润中心的含义

利润中心是指既对成本负责又对收入和利润负责的责任中心，它有独立或相对独立的收入和生产经营决策权。

由于利润等于收入减成本和费用，所以利润中心实际上是对利润负责的责任中心。

这类责任中心往往处于企业中较高的层次，一般指有产品或劳务生产经营决策权的部门，能通过生产经营决策，对本单位的盈利施加影响，为企业增加经济效益，如分厂、分公司或具有独立经营权的各部门等。利润中心的权利和责任都大于成本中心。

（二）利润中心的类型

利润中心的类型包括自然利润中心和人为利润中心两种。

自然利润中心是指在外界市场上销售产品或提供劳务取得实际收入、给企业带来利润的利润中心。这类利润中心一般是企业内部独立单位，具有材料采购权、生产决策权、价格制定权、产品销售权，有很大的独立性，如分公司、分厂等。它可以直接与外部市场发生业务上的联系，销售其最终产品和半成品或提供劳务，既有收入，又有成本，可以计算利润，将其完成的利润和责任预算中的预计利润对比，评价和考核其工作业绩。

人为利润中心是指在企业内部按照内部结算价格将产品或劳务提供给本企业其他责任中心取得收入，实现内部利润的责任中心。这类利润中心的产品主要在本企业内转移，一般不与外部市场发生业务上的联系，它们只有少量对外销售，或者全部对外销售均由企业专设的销售机构完成，如各生产车间、运输队等。由于人为利润中心能够为成本中心相互提供产品或劳务规定一个适当的内部转移价格，使得这些成本中心可以“取得”收入进而评价其收益，因此，大多数成本中心总能转化为人为利润中心。

（三）利润中心的成本计算

在共同成本难以合理分摊或无需共同分摊的情况下，人为利润中心通常只计算可控成本，而不分担不可控成本；在共同成本易于合理分摊或者不存在共同成本分摊的情况下，自然利润中心不仅应计算可控成本，也应计算不可控成本。

利润中心应将其产品大部分销售给外部客户，而且对于大部分原材料、商品和服务都有权选择供应来源。在利润中心，由于管理者没有责任和权力决定该中心资产的投资水平，因而利润就是其唯一的最佳业绩计量标准。在利润中心，管理者具有几乎全部的经营决策权，并可根据利润指标对其作出评价。

（四）利润中心的考核指标

利润中心的考核指标是利润，通过分析一定时期实际利润与预算所确定的利润，评价责任中心的业绩。但由于成本计算方式不同，各利润中心的利润指标的表现形式也不相同。

（1）当利润中心不计算共同成本或不可控成本时，其考核指标是：

利润中心边际贡献总额 = 该利润中心销售收入总额 − 可控成本总额（或变动成本总额）

（2）当利润中心计算共同成本或不可控成本，并采取变动成本法计算成本时，其考核指标包括：

利润中心边际贡献总额 = 该利润中心销售收入总额 − 该利润中心变动成本总额

利润中心负责人可控利润总额 = 该利润中心边际贡献总额 − 该利润中心负责人可控固定成本总额

利润中心可控利润总额 = 该利润中心负责人可控利润总额 - 该利润中心负责人不可控固定成本总额

【例 10 - 2】某公司的 A 车间是一个人为利润中心。本期实现内部销售收入 1 000 000元，变动成本为 600 000 元，该中心负责人可控固定成本为 80 000 元，中心负责人不可控但由该中心负担的固定成本为 120 000 元。

要求：计算该利润中心的实际考核指标，并评价该利润中心的利润完成情况。

解：

利润中心边际贡献总额 = 1 000 000 - 600 000 = 400 000（元）

利润中心负责人可控利润总额 = 400 000 - 80 000 = 320 000（元）

利润中心可控利润总额 = 320000 - 120 000 = 200 000（元）

计算结果表明，该利润中心的各项考核指标实际完成情况。如果要对其完成情况进行评价，需要进一步对各指标与责任预算进行比较分析，找出产生差异的原因。

四、投资中心

（一）投资中心的含义

投资中心是指既对成本、收入和利润负责，又对投资效果负责的责任中心。投资中心是最高层次的责任中心，它拥有最大的决策权，也承担最大的责任。

投资的目的是为了获取利润，因此，投资中心必然是利润中心，但利润中心并不都是投资中心。投资中心与利润中心的主要区别：利润中心没有投资决策权，需要在企业确定投资方向后组织具体的经营；而投资中心则具有投资决策权，能够相对独立地运用其所掌握的资金，有权购置和处理固定资产，扩大或削减生产能力。

（二）投资中心的考核指标

除考核利润指标外，投资中心主要考核能集中反映利润与投资额之间关系的指标，包括投资利润率和剩余收益。

1. 投资利润率

投资利润率又称投资收益率，是指投资中心所获得的利润与投资额之间的比率，可用于评价和考核由投资中心掌握、使用的全部净资产的盈利能力。其计算公式为：

投资利润率 = 利润 ÷ 投资额 ×100%

或 = 资本周转率 × 销售成本率 × 成本费用利润率

其中，投资额是指投资中心的总资产扣除对外负债后的余额，即投资中心的净资产。

为了评价和考核由投资中心掌握、使用的全部资产的总体盈利能力，还可以使用总资产息税前利润率指标。其计算公式为：

总资产息税前利润率 = 息税前利润 ÷ 总资产 ×100%

（1）投资利润率指标的优点。

1）投资利润率能反映投资中心的综合盈利能力。投资利润率的高低与收入、成本、投资额和资本周转率有关，提高投资利润率可以通过增加收入、降低成本、加速周转和减少投入来实现。

2）投资利润率具有横向可比性。投资利润率将各投资中心的投入与产出进行比较，剔除了因投资额不同而导致的利润差异的不可比因素，有利于对各投资中心的经营业绩进行比较。

3）投资利润率可以作为选择投资机会的依据。有利于调整资产的存量，优化资源配置。

4）可以正确引导投资中心的经营管理行为，使其长期化。

（2）投资利润率指标的局限性。

1）通货膨胀会使企业资产账面价值失真、失实，导致相应的折旧少计，利润多计，使计算的投资利润率无法揭示投资中心的实际经营能力。

2）使用投资利润率往往使投资中心只顾本身利益而放弃对整个企业有利的投资项目，造成投资中心的近期目标与整个企业的长远目标背离。

3）投资利润率的计算与资本支出预算所用的现金流量分析方法不一致，不便于投资项目建成投产后与原定目标的比较。

4）由于一些共同费用无法为投资中心所控制，投资利润率的计量不全是投资中心所能控制的。

三个责任中心的对比表

	实际应用范围	权利	考核范围	考核办法	组织形式	考核指标
成本中心	最广	最小（可控成本控制权）	可控的成本、费用	只以货币形式计量投入，不以货币形式计量产出	一般不是法人	成本（费用）变动额 成本（费用）变动率
利润中心	较窄（较高层次，具有独立收入，并具有经营决策权的中心）	较高（生产经营决策权）	成本费用、收入、利润	不进行投入产出的比较	可以是法人，也可以不是法人	利润中心边际贡献总额；利润中心负责人可控利润；利润中心可控利润
投资中心	最小（最高层次，具有投资决策权的中心）	最高（投资决策权）	成本费用、收入、利润、投资效率	进行投入、产出比较	一般是法人	投资利润率 剩余收益

2. 剩余收益

剩余收益是指投资中心获得的利润，扣减其投资额（或净资产占用额）按规定（或预期）的最低收益率计算的投资收益后的余额，是一个部门的营业利润超过其预期最低收益的部分。即：

剩余收益 = 部门边际贡献 − 部门资产应计报酬 = 部门边际贡献 − 部门资产 × 资本成本

剩余收益指标能够反映投入产出的关系，能避免本位主义，使个别投资中心的利益与整个企业的利益统一起来。剩余收益是指投资中心获得的利润，扣减其投资额（或净资产占用额）按规定（或预期）的最低收益率计算的投资收益后的余额。

其计算公式为：

剩余收益 = 利润 − 投资额（或净资产占用额）× 规定或预期的最低投资收益率

或　剩余收益 = 息税前利润 − 总资产占用额 × 规定或预期的总资产息税前利润率

剩余收益指标具有两个特点：

（1）反映投入产出的关系。由于减少投资同样可以达到增加剩余收益的目的，因而，该指标可以用于全面考核与评价投资中心的业绩。

（2）避免本位主义，使个别投资中心的利益与整个企业的利益统一起来。剩余收益作为衡量投资中心工作成果的尺度，可以促进投资中心尽量提高剩余收益，只要有利于增加剩余收益绝对额，投资行为就可取，从而避免单纯追求投资利润而放弃一些有利可图的投资项目。

【例 10 − 3】已知某集团公司下设三个投资中心，有关资料如下：

指　标	集团公司	A 投资中心	B 投资中心	C 投资中心
净利润/万元	34 650	10 400	15 800	8 450
净资产平均占用额/万元	315 000	94 500	145 000	75 500
规定的最低投资报酬率	10%			

要求：（1）计算该集团公司和各投资中心的投资利润率，并据此评价各投资中心的业绩。

（2）计算各投资中心的剩余收益，并据此评价各投资中心的业绩。

（3）综合评价各投资中心的业绩。

解：（1）投资利润率：

①集团公司投资利润率 = 34 650 ÷ 315 000 × 100% = 11%

②A 投资中心的投资利润率 = 10 400 ÷ 94 500 × 100% = 11%

③B 投资中心的投资利润率 = 15 800 ÷ 145 000 × 100% = 10.9%

④C 投资中心的投资利润率 = 8 450 ÷ 75 500 × 100% = 11.19%

评价：C 投资中心业绩最优，B 投资中心业绩最差。

（2）剩余收益：

①A 投资中心的剩余收益 = 10 400 − 94 500 × 10% = 950（万元）

②B 投资中心的剩余收益 = 15 800 − 145 000 × 10% = 1 300（万元）

③C 投资中心的剩余收益 = 8 450 − 75 500 × 10% = 900（万元）

评价：B 投资中心业绩最优，C 投资中心业绩最差。

(3) 综合评价：综合考虑从对企业的贡献来看，B 投资中心业绩最优，A 投资中心次之，C 投资中心最差。

第三节 内部转移价格

一、内部转移价格的含义

内部转移价格又称内部结算价格，指企业内各责任中心之间由于相互提供产品、半成品或劳务而引起的相互结算、相互转账所需要的一种计价标准。

转移价格广泛地应用在企业决策制定、成本计算、业绩评价等方面。它与公司经营战略和公司的内部控制、管理制度相关。内部转移价格系统在企业中能够协调部门经理的自主权与整个企业的集中决策，促进行为的一致性；能够与会计中的业绩评价方法相一致，进行有效的业绩考核；能够较为客观地反映各部门的责任和业绩；能够加强企业的经济核算，提高企业的经营管理水平，增强企业整体竞争能力。

采用内部转移价格进行内部结算，使两个责任中心之间的关系类似于市场交易的买卖关系。内部转移价格与外部市场有很大的不同之处。内部转移价格这一手段使得内部责任单位处于市场竞争关系之中，但是，“买”“卖”双方都在企业之中。

合理的内部转移价格将有助于确定各责任中心的经济责任，客观、公正地评价和考核各责任中心的经营业绩，调动企业各责任中心工作的积极性，从而为公司制定正确的经营决策提供依据。因此，如何制定出合理的内部转移价格对公司至关重要。

二、内部转移价格制定原则

（一）全局性原则

制定内部转移价格必须强调企业整体利益高于各个责任中心的局部利益。采用内部转移价格的各单位从属于一个企业，企业总体利益是一致的。制定内部转移价格，只是为了分清各单位的责任，有效地考核评价各单位的业绩。在这种情况下，企业制定内部转移价格，要从全局出发，使局部利益和整体利益协调统一，力争使企业整体利益最大化。

（二）公平性原则

内部转移价格的制定应公平合理，客观、公正地评价和考核各责任中心的经营业绩，防止某些单位因价格上的缺陷而获得一些额外的利益或损失。在商品经济条件下，商品交换是按等价原则进行的，高质高价、低质低价。如果制定的内部转移价格不合理，就会影响单位的生产经营积极性。

（三）自主性原则

在保证企业整体利益的前提下，高层管理者不应干预各个责任单位经理（厂长）自主决策。在企业整体利益最大化的前提下，各责任单位有一定的自主权，如生产权、技术权、人事权和理财权等，制定的内部转移价格必须为各责任中心所接受。

（四）重要性原则

企业需要制定的内部转移价格的对象往往成百上万，甚至更多。制定内部转移价格，可对那些价高量大，耗用频繁的对象，尽可能地科学计算，从严定价；对于某些价低量小、不常耗用的对象，可以从简定价。

三、内部转移价格的类型

内部转移价格主要有市场价格、协商价格、双重价格和以“成本”作为内部转移价格四种。

（一）市场价格

在存在完全竞争的市场条件下，一般采用市场价格。采用市场价格可以解决各部门间可能产生的冲突，生产部门有权选择其产品是内部转移还是卖给外部市场，而采购部门也有权自主决定。

市场价格是根据产品或劳务的市场供应价格作为计价基础。以市场价格作为内部转移价格的责任中心，应该是独立核算的利润中心。通常是假定企业内部各责任中心都处于独立自主的状态，即有权决定生产的数量、出售或购买的对象及其相应的价格。在西方国家，通常认为市场价格是制定内部转移价格的最好依据。因为市场价格客观公正，对买卖双方无所偏袒，而且还能激励卖方努力改善经营管理，不断降低成本，在企业内部创造一种竞争的市场环境，让每个利润中心都成为名副其实的独立生产经营单位，以利于相互竞争，最终通过利润指标来考核和评价其工作成果。

在采用市场价格作为计价基础时，为了保证各责任中心的竞争建立在与企业的总目标相一致的基础上，企业内部的买卖双方一般应遵守以下基本原则：①如果卖方愿意对内销售，且售价不高于市价时，买方有购买的义务，不得拒绝；②如果卖方售价高于市价，买方有向外界市场购入的自由；③若卖方宁愿对外界销售，则应该具有不对内销售的权利。

采用市价作为计价基础，在企业内部引进市场机制，使其中每个利润中心实质上都成为独立机构，各自经营，促使其更好地发挥生产经营主动性，最终再通过利润指标来评价与考核它们的经营成果。

但是，以市场价格作为内部转移价格的计价基础，也有其自身的局限性。这是因为企业内部相互转让的产品或提供的劳务，往往是本企业专门生产的，具有特定的规格，或需经过进一步加工才能出售的中间产品，因而往往没有相应的市价作为依据。

（二）协商价格

协商价格是以外部市场价格为起点，参考独立企业之间或企业与无关联的第三方之间发生类似交易时的价格，共同协商确定一个双方都愿意接受的价格作为内部转移价格。协商价格在各部门中心独立自主制定价格的基础上，充分考虑了企业的整体利益和供需双方的利益。

成功的协商价格依赖于两个条件：

（1）要有一个某种形式的外部市场，两个部门的经理可以自由地选择接受或是拒绝某一价格。如果根本没有可能从外部取得或销售中间产品，就会使一方处于垄断状态，这样的价格不是协商价格，而是垄断价格。

（2）当价格协商的双方发生矛盾不能自行解决，或双方谈判可能导致企业非最优决策时，企业的高一级管理阶层要进行必要的干预，当然这种干预是有限的，不能使整个谈判变成上级领导裁决一切问题。

协商价格的上限是市价，下限是单位变动成本，具体价格应由买卖双方在其上下限范围内协商议定，这是由于：①外部售价一般包括销售费、广告费及运输费等，这是内部转移价格中所不包含的，因而内部转移价格会低于外部售价；②内部转移的中间产品一般数量较大，因此单位成本较低；③售出单位大多拥有剩余生产能力，因而议价只需略高于单位变动成本就行。

这种方法运用恰当，将会发挥很大的作用。但在实际操作中，由于存在质量、数量、商标、品牌甚至市场的经济水平的差别使得与市场价格直接对比很困难。

采用协商价格的缺陷在于：在双方协商过程中，不可避免地要花费很多人力、物力和时间，当买卖双方的负责人协商相持不下时，往往需要企业高层领导进行裁定。这样就丧失了分权管理的初衷，也很难发挥激励责任单位的作用。

（三）双重价格

双重价格是由买卖双方分别采用不同的内部转移价格作为计价的基础。如对产品（半成品）的“出售”部门，可按协商的市场价格计价；而对“购买”部门，则按“出售”部门的单位变动成本计价；其差额由会计部门进行调整。西方国家采用的双重价格通常有两种形式：①双重市场价格。即当某种产品或劳务在市场上出现几种不同价格时，买方采用最低的市价，卖方则采用最高的市价。②双重转移价格。即卖方按市价或协议价作为计价基础，而买方则按卖方的单位变动成本作为计价基础。

采用双重价格的好处是，既可较好地满足买卖双方不同的需要，也便于激励双方在生产经营上充分发挥其主动性和积极性。

（四）以“成本”为基础内部转移价格

以产品或劳务的成本作为基础内部转移价格，是制定转移价格的最简单方法。由于成本的概念不同，以“成本”作为内部转移价格也有多种不同形式，它们对转移价格的制定、业绩评价将产生不同的影响。这种方法应用简单，以现成的数据为基础，但标准成本的制定会有偏差，不能促进企业控制生产成本，容易忽视竞争性的供需关系。

以产品或劳务的成本作为基础内部转移价格包括标准成本法、标准加成法、标准变动成本等方法。这里的成本，不是采取公司的实际成本而是标准成本，以避免把转出部门经营管理中的低效率和浪费转嫁给转入部门。

1. 标准成本法

即以各中间产品的标准成本作为内部转移价格。这种方法适用于成本中心产品（半成品）或劳务的转移，其最大优点是能将管理和核算工作结合起来。由于标准成本在制定时就已排除无效率的耗费，因此，以标准成本作为转移价格能促进企业内买卖双方改善生产经营，降低成本。其缺点是不一定使企业利益最大化，如中间产品标准成本为30元，单位变动成本24元，卖方有闲置生产能力，当买方只能接受26元以下的内部转移价格时，此法不能促成内部交易，从而使企业整体丧失一部分利益。

2. 标准成本加成法

即根据产品（半成品）或劳务的标准成本加上一定的合理利润作为计价基础。当转移产品（半成品）或劳务涉及利润中心或投资中心时，可以将标准成本加利润作为转移价格，以分清双方责任。但利润的确定，难免带有主观随意性。

3. 标准变动成本

它是以产品（半成品）或劳务的标准变动成本作为内部转移价格，符合成本习性，能够明确揭示成本与产量的关系，便于考核各责任中心的业绩，也利于经营决策。不足之处是产品（半成品）或劳务中不包含固定成本，不能鼓励企业内卖方进行技术革新，也不利于长期投资项目的决策。

要点总结

责任会计制度是现代分权管理模式的产物，它通过在企业内部建立若干个责任中心，并对其分工负责的经济业务进行计划与控制，以实现业绩考核与评价的一种内部控制制度。根据授予各级单位的权力、责任及对其业绩的评价方式，将企业划分为各种不同形式的责任中心，建立起以各责任中心为主体，以权、责、利相统一为特征，以责任预算、责任控制、责任考核为内容，通过信息的积累、加工和反馈而形成的企业内部控制系统。

责任会计就是要利用会计信息对各分权单位的业绩进行计量、控制与考核。责任中心是指承担一定经济责任，并享有一定权利的企业内部（责任）单位。责任中心必须是一个责权利相结合的实体，具有承担责任的条件，责任和权利皆可控，便于进行责任会计核算。

成本中心是指只对成本或费用负责的责任中心。成本中心具有只考虑成本费用、只对可控成本承担责任、只对责任成本进行考核和控制的特点。

利润中心是指既对成本负责又对收入和利润负责的责任中心，它有独立或相对独立的收入和生产经营决策权。利润中心包括自然利润中心和人为利润中心两种。

投资中心是指既对成本、收入和利润负责，又对投资效果负责的责任中心。投资中心是最高层次的责任中心，它拥有最大的决策权，也承担最大的责任。投资中心主要考核能集中反映利润与投资额之间关系的指标，包括投资利润率剩余收益。

内部转移价格是指企业内各部门之间由于相互提供产品、半成品或劳务而引起的相互结算、相互转账所需要的一种计价标准。

复习思考题

一、单项选择题

1. 既能控制成本与收入，又能控制其所占用的全部资产的责任中心叫（ ）。

A. 成本中心 B. 收入中心 C. 利润中心 D. 投资中心

2. （ ）是责任会计中应用最广泛的一种责任中心形式。

A. 成本中心 B. 利润中心 C. 投资中心 D. 责任中心

3. 成本中心控制和考核的内容是（ ）。

A. 责任成本 B. 产品成本 C. 目标成本 D. 不可控成本

4. 在组织形式上，（ ）一般都是独立的法人。

A. 成本中心 B. 利润中心 C. 投资中心 D. 责任中心

5. 责任成本是指该中心发生的（ ）。

A. 工段成本之和 B. 产品成本

C. 可控成本之和 D 不可控成本之和

6. 既对成本负责，又对收入负责的责任中心，被称为（ ）。

A. 成本中心 B. 利润中心 C. 投资中心 D. 责任中心

二、多项选择题

1. 建立责任会计制度应遵循的原则（ ）。

A. 责权利相结合的原则 B. 可控性原则

C. 统一性原则 D. 激励原则

E. 反馈原则

2. 成本中心可以是（ ）。

A. 车间 B. 个人 C. 工段 D. 班组 E. 分厂

3. 利润中心分为（ ）。

A. 自然利润中心 B. 人为利润中心

C. 实际利润中心 D. 预算利润中心

4. 采用事业部制时，利润中心的考核指标有（ ）。

A. 部门贡献边际 B. 部门贡献

C. 公司税前利润 D. 部门利润

E. 部门经理贡献边际

5. 投资中心必须对（ ）负责。

A. 利润 B. 收入 C. 成本 D. 投入的资金

三、简答题

1. 简述责任会计制度的构成。

2. 简述建立责任会计制度应遵循的原则。

3. 简述企业如何制定内部转移价格。

附　　录

附表一

复利终值

期数	1%	2%	3%	4%	5%	6%	7%	8%	9%	10%
1	1.0100	1.0200	1.0300	1.0400	1.0500	1.0600	1.0700	1.0800	1.0900	1.1000
2	1.0201	1.0404	1.0609	1.0816	1.1025	1.1236	1.1449	1.1664	1.1881	1.2100
3	1.0303	1.0612	1.0927	1.1249	1.1576	1.1910	1.2250	1.2597	1.2950	1.3310
4	1.0406	1.0824	1.1255	1.1699	1.2155	1.2625	1.3108	1.3605	1.4116	1.4641
5	1.0510	1.1041	1.1593	1.2167	1.2763	1.3382	1.4026	1.4693	1.5386	1.6105
6	1.0615	1.1262	1.1941	1.2653	1.3401	1.4185	1.5007	1.5869	1.6771	1.7716
7	1.0721	1.1487	1.2299	1.3159	1.4071	1.5036	1.6058	1.7138	1.8280	1.9487
8	1.0829	1.1717	1.2668	1.3686	1.4775	1.5938	1.7182	1.8509	1.9926	2.1436
9	1.0937	1.1951	1.3048	1.4233	1.5513	1.6895	1.8385	1.9990	2.1719	2.3579
10	1.1046	1.2190	1.3439	1.4802	1.6289	1.7908	1.9672	2.1589	2.3674	2.5937
11	1.1157	1.2434	1.3842	1.5395	1.7103	1.8983	2.1049	2.3316	2.5804	2.8531
12	1.1268	1.2682	1.4258	1.6010	1.7959	2.0122	2.2522	2.5182	2.8127	3.1384
13	1.1381	1.2936	1.4685	1.6651	1.8856	2.1329	2.4098	2.7196	3.0658	3.4523
14	1.1495	1.3195	1.5126	1.7317	1.9799	2.2609	2.5785	2.9372	3.3417	3.7975
15	1.1610	1.3459	1.5580	1.8009	2.0789	2.3966	2.7590	3.1722	3.6425	4.1772
16	1.1726	1.3728	1.6047	1.8730	2.1829	2.5404	2.9522	3.4259	3.9703	4.5950
17	1.1843	1.4002	1.6528	1.9479	2.2920	2.6928	3.1588	3.7000	4.3276	5.0545
18	1.1961	1.4282	1.7024	2.0258	2.4066	2.8543	3.3799	3.9960	4.7171	5.5599
19	1.2081	1.4568	1.7535	2.1068	2.5270	3.0256	3.6165	4.3157	5.1417	6.1159
20	1.2202	1.4859	1.8061	2.1911	2.6533	3.2071	3.8697	4.6610	5.6044	6.7275
21	1.2324	1.5157	1.8603	2.2788	2.7860	3.3996	4.1406	5.0338	6.1088	7.4002
22	1.2447	1.5460	1.9161	2.3699	2.9253	3.6035	4.4304	5.4365	6.6586	8.1403
23	1.2572	1.5769	1.9736	2.4647	3.0715	3.8197	4.7405	5.8715	7.2579	8.9543
24	1.2697	1.6084	2.0328	2.5633	3.2251	4.0489	5.0724	6.3412	7.9111	9.8497
25	1.2824	1.6406	2.0938	2.6658	3.3864	4.2919	5.4274	6.8485	8.6231	10.835
26	1.2953	1.6734	2.1566	2.7725	3.5557	4.5494	5.8074	7.3964	9.3992	11.918
27	1.3082	1.7069	2.2213	2.8834	3.7335	4.8223	6.2139	7.9881	10.245	13.110
28	1.3213	1.7410	2.2879	2.9987	3.9201	5.1117	6.6488	8.6271	11.167	14.421
29	1.3345	1.7758	2.3566	3.1187	4.1161	5.4184	7.1143	9.3173	12.172	15.863
30	1.3478	1.8114	2.4273	3.2434	4.3219	5.7435	7.6123	10.063	13.268	17.449
40	1.4889	2.2080	3.2620	4.8010	7.0400	10.286	14.975	21.725	31.409	45.259
50	1.6446	2.6916	4.3839	7.1067	11.467	18.420	29.457	46.902	74.358	117.39
60	1.8167	3.2810	5.8916	10.520	18.679	32.988	57.946	101.26	176.03	304.48

系数表

12%	14%	15%	16%	18%	20%	24%	28%	32%	36%
1.1200	1.1400	1.1500	1.1600	1.1800	1.2000	1.2400	1.2800	1.3200	1.3600
1.2544	1.2996	1.3225	1.3456	1.3924	1.4400	1.5376	1.6384	1.7424	1.8496
1.4049	1.4815	1.5209	1.5609	1.6430	1.7280	1.9066	2.0972	2.3000	2.5155
1.5735	1.6890	1.7490	1.8106	1.9388	2.0736	2.3642	2.6844	3.0360	3.4210
1.7623	1.9254	2.0114	2.1003	2.2878	2.4883	2.9316	3.4360	4.0075	4.6526
1.9738	2.1950	2.3131	2.4364	2.6996	2.9860	3.6352	4.3980	5.2899	6.3275
2.2107	2.5023	2.6600	2.8262	3.1855	3.5832	4.5077	5.6295	6.9826	8.6054
2.4760	2.8526	3.0590	3.2784	3.7589	4.2998	5.5895	7.2058	9.2170	11.703
2.7731	3.2519	3.5179	3.8030	4.4355	5.1598	6.9310	9.2234	12.167	15.917
3.1058	3.7072	4.0456	4.4114	5.2338	6.1917	8.5944	11.806	16.060	21.647
3.4785	4.2262	4.6524	5.1173	6.1759	7.4301	10.657	15.112	21.199	29.439
3.8960	4.8179	5.3503	5.9360	7.2876	8.9161	13.215	19.343	27.983	40.038
4.3635	5.4924	6.1528	6.8858	8.5994	10.699	16.386	24.759	36.937	54.451
4.8871	6.2613	7.0757	7.9875	10.147	12.839	20.319	31.691	48.757	74.053
5.4736	7.1379	8.1371	9.2655	11.974	15.407	25.196	40.565	64.359	100.71
6.1304	8.1372	9.3576	10.748	14.129	18.488	31.243	51.923	84.954	136.97
6.8660	9.2765	10.761	12.468	16.672	22.186	38.741	66.461	112.14	186.28
7.6900	10.575	12.376	14.463	19.673	26.623	48.039	85.071	148.02	253.34
8.6128	12.056	14.232	16.777	23.214	31.948	59.568	108.89	195.39	344.54
9.6463	13.744	16.367	19.461	27.393	38.338	73.864	139.38	257.92	468.57
10.804	15.668	18.822	22.575	32.324	46.005	91.592	178.41	340.45	637.26
12.100	17.861	21.645	26.186	38.142	55.206	113.57	228.36	449.39	866.67
13.552	20.362	24.892	30.376	45.008	66.247	140.83	292.30	593.20	1178.7
15.179	23.212	28.625	35.236	53.109	79.497	174.63	374.14	783.02	1603.0
17.000	26.462	32.919	40.874	62.669	95.396	216.54	478.90	1033.6	2180.1
19.040	30.167	37.857	47.414	73.949	114.48	268.51	613.00	1364.3	2964.9
21.325	34.390	43.535	55.000	87.260	137.37	332.96	784.64	1800.9	4032.3
23.884	39.205	50.066	63.800	102.97	164.84	412.86	1004.3	2377.2	5483.9
26.750	44.693	57.576	74.009	121.50	197.81	511.95	1285.6	3137.9	7458.1
29.960	50.950	66.212	85.850	143.37	237.38	634.82	1645.5	4142.1	10143
93.051	188.88	267.86	378.72	750.38	1469.8	5455.9	19427	66521	*
289.00	700.23	1083.7	1670.7	3927.4	9100.4	46890	*	*	*
897.60	2595.9	4384.0	7370.2	20555	56348	*	*	*	*

注：* >99 999

计算公式：复利终值系数 = $(1+i)^n$，$F=P(1+i)^n$

P——现值或初始值；i——报酬率或利率；n——计息期数；F——终值或本利和。

附表二

复利现值

期数	1%	2%	3%	4%	5%	6%	7%	8%	9%	10%
1	0. 9901	0. 9804	0. 9709	0. 9615	0. 9524	0. 9434	0. 9346	0. 9259	0. 9174	0. 9091
2	0. 9803	0. 9612	0. 9426	0. 9246	0. 9070	0. 8900	0. 8734	0. 8573	0. 8417	0. 8264
3	0. 9706	0. 9423	0. 9151	0. 8890	0. 8638	0. 8396	0. 8163	0. 7938	0. 7722	0. 7513
4	0. 9610	0. 9238	0. 8885	0. 8548	0. 8227	0. 7921	0. 7629	0. 7350	0. 7084	0. 6830
5	0. 9515	0. 9057	0. 8626	0. 8219	0. 7835	0. 7473	0. 7130	0. 6806	0. 6499	0. 6209
6	0. 9420	0. 8880	0. 8375	0. 7903	0. 7462	0. 7050	0. 6663	0. 6302	0. 5963	0. 5645
7	0. 9327	0. 8706	0. 8131	0. 7599	0. 7107	0. 6651	0. 6227	0. 5835	0. 5470	0. 5132
8	0. 9235	0. 8535	0. 7894	0. 7307	0. 6768	0. 6274	0. 5820	0. 5403	0. 5019	0. 4665
9	0. 9143	0. 8368	0. 7664	0. 7026	0. 6446	0. 5919	0. 5439	0. 5002	0. 4604	0. 4241
10	0. 9053	0. 8203	0. 7441	0. 6756	0. 6139	0. 5584	0. 5083	0. 4632	0. 4224	0. 3855
11	0. 8963	0. 8043	0. 7224	0. 6496	0. 5847	0. 5268	0. 4751	0. 4289	0. 3875	0. 3505
12	0. 8874	0. 7885	0. 7014	0. 6246	0. 5568	0. 4970	0. 4440	0. 3971	0. 3555	0. 3186
13	0. 8787	0. 7730	0. 6810	0. 6006	0. 5303	0. 4688	0. 4150	0. 3677	0. 3262	0. 2897
14	0. 8700	0. 7579	0. 6611	0. 5775	0. 5051	0. 4423	0. 3878	0. 3405	0. 2992	0. 2633
15	0. 8613	0. 7430	0. 6419	0. 5553	0. 4810	0. 4173	0. 3624	0. 3152	0. 2745	0. 2394
16	0. 8528	0. 7284	0. 6232	0. 5339	0. 4581	0. 3936	0. 3387	0. 2919	0. 2519	0. 2176
17	0. 8444	0. 7142	0. 6050	0. 5134	0. 4363	0. 3714	0. 3166	0. 2703	0. 2311	0. 1978
18	0. 8360	0. 7002	0. 5874	0. 4936	0. 4155	0. 3503	0. 2959	0. 2502	0. 2120	0. 1799
19	0. 8277	0. 6864	0. 5703	0. 4746	0. 3957	0. 3305	0. 2765	0. 2317	0. 1945	0. 1635
20	0. 8195	0. 6730	0. 5537	0. 4564	0. 3769	0. 3118	0. 2584	0. 2145	0. 1784	0. 1486
21	0. 8114	0. 6598	0. 5375	0. 4388	0. 3589	0. 2942	0. 2415	0. 1987	0. 1637	0. 1351
22	0. 8034	0. 6468	0. 5219	0. 4220	0. 3418	0. 2775	0. 2257	0. 1839	0. 1502	0. 1228
23	0. 7954	0. 6342	0. 5067	0. 4057	0. 3256	0. 2618	0. 2109	0. 1703	0. 1378	0. 1117
24	0. 7876	0. 6217	0. 4919	0. 3901	0. 3101	0. 2470	0. 1971	0. 1577	0. 1264	0. 1015
25	0. 7798	0. 6095	0. 4776	0. 3751	0. 2953	0. 2330	0. 1842	0. 1460	0. 1160	0. 0923
26	0. 7720	0. 5976	0. 4637	0. 3607	0. 2812	0. 2198	0. 1722	0. 1352	0. 1064	0. 0839
27	0. 7644	0. 5859	0. 4502	0. 3468	0. 2678	0. 2074	0. 1609	0. 1252	0. 0976	0. 0763
28	0. 7568	0. 5744	0. 4371	0. 3335	0. 2551	0. 1956	0. 1504	0. 1159	0. 0895	0. 0693
29	0. 7493	0. 5631	0. 4243	0. 3207	0. 2429	0. 1846	0. 1406	0. 1073	0. 0822	0. 0630
30	0. 7419	0. 5521	0. 4120	0. 3083	0. 2314	0. 1741	0. 1314	0. 0994	0. 0754	0. 0573
35	0. 7059	0. 5000	0. 3554	0. 2534	0. 1813	0. 1301	0. 0937	0. 0676	0. 0490	0. 0356
40	0. 6717	0. 4529	0. 3066	0. 2083	0. 1420	0. 0972	0. 0668	0. 0460	0. 0318	0. 0221
45	0. 6391	0. 4102	0. 2644	0. 1712	0. 1113	0. 0727	0. 0476	0. 0313	0. 0207	0. 0137
50	0. 6080	0. 3715	0. 2281	0. 1407	0. 0872	0. 0543	0. 0339	0. 0213	0. 0134	0. 0085
55	0. 5785	0. 3365	0. 1968	0. 1157	0. 0683	0. 0406	0. 0242	0. 0145	0. 0087	0. 0053

系数表

12%	14%	15%	16%	18%	20%	24%	28%	32%	36%
0.8929	0.8772	0.8696	0.8621	0.8475	0.8333	0.8065	0.7813	0.7576	0.7353
0.7972	0.7695	0.7561	0.7432	0.7182	0.6944	0.6504	0.6104	0.5739	0.5407
0.7118	0.6750	0.6575	0.6407	0.6086	0.5787	0.5245	0.4768	0.4348	0.3975
0.6355	0.5921	0.5718	0.5523	0.5158	0.4823	0.4230	0.3725	0.3294	0.2923
0.5674	0.5194	0.4972	0.4761	0.4371	0.4019	0.3411	0.2910	0.2495	0.2149
0.5066	0.4556	0.4323	0.4104	0.3704	0.3349	0.2751	0.2274	0.1890	0.1580
0.4523	0.3996	0.3759	0.3538	0.3139	0.2791	0.2218	0.1776	0.1432	0.1162
0.4039	0.3506	0.3269	0.3050	0.2660	0.2326	0.1789	0.1388	0.1085	0.0854
0.3606	0.3075	0.2843	0.2630	0.2255	0.1938	0.1443	0.1084	0.0822	0.0628
0.3220	0.2697	0.2472	0.2267	0.1911	0.1615	0.1164	0.0847	0.0623	0.0462
0.2875	0.2366	0.2149	0.1954	0.1619	0.1346	0.0938	0.0662	0.0472	0.0340
0.2567	0.2076	0.1869	0.1685	0.1372	0.1122	0.0757	0.0517	0.0357	0.0250
0.2292	0.1821	0.1625	0.1452	0.1163	0.0935	0.0610	0.0404	0.0271	0.0184
0.2046	0.1597	0.1413	0.1252	0.0985	0.0779	0.0492	0.0316	0.0205	0.0135
0.1827	0.1401	0.1229	0.1079	0.0835	0.0649	0.0397	0.0247	0.0155	0.0099
0.1631	0.1229	0.1069	0.0930	0.0708	0.0541	0.0320	0.0193	0.0118	0.0073
0.1456	0.1078	0.0929	0.0802	0.0600	0.0451	0.0258	0.0150	0.0089	0.0054
0.1300	0.0946	0.0808	0.0691	0.0508	0.0376	0.0208	0.0118	0.0068	0.0039
0.1161	0.0829	0.0703	0.0596	0.0431	0.0313	0.0168	0.0092	0.0051	0.0029
0.1037	0.0728	0.0611	0.0514	0.0365	0.0261	0.0135	0.0072	0.0039	0.0021
0.0926	0.0638	0.0531	0.0443	0.0309	0.0217	0.0109	0.0056	0.0029	0.0016
0.0826	0.0560	0.0462	0.0382	0.0262	0.0181	0.0088	0.0044	0.0022	0.0012
0.0738	0.0491	0.0402	0.0329	0.0222	0.0151	0.0071	0.0034	0.0017	0.0008
0.0659	0.0431	0.0349	0.0284	0.0188	0.0126	0.0057	0.0027	0.0013	0.0006
0.0588	0.0378	0.0304	0.0245	0.0160	0.0105	0.0046	0.0021	0.0010	0.0005
0.0525	0.0331	0.0264	0.0211	0.0135	0.0087	0.0037	0.0016	0.0007	0.0003
0.0469	0.0291	0.0230	0.0182	0.0115	0.0073	0.0030	0.0013	0.0006	0.0002
0.0419	0.0255	0.0200	0.0157	0.0097	0.0061	0.0024	0.0010	0.0004	0.0002
0.0374	0.0224	0.0174	0.0135	0.0082	0.0051	0.0020	0.0008	0.0003	0.0001
0.0334	0.0196	0.0151	0.0116	0.0070	0.0042	0.0016	0.0006	0.0002	0.0001
0.0189	0.0102	0.0075	0.0055	0.0030	0.0017	0.0005	0.0002	0.0001	*
0.0107	0.0053	0.0037	0.0026	0.0013	0.0007	0.0002	0.0001	*	*
0.0061	0.0027	0.0019	0.0013	0.0006	0.0003	0.0001	*	*	*
0.0035	0.0014	0.0009	0.0006	0.0003	0.0001	*	*	*	*
0.0020	0.0007	0.0005	0.0003	0.0001	*	*	*	*	*

注：* <0.000 1

计算公式：复利现值系数 = $(1+i)^{-n}$，$P=\frac{F}{(1+i)^n}=F(1+i)^{-n}$

P——现值或初始值；i——报酬率或利率；n——计息期数；F——终值或本利和。

附表三

年金终值

期数	1%	2%	3%	4%	5%	6%	7%	8%	9%	10%
1	1.0000	1.0000	1.0000	1.0000	1.0000	1.0000	1.0000	1.0000	1.0000	1.0000
2	2.0100	2.0200	2.0300	2.0400	2.0500	2.0600	2.0700	2.0800	2.0900	2.1000
3	3.0301	3.0604	3.0909	3.1216	3.1525	3.1836	3.2149	3.2464	3.2781	3.3100
4	4.0604	4.1216	4.1836	4.2465	4.3101	4.3746	4.4399	4.5061	4.5731	4.6410
5	5.1010	5.2040	5.3091	5.4163	5.5256	5.6371	5.7507	5.8666	5.9847	6.1051
6	6.1520	6.3081	6.4684	6.6330	6.8019	6.9753	7.1533	7.3359	7.5233	7.7156
7	7.2135	7.4343	7.6625	7.8983	8.1420	8.3938	8.6540	8.9228	9.2004	9.4872
8	8.2857	8.5830	8.8923	9.2142	9.5491	9.8975	10.260	10.637	11.029	11.436
9	9.3685	9.7546	10.159	10.583	11.027	11.491	11.978	12.488	13.021	13.580
10	10.462	10.950	11.464	12.006	12.578	13.181	13.816	14.487	15.193	15.937
11	11.567	12.169	12.808	13.486	14.207	14.972	15.784	16.646	17.560	18.531
12	12.683	13.412	14.192	15.026	15.917	16.870	17.889	18.977	20.141	21.384
13	13.809	14.680	15.618	16.627	17.713	18.882	20.141	21.495	22.953	24.523
14	14.947	15.974	17.086	18.292	19.599	21.015	22.551	24.215	26.019	27.975
15	16.097	17.293	18.599	20.024	21.579	23.276	25.129	27.152	29.361	31.773
16	17.258	18.639	20.157	21.825	23.658	25.673	27.888	30.324	33.003	35.950
17	18.430	20.012	21.762	23.698	25.840	28.213	30.840	33.750	36.974	40.545
18	19.615	21.412	23.414	25.645	28.132	30.906	33.999	37.450	41.301	45.599
19	20.811	22.841	25.117	27.671	30.539	33.760	37.379	41.446	46.019	51.159
20	22.019	24.297	26.870	29.778	33.066	36.786	40.996	45.762	51.160	57.275
21	23.239	25.783	28.677	31.969	35.719	39.993	44.865	50.423	56.765	64.003
22	24.472	27.299	30.537	34.248	38.505	43.392	49.006	55.457	62.873	71.403
23	25.716	28.845	32.453	36.618	41.431	46.996	53.436	60.893	69.532	79.543
24	26.974	30.422	34.427	39.083	44.502	50.816	58.177	66.765	76.790	88.497
25	28.243	32.030	36.459	41.646	47.727	54.865	63.249	73.106	84.701	98.347
26	29.526	33.671	38.553	44.312	51.114	59.156	68.677	79.954	93.324	109.18
27	30.821	35.344	40.710	47.084	54.669	63.706	74.484	87.351	102.72	121.10
28	32.129	37.051	42.931	49.968	58.403	68.528	80.698	95.339	112.97	134.21
29	33.450	38.792	45.219	52.966	62.323	73.640	87.347	103.97	124.14	148.63
30	34.785	40.568	47.575	56.085	66.439	79.058	94.461	113.28	136.31	164.49
40	48.886	60.402	75.401	95.026	120.80	154.76	199.64	259.06	337.88	442.59
50	64.463	84.579	112.80	152.67	209.35	290.34	406.53	573.77	815.08	1163.9
60	81.670	114.05	163.05	237.99	353.58	533.13	813.52	1253.2	1944.8	3034.8

系数表

12%	14%	15%	16%	18%	20%	24%	28%	32%	36%
1.0000	1.0000	1.0000	1.0000	1.0000	1.0000	1.0000	1.0000	1.0000	1.0000
2.1200	2.1400	2.1500	2.1600	2.1800	2.2000	2.2400	2.2800	2.3200	2.3600
3.3744	3.4396	3.4725	3.5056	3.5724	3.6400	3.7776	3.9184	4.0624	4.2096
4.7793	4.9211	4.9934	5.0665	5.2154	5.3680	5.6842	6.0156	6.3624	6.7251
6.3528	6.6101	6.7424	6.8771	7.1542	7.4416	8.0484	8.6999	9.3983	10.146
8.1152	8.5355	8.7537	8.9775	9.4420	9.9299	10.980	12.136	13.406	14.799
10.089	10.731	11.067	11.414	12.142	12.916	14.615	16.534	18.696	21.126
12.300	13.233	13.727	14.240	15.327	16.499	19.123	22.163	25.678	29.732
14.776	16.085	16.786	17.519	19.086	20.799	24.713	29.369	34.895	41.435
17.549	19.337	20.304	21.322	23.521	25.959	31.643	38.593	47.062	57.352
20.655	23.045	24.349	25.733	28.755	32.150	40.238	50.399	63.122	78.998
24.133	27.271	29.002	30.850	34.931	39.581	50.895	65.510	84.320	108.44
28.029	32.089	34.352	36.786	42.219	48.497	64.110	84.853	112.30	148.48
32.393	37.581	40.505	43.672	50.818	59.196	80.496	109.61	149.24	202.93
37.280	43.842	47.580	51.660	60.965	72.035	100.82	141.30	198.00	276.98
42.753	50.980	55.718	60.925	72.939	87.442	126.01	181.87	262.36	377.69
48.884	59.118	65.075	71.673	87.068	105.93	157.25	233.79	347.31	514.66
55.750	68.394	75.836	84.141	103.74	128.12	195.99	300.25	459.45	700.94
63.440	78.969	88.212	98.603	123.41	154.74	244.03	385.32	607.47	954.28
72.052	91.025	102.44	115.38	146.63	186.69	303.60	494.21	802.86	1298.8
81.699	104.77	118.81	134.84	174.02	225.03	377.46	633.59	1060.8	1767.4
92.503	120.44	137.63	157.42	206.34	271.03	469.06	812.00	1401.2	2404.7
104.60	138.30	159.28	183.60	244.49	326.24	582.63	1040.4	1850.6	3271.3
118.16	158.66	184.17	213.98	289.49	392.48	723.46	1332.7	2443.8	4450.0
133.33	181.87	212.79	249.21	342.60	471.98	898.09	1706.8	3226.8	6053.0
150.33	208.33	245.71	290.09	405.27	567.38	1114.6	2185.7	4260.4	8233.1
169.37	238.50	283.57	337.50	479.22	681.85	1383.1	2798.7	5624.8	11198
190.70	272.89	327.10	392.50	566.48	819.22	1716.1	3583.3	7425.7	15230
214.58	312.09	377.17	456.30	669.45	984.07	2129.0	4587.7	9802.9	20714
241.33	356.79	434.75	530.31	790.95	1181.9	2640.9	5873.2	12941	28172
767.09	1342.0	1779.1	2360.8	4163.2	7343.9	22729	69377	207874	609890
2400.0	4994.5	7217.7	10436	21813	45497	195373	819103	*	*
7471.6	18535	29220	46058	114190	281733	*	*	*	*

注：* >999 999.99

计算公式：年金终值系数 $=\frac{(1+i)^n-1}{i}$，$F=A\frac{(1+i)^n-1}{i}$

A——每期等额支付（或收入）的金额；i——报酬率或利率；n——计息期数；F——年金终值或本利和。

附表四

年金现值

期数	1%	2%	3%	4%	5%	6%	7%	8%	9%	10%
1	0.9901	0.9804	0.9709	0.9615	0.9524	0.9434	0.9346	0.9259	0.9174	0.9091
2	1.9704	1.9416	1.9135	1.8861	1.8594	1.8334	1.8080	1.7833	1.7591	1.7355
3	2.9410	2.8839	2.8286	2.7751	2.7232	2.6730	2.6243	2.5771	2.5313	2.4869
4	3.9020	3.8077	3.7171	3.6299	3.5460	3.4651	3.3872	3.3121	3.2397	3.1699
5	4.8534	4.7135	4.5797	4.4518	4.3295	4.2124	4.1002	3.9927	3.8897	3.7908
6	5.7955	5.6014	5.4172	5.2421	5.0757	4.9173	4.7665	4.6229	4.4859	4.3553
7	6.7282	6.4720	6.2303	6.0021	5.7864	5.5824	5.3893	5.2064	5.0330	4.8684
8	7.6517	7.3255	7.0197	6.7327	6.4632	6.2098	5.9713	5.7466	5.5348	5.3349
9	8.5660	8.1622	7.7861	7.4353	7.1078	6.8017	6.5152	6.2469	5.9952	5.7590
10	9.4713	8.9826	8.5302	8.1109	7.7217	7.3601	7.0236	6.7101	6.4177	6.1446
11	10.3676	9.7868	9.2526	8.7605	8.3064	7.8869	7.4987	7.1390	6.8052	6.4951
12	11.2551	10.5753	9.9540	9.3851	8.8633	8.3838	7.9427	7.5361	7.1607	6.8137
13	12.1337	11.3484	10.6350	9.9856	9.3936	8.8527	8.3577	7.9038	7.4869	7.1034
14	13.0037	12.1062	11.2961	10.5631	9.8986	9.2950	8.7455	8.2442	7.7862	7.3667
15	13.8651	12.8493	11.9379	11.1184	10.3797	9.7122	9.1079	8.5595	8.0607	7.6061
16	14.7179	13.5777	12.5611	11.6523	10.8378	10.1059	9.4466	8.8514	8.3126	7.8237
17	15.5623	14.2919	13.1661	12.1657	11.2741	10.4773	9.7632	9.1216	8.5436	8.0216
18	16.3983	14.9920	13.7535	12.6593	11.6896	10.8276	10.0591	9.3719	8.7556	8.2014
19	17.2260	15.6785	14.3238	13.1339	12.0853	11.1581	10.3356	9.6036	8.9501	8.3649
20	18.0456	16.3514	14.8775	13.5903	12.4622	11.4699	10.5940	9.8181	9.1285	8.5136
21	18.8570	17.0112	15.4150	14.0292	12.8212	11.7641	10.8355	10.0168	9.2922	8.6487
22	19.6604	17.6580	15.9369	14.4511	13.1630	12.0416	11.0612	10.2007	9.4424	8.7715
23	20.4558	18.2922	16.4436	14.8568	13.4886	12.3034	11.2722	10.3711	9.5802	8.8832
24	21.2434	18.9139	16.9355	15.2470	13.7986	12.5504	11.4693	10.5288	9.7066	8.9847
25	22.0232	19.5235	17.4131	15.6221	14.0939	12.7834	11.6536	10.6748	9.8226	9.0770
26	22.7952	20.1210	17.8768	15.9828	14.3752	13.0032	11.8258	10.8100	9.9290	9.1609
27	23.5596	20.7069	18.3270	16.3296	14.6430	13.2105	11.9867	10.9352	10.0266	9.2372
28	24.3164	21.2813	18.7641	16.6631	14.8981	13.4062	12.1371	11.0511	10.1161	9.3066
29	25.0658	21.8444	19.1885	16.9837	15.1411	13.5907	12.2777	11.1584	10.1983	9.3696
30	25.8077	22.3965	19.6004	17.2920	15.3725	13.7648	12.4090	11.2578	10.2737	9.4269
35	29.4086	24.9986	21.4872	18.6646	16.3742	14.4982	12.9477	11.6546	10.5668	9.6442
40	32.8347	27.3555	23.1148	19.7928	17.1591	15.0463	13.3317	11.9246	10.7574	9.7791
45	36.0945	29.4902	24.5187	20.7200	17.7741	15.4558	13.6055	12.1084	10.8812	9.8628
50	39.1961	31.4236	25.7298	21.4822	18.2559	15.7619	13.8007	12.2335	10.9617	9.9148
55	42.1472	33.1748	26.7744	22.1086	18.6335	15.9905	13.9399	12.3186	11.0140	9.9471

系数表

12%	14%	15%	16%	18%	20%	24%	28%	32%	36%
0.8929	0.8772	0.8696	0.8621	0.8475	0.8333	0.8065	0.7813	0.7576	0.7353
1.6901	1.6467	1.6257	1.6052	1.5656	1.5278	1.4568	1.3916	1.3315	1.2760
2.4018	2.3216	2.2832	2.2459	2.1743	2.1065	1.9813	1.8684	1.7663	1.6735
3.0373	2.9137	2.8550	2.7982	2.6901	2.5887	2.4043	2.2410	2.0957	1.9658
3.6048	3.4331	3.3522	3.2743	3.1272	2.9906	2.7454	2.5320	2.3452	2.1807
4.1114	3.8887	3.7845	3.6847	3.4976	3.3255	3.0205	2.7594	2.5342	2.3388
4.5638	4.2883	4.1604	4.0386	3.8115	3.6046	3.2423	2.9370	2.6775	2.4550
4.9676	4.6389	4.4873	4.3436	4.0776	3.8372	3.4212	3.0758	2.7860	2.5404
5.3282	4.9464	4.7716	4.6065	4.3030	4.0310	3.5655	3.1842	2.8681	2.6033
5.6502	5.2161	5.0188	4.8332	4.4941	4.1925	3.6819	3.2689	2.9304	2.6495
5.9377	5.4527	5.2337	5.0286	4.6560	4.3271	3.7757	3.3351	2.9776	2.6834
6.1944	5.6603	5.4206	5.1971	4.7932	4.4392	3.8514	3.3868	3.0133	2.7084
6.4235	5.8424	5.5831	5.3423	4.9095	4.5327	3.9124	3.4272	3.0404	2.7268
6.6282	6.0021	5.7245	5.4675	5.0081	4.6106	3.9616	3.4587	3.0609	2.7403
6.8109	6.1422	5.8474	5.5755	5.0916	4.6755	4.0013	3.4834	3.0764	2.7502
6.9740	6.2651	5.9542	5.6685	5.1624	4.7296	4.0333	3.5026	3.0882	2.7575
7.1196	6.3729	6.0472	5.7487	5.2223	4.7746	4.0591	3.5177	3.0971	2.7629
7.2497	6.4674	6.1280	5.8178	5.2732	4.8122	4.0799	3.5294	3.1039	2.7668
7.3658	6.5504	6.1982	5.8775	5.3162	4.8435	4.0967	3.5386	3.1090	2.7697
7.4694	6.6231	6.2593	5.9288	5.3527	4.8696	4.1103	3.5458	3.1129	2.7718
7.5620	6.6870	6.3125	5.9731	5.3837	4.8913	4.1212	3.5514	3.1158	2.7734
7.6446	6.7429	6.3587	6.0113	5.4099	4.9094	4.1300	3.5558	3.1180	2.7746
7.7184	6.7921	6.3988	6.0442	5.4321	4.9245	4.1371	3.5592	3.1197	2.7754
7.7843	6.8351	6.4338	6.0726	5.4509	4.9371	4.1428	3.5619	3.1210	2.7760
7.8431	6.8729	6.4641	6.0971	5.4669	4.9476	4.1474	3.5640	3.1220	2.7765
7.8957	6.9061	6.4906	6.1182	5.4804	4.9563	4.1511	3.5656	3.1227	2.7768
7.9426	6.9352	6.5135	6.1364	5.4919	4.9636	4.1542	3.5669	3.1233	2.7771
7.9844	6.9607	6.5335	6.1520	5.5016	4.9697	4.1566	3.5679	3.1237	2.7773
8.0218	6.9830	6.5509	6.1656	5.5098	4.9747	4.1585	3.5687	3.1240	2.7774
8.0552	7.0027	6.5660	6.1772	5.5168	4.9789	4.1601	3.5693	3.1242	2.7775
8.1755	7.0700	6.6166	6.2153	5.5386	4.9915	4.1644	3.5708	3.1248	2.7777
8.2438	7.1050	6.6418	6.2335	5.5482	4.9966	4.1659	3.5712	3.1250	2.7778
8.2825	7.1232	6.6543	6.2421	5.5523	4.9986	4.1664	3.5714	3.1250	2.7778
8.3045	7.1327	6.6605	6.2463	5.5541	4.9995	4.1666	3.5714	3.1250	2.7778
8.3170	7.1376	6.6636	6.2482	5.5549	4.9998	4.1666	3.5714	3.1250	2.7778

注：

计算公式：年金现值系数 $=\frac{1-(1+i)^{-n}}{i}$，$P=A\frac{1-(1+i)^{-n}}{i}$

A——每期等额支付（或收入）的金额；i——报酬率或利率；n——计息期数；P——年金现值或本利和。

附表五 e^{rt}的值：1元的连续复利终值

r										
0	1%	2%	3%	4%	5%	6%	7%	8%	9%	10%
1	1.0101	1.0202	1.0305	1.0408	1.0513	1.0618	1.0725	1.0833	1.0942	1.1052
2	1.0202	1.0408	1.0618	1.0833	1.1052	1.1275	1.1503	1.1735	1.1972	1.2214
3	1.0305	1.0618	1.0942	1.1275	1.1618	1.1972	1.2337	1.2712	1.3100	1.3499
4	1.0408	1.0833	1.1275	1.1735	1.2214	1.2712	1.3231	1.3771	1.4333	1.4918
5	1.0513	1.1052	1.1618	1.2214	1.2840	1.3499	1.4191	1.4918	1.5683	1.6487
6	1.0618	1.1275	1.1972	1.2712	1.3499	1.4333	1.5220	1.6161	1.7160	1.8221
7	1.0725	1.1503	1.2337	1.3231	1.4191	1.5220	1.6323	1.7507	1.8776	2.0138
8	1.0833	1.1735	1.2712	1.3771	1.4918	1.6161	1.7507	1.8965	2.0544	2.2255
9	1.0942	1.1972	1.3100	1.4333	1.5683	1.7160	1.8776	2.0544	2.2479	2.4596
10	1.1052	1.2214	1.3499	1.4918	1.6487	1.8221	2.0138	2.2255	2.4596	2.7183
11	1.1163	1.2461	1.3910	1.5527	1.7333	1.9348	2.1598	2.4109	2.6912	3.0042
12	1.1275	1.2712	1.4333	1.6161	1.8221	2.0544	2.3164	2.6117	2.9447	3.3201
13	1.1388	1.2969	1.4770	1.6820	1.9155	2.1815	2.4843	2.8292	3.2220	3.6693
14	1.1503	1.3231	1.5220	1.7507	2.0138	2.3164	2.6645	3.0649	3.5254	4.0552
15	1.1618	1.3499	1.5683	1.8221	2.1170	2.4596	2.8577	3.3201	3.8574	4.4817
16	1.1735	1.3771	1.6161	1.8965	2.2255	2.6117	3.0649	3.5966	4.2207	4.9530
17	1.1853	1.4049	1.6653	1.9739	2.3396	2.7732	3.2871	3.8962	4.6182	5.4739
18	1.1972	1.4333	1.7160	2.0544	2.4596	2.9447	3.5254	4.2207	5.0531	6.0496
19	1.2092	1.4623	1.7683	2.1383	2.5857	3.1268	3.7810	4.5722	5.5290	6.6859
20	1.2214	1.4918	1.8221	2.2255	2.7183	3.3201	4.0552	4.9530	6.0496	7.3891
21	1.2337	1.5220	1.8776	2.3164	2.8577	3.5254	4.3492	5.3656	6.6194	8.1662
22	1.2461	1.5527	1.9348	2.4109	3.0042	3.7434	4.6646	5.8124	7.2427	9.0250
23	1.2586	1.5841	1.9937	2.5093	3.1582	3.9749	5.0028	6.2965	7.9248	9.9742
24	1.2712	1.6161	2.0544	2.6117	3.3201	4.2207	5.3656	6.8210	8.6711	11.0232
25	1.2840	1.6487	2.1170	2.7183	3.4903	4.4817	5.7546	7.3891	9.4877	12.1825
26	1.2969	1.6820	2.1815	2.8292	3.6693	4.7588	6.1719	8.0045	10.3812	13.4637
27	1.3100	1.7160	2.2479	2.9447	3.8574	5.0531	6.6194	8.6711	11.3589	14.8797
28	1.3231	1.7507	2.3164	3.0649	4.0552	5.3656	7.0993	9.3933	12.4286	16.4446
29	1.3364	1.7860	2.3869	3.1899	4.2631	5.6973	7.6141	10.1757	13.5991	18.1741
30	1.3499	1.8221	2.4596	3.3201	4.4817	6.0496	8.1662	11.0232	14.8797	20.0855
35	1.4191	2.0138	2.8577	4.0552	5.7546	8.1662	11.5883	16.4446	23.3361	33.1155
40	1.4918	2.2255	3.3201	4.9530	7.3891	11.0232	16.4446	24.5325	36.5982	54.5982
45	1.5683	2.4596	3.8574	6.0496	9.4877	14.8797	23.3361	36.5982	57.3975	90.0171
50	1.6487	2.7183	4.4817	7.3891	12.1825	20.0855	33.1155	54.5982	90.0171	148.4132
55	1.7333	3.0042	5.2070	9.0250	15.6426	27.1126	46.9931	81.4509	141.1750	244.6919
60	1.8221	3.3201	6.0496	11.0232	20.0855	36.5982	66.6863	121.5104	221.4064	403.4288

注：计算公式：连续复利终值 = e^{rt}。例如，以10%的年利率连续复利，则今天投资1元，1年末的价值为1.1052元，2年末的价值为1.2214元。

参考文献

[1] 袁天荣．管理会计［M］．武汉：武汉大学出版社，2012.

[2] 陆宇建，李冠众．管理会计学［M］．大连：东北财经大学出版社，2009.

[3] 陈兴滨．管理会计学［M］．北京：中国人民大学出版社，2012.

[4] 杨帆．管理会计［M］．天津：天津大学出版社，2011.

[5] 查尔斯·T. 亨格瑞等．管理会计［M］．第14版．潘飞，沈红波译．北京：北京大学出版社，2011.

[6] 潘飞．管理会计［M］．上海：上海财经大学出版社，2005.

[7] 朱海芳．管理会计学［M］．北京：高等教育出版社，2003.

[8] 毛付根．管理会计学［M］．北京：中国人民大学出版社，2012.

[9] 张卿．管理会计学［M］．北京：机械工业出版社，2002.

[10] 于树彬，王忠民，刘平．管理会计学［M］．大连：东北财经大学出版社，2002.

[11] 孟焰．管理会计学［M］．第2版．北京：经济科学出版社，2013.